Spanish Tutor

Grammar and Vocabulary Workbook

Spanish Tutor
Grammar and Vocabulary Workbook

Juan Kattán-Ibarra and Angela Howkins

First published in Great Britain in 2015 by John Murray Learning. An Hachette UK company.

British Library Cataloguing in Publication Data: a catalogue record for this title is available from the British Library.

Library of Congress Catalog Card Number: on file.

9781473602373

4

The publisher has used its best endeavours to ensure that any website addresses referred to in this book are correct and active at the time of going to press. However, the publisher and the author have no responsibility for the websites and can make no guarantee that a site will remain live or that the content will remain relevant, decent or appropriate.

The publisher has made every effort to mark as such all words which it believes to be trademarks. The publisher should also like to make it clear that the presence of a word in the book, whether marked or unmarked, in no way affects its legal status as a trademark.

Every reasonable effort has been made by the publisher to trace the copyright holders of material in this book. Any errors or omissions should be notified in writing to the publisher, who will endeavour to rectify the situation for any reprints and future editions.

Typeset by Cenveo® Publisher Services.

Printed and bound in Great Britain by CPI Group (UK) Ltd., Croydon, CR0 4YY.

John Murray Learning policy is to use papers that are natural, renewable and recyclable products and made from wood grown in sustainable forests. The logging and manufacturing processes are expected to conform to the environmental regulations of the country of origin.

Carmelite House

50 Victoria Embankment

London EC4Y 0DZ

www.hodder.co.uk

CONTENTS

SCOPE & SEQUENCE OF UNITS

UNIT	CEFR	TOPIC	LEARNING OUTCOME
UNIT 1 **Carne o pescado** pages 2–11	A1 & A2	*Food and drink*	• Vocabulary for food, drink and shopping • Writing short, simple notes related to personal needs, e.g. drawing up a shopping list
UNIT 2 **El piso y la casa** pages 12–21	A2	*The home and travel plans*	• Reading and writing short, simple, personal emails • Describing travel plans and arrangements to a friend
UNIT 3 **Es impresionante** pages 22–29	A1	*Cities and sights*	• Understanding a simple description of a city • Describing a town or a city
UNIT 4 **Es menos grande, pero más interesante** pages 30–39	A1 & A2	*Comparing and contrasting cities*	• Understanding information related to the history of a city • Comparing and contrasting places in simple terms

LANGUAGE		SKILLS	
GRAMMAR	**VOCABULARY**	**READING**	**WRITING**
Main Nouns **Subsidiary** Nouns: • number • gender Gender of nouns referring to people	Food and drink Meals Nouns referring to people: masculine and feminine equivalents Family relationships: close family shops/market stalls	Shopping for food in the Spanish-speaking world	Planning the menu for a vegetarian guest's visit
Main Articles **Subsidiary** Definite articles Indefinite articles Neuter form **lo** + adjective/ past participle Omission of indefinite article	Feminine nouns beginning with stressed **a** Job titles Rooms Time phrases Giving dates and times	Describing home makeover plans in an email to a friend	Writing an email letting a friend you´ll be staying with know your travel itinerary
Main Adjectives **Subsidiary** Adjectives: • position • gender • number • short forms	Short forms of adjectives Diminutives Places of interest in a town or city Adjectives to describe these places Adjectives and related nouns Adjectives to describe people	A tourists' guide to Segovia	A description of a town or city for visitors
Main Comparatives and superlatives **Subsidiary** Comparison of adjectives Comparative sentences Irregular comparative forms The superlative Comparisons involving nouns	Adjectives denoting place of origin Place names and adjectives to describe them Writing conventions for numbers in Spanish	Comparing and contrasting Córdoba (Spain) and Córdoba (Argentina)	Comparing and contrasting two towns: San Pedro and Requena

Main Demonstratives **Subsidiary** Demonstrative adjectives Demonstrative pronouns Possessive adjectives Possessive pronouns **de** to indicate possession Asking questions about possession	Common items of clothing and accessories Colours Vocabulary related to the buying of footwear	A conversation in a shoe shop	Asking and answering questions about clothes, transport and possessions
Main The present tense **Subsidiary** Uses of the present tense Present tense forms: • regular verbs • spelling-changing verbs • stem-changing verbs • irregular verbs	Changes in routine Leisure time activities Family relationships; extended family Making arrangements Commenting on weather Verb–noun relationships	Rogelio's day off	Describing what you do on a day off or a particular day of the week.
Main **Ser** and **estar** (to be) **Subsidiary** The main differences between **ser** and **estar** and when to use them	House and home Rooms, furniture and fittings Diminutives Prepositions of place	Describing the rooms, furniture and fittings in a flat	A description of the student's home or a room within it
Main Special verbs: **hacer, tener, haber, quedar** **Subsidiary** Expressions using **hacer, tener, haber, quedar**	Describing weather and climate in geographical context Seasons of the year	The weather and climate in Spain's regions	Describing the weather in the different seasons of the year in the student's home region
Main Negatives, questions and exclamations **Subsidiary** Different ways of expressing negation Fixed negative expressions Different types of questions Different types of exclamations	Environment and global warming Household appliances Actions to protect the environment Formation of negative words	A letter to a magazine advocating steps we can take in the home to help save our planet	Devise a questionnaire to assess how green people are

Main Pronouns **Subsidiary** Subject pronouns: omission, use for emphasis or contrast, position; use on their own; Latin American use (**vos** for **tú**) Object pronouns: direct, indirect; peninsular regional use; position; **se** as an indirect object pronoun Pronouns after prepositions: **conmigo/contigo; a mí/ti** Relative pronouns: **que, el/la que, lo que, quien, cuyo**	Minority languages Language learning Writing conventions for numbers in Spanish Synonyms	An interview with an anthropologist/linguist who studies minority languages on the verge of extinction	Answering a questionnaire about the student's learning methods for studying Spanish
Main Reflexive verbs and the uses of **se** **Subsidiary** Reflexive pronouns English and Spanish usage compared Verbs that change meaning when used as reflexives Reflexive to translate *to get* or *become* Reflexive pronouns for possessives Form and position of reflexive pronouns different uses of the pronoun **se**	Reflexive verbs relating to daily routine Reflexive verbs relating to emotional and physical states Education and academic failure Sibling conflict Expressions of feelings Personal interaction Antonyms – reflexive verbs	A psychologist explains the link between academic failure and family relationships	An account of how the student gets on with family members or work colleagues
Main The preterite tense **Subsidiary** Uses of the preterite tense Preterite forms: • regular and irregular verbs • spelling-changing verbs • stem-changing verbs Expressions of time and the preterite tense	Expressions of time used with the preterite tense Travel Cultural aspects of travel Tourism activities Antonyms	A description of a holiday in Argentina	A description of a recent holiday or short break

Main The imperfect tense **Subsidiary** Uses of the imperfect tense **soler** + infinitive for actions that occurred frequently in the past Imperfect instead of present tense as a polite form Imperfect forms: regular and irregular verbs Expressions of time and the imperfect tense	Expressions of time with the imperfect tense Frequency adverbs Leisure time activities Domestic life Domestic chores Domestic appliances Synonyms Step-family relationships	A woman recalls how she learnt to read as a child	Memories of childhood
Main Preterite and imperfect tenses compared **Subsidiary** Preterite for single actions that took place and were completed in the past Imperfect to focus on what one was doing at a certain time in the past Imperfect for regular actions in the past (what one used to do) Imperfect versus preterite for two actions occurring simultaneously in the past Preterite for two actions occurring consecutively at a specific point in the past Imperfect for past description Preterite versus imperfect in narrative contexts	Times phrases signalling preterite or imperfect tense Police Street directions Robbers and thieves Punishment and prison	A newspaper-style article about a robbery at a chemist's	Giving an account of the robbery described in the article from a different character's perspective

Main The gerund Continuous forms of the verb **Subsidiary** The form of the gerund Position of pronouns with the gerund Use of the gerund The gerund with **seguir, ir, pasar, andar, llevar, acabar** English *-ing* form and Spanish gerund contrasted Continuous forms of the verb: **estar** +gerund.	Terms relating to ICT Hardware Computer applications Internet	The history of computer technology and the digital revolution	Describing different ways of keeping in touch with people
Main The infinitive The past participle **Subsidiary** Uses of the infinitive Infinitive after prepositions **al** + infinitive Infinitive as noun Infinitive: • after modal verbs • in instructions and commands Verbs of perception followed by preposition + infinitive Verbs of feeling + infinitive Infinitive after adjective in impersonal phrases **estar** + past participle for completed actions **ser** + past participle for passive Past participle: • used on its own • used as nouns • functioning as an adverb • to express past time	Past participles as nouns Health in relation to **la siesta** Sporting activities Leisure activities	The decline of the traditional **siesta** and the activities that are replacing it	Describing lunchtime activities

Main Expressions of time **Subsidiary** **hacer** in time phrases **llevar** in time phrases Use of prepositions to express time	Expressions of time: how long for Expressing feelings Giving reasons Describing experiences Describing impressions	A description of events, feelings and wishes in an email to a friend describing travel experiences	An account of a journey: the means of transport, the duration, the destination
Main **gustar** and other similar verbs **Subsidiary** Constructions with **gustar** and other similar verbs: **encantar, fascinar, alegrar, apetecer, doler, parecer, extrañar, faltar, hacer falta, importar, interesar, molestar** (+ noun/verb) The use of these constructions: • with proper nouns and pronouns • with **también/tampoco** • with short forms of affirmation or negation, e.g. **a mí sí/no**	Food items Leisure-time activities Colours Describing personality traits Noun–adjective cognates	What colour preferences reveal about personal character and compatibility with other people	Giving personal preferences: favourite and least liked colours; enjoyable pastimes and activities
Main Adverbs **Subsidiary** Adverbs: qualifying a verb, an adjective, another adverb Position of adverbs Four main categories of adverbs: time, degree or quantity, manner, place Single-word adverbs Adverbs ending in **-mente** Comparative, superlative and diminutive forms of adverbs Regular and irregular comparative forms of adverbs	Adverbs Vocabulary relating to old-age illnesses and healthy living Prefixes and suffixes for verbs relating to adjectives	Older people share their secrets for good health and a long life	Drawing up a list of tips on how to live until the age of 100

Main Prepositions **Subsidiary** General function of prepositions Single-word prepositions Main uses of single-word prepositions Personal **a** **a** before indirect object **por** and **para** Compound prepositions Prepositional phrases	Common single prepositions Common compound prepositions Living environment Transport and facilities	Living in the countryside versus living in town: the advantages and disadvantages of both options	Answering a brief questionnaire on the student's current neighbourhood, local transport facilities and the ideal living environment
Main Conjunctions **Subsidiary** Co-ordinating conjunctions Subordinating conjunctions	Co-ordinating conjunctions Subordinating conjunctions including those expressing: • cause • consequence • concession • time • condition Vocabulary relating to: • university education • job search and applications • musical instruments	An email from one university friend to another explaining what has happened in life since graduation	Writing an email to an old friend to help him or her catch up with personal news
Main The imperative Subsidiary Uses of the imperative Formal and familiar imperatives Singular and plural imperatives Positive and negative familiar imperatives Position of pronouns with imperatives Imperative forms: regular and irregular, stem-changing imperatives, spelling-changing imperatives Imperative forms including the speaker	Clothing and kit for hiking Country environment Country activities	An article giving tips on how to enjoy hiking safely and responsibly	Advice for a potential rambler or hillwalker, including guidance on clothing and equipment

UNIT 25 **Quiero que trabajes conmigo** pages 238–249	B1	*A business proposal* *Outlining requirements for a language school*	• Expressing hopes, wishes, opinions and emotions • Making requests • Describing life events • Making a business proposal • Outlining requirements for a language school

Main The subjunctive **Subsidiary** Subjunctive versus indicative When to use the subjunctive: • in subordinate clauses • after certain conjunctions Independent sentences Common expressions with the subjunctive The forms of the present subjunctive: regular, irregular, stem-changing, spelling-changing verbs	Verbs expressing: • doubt • possibility and probability • wishes, requests • advice, recommendation, suggestion • orders, commands • value judgements • needs Conjunctions expressing: • time • concession • condition • purpose Single words expressing: • possibility • uncertainty Adjectives describing character traits	An email inviting a friend to participate in a business venture: setting up a language school	Making a list of students' requirements for a suitable language school for a Spanish course

MEET THE AUTHORS

¡Bienvenido a Spanish Tutor! I am an experienced teacher of Spanish and the author of a number of best-selling Spanish courses. I have degrees in education and foreign language teaching from the University of Chile, Michigan State, Manchester and London Universities.

Most of my Spanish teaching career was in higher education in London, where I also acted as an external examiner for various London examination boards.

I have lived in various places over the years, including Chile, where I was born, the United States, England and Spain.

My travels in Spain and Latin America have given me ample knowledge of the Spanish language and its different variants. Like English, Spanish is an international language, and with over 400 million speakers in over 20 countries, there are some differences in the way people use the language. The focus in *Spanish Tutor* is on Peninsular Spanish, as used by most people in Spain, but there are also a number of references to Latin American Spanish, including grammar and vocabulary. You do not need to learn the different variants, unless you are travelling in Latin America or are interested in specific countries where this knowledge might come in useful.

My first Spanish course was published in London in 1978, in a writing career which continues to this day. I have written or co-written courses in the *Teach Yourself* series including *Complete Spanish, Get Started in Latin American Spanish, Complete Latin American Spanish, Get Talking Spanish, Keep Talking Spanish, Enjoy Spanish* and *Essential Spanish Grammar*. Some of my books in the *Teach Yourself* series have been successfully adapted for use in other countries, among them France, Germany, Italy, Russia and China.

I am now a full-time author and very much look forward to being your guide in your continuing journey into the Spanish language. **¡Buena suerte!**

Juan Kattán-Ibarra

Hola, me llamo Ángela y **soy profesora de español:** an introduction I have made as a teacher in university and adult education classes, secondary school and Further Education college, and I am now making it to you. My experience as a teacher of Spanish is wide and varied, and has included teaching and training primary school teachers as part of the Modern Languages in Primary Schools initiative. As well as helping students to learn Spanish, I have delivered courses and lectures on aspects of Spanish history and culture and organized study trips to different parts of Spain.

My first contact with Spain was on a school exchange trip and my first meal a slice of **tortilla española**. I returned the following year and then this large, welcoming family enabled me to have a gap-year experience of office work and teaching in the local Berlitz school. Since then I have been back many, many times and we are still very much in touch. My degree course included a year at the University of Barcelona while research for a doctoral thesis on Quechua took me to Peru via Ecuador. I have subsequently travelled extensively in Spain to explore and visit friends and have also visited Argentina and Cuba. Indeed, teaching has brought me into contact with many Spanish speakers, both from Spain and across the Atlantic: colleagues, those who have come to work alongside me as language assistants, and also those who have come to this country to learn English and found their way to the Spanish room to meet their British counterparts.

I have been involved in some writing projects, most notably with Juan, including *Get Talking Spanish* and *Keep Talking Spanish*. We hope that this book will help you to consolidate and enjoy your Spanish studies.

Angela Howkins

If you have studied Spanish before but would like to brush up on or improve your grammar, vocabulary, reading and writing skills, this is the book for you. *Spanish Tutor* is a grammar workbook which contains a comprehensive grammar syllabus from high beginner to upper intermediate and combines grammar and vocabulary presentations with over 200 practice exercises.

The language you will learn is presented through concise explanations, engaging exercises, and personal tutor tips. Simple infographics give practice with grammar and aid vocabulary learning while the personal tutor tips offer advice on correct usage, colloquial alternatives, exceptions to rules, etc. Each unit contains reading comprehension activities incorporating the grammar and vocabulary taught as well as freer writing and real-life tasks. The focus is on building up your skills while reinforcing the target language. The reading stimuli include emails, magazine-style articles, reports and interviews using real language so you can be sure you're learning vocabulary and grammar that will be useful for you.

You can work through the workbook by itself or you can use it alongside our *Complete Spanish* course or any other language course. This workbook has been written to reflect and expand upon the content of *Complete Spanish* and is a good place to go if you would like to practise your reading and writing skills on the same topics.

THE DISCOVERY METHOD

There are lots of philosophies and approaches to language learning, some practical, some quite unconventional, and far too many to list here. Perhaps you know of a few, or even have some techniques of your own. In this book we have incorporated the Discovery Method of learning, a sort of awareness-raising approach to language learning. This means that you will be encouraged throughout to engage your mind and figure out the language for yourself, through identifying patterns, understanding grammar concepts, noticing words that are similar to English, and more. This method promotes language awareness, a critical skill in acquiring a new language. As a result of your own efforts, you will be able to better retain what you have learnt, use it with confidence, and, even better, apply those same skills to continuing to learn the language (or, indeed, another one) on your own after you've finished this book.

Everyone can succeed in learning a language – the key is to know how to learn it. Learning is more than just reading or memorizing grammar and vocabulary. It's about being an active learner, learning in real contexts, and, most importantly, using what you've learnt in different situations. Simply put, if you figure something out for yourself, you're more likely to understand it. And when you use what you've learnt, you're more likely to remember it.

As many of the essential but (let's admit it!) challenging details, such as grammar rules, are introduced through the Discovery Method, you'll have more fun while learning. Soon, the language will start to make sense and you'll be relying on your own intuition to construct original sentences independently, not just reading and copying.

Enjoy yourself!

BECOME A SUCCESSFUL LANGUAGE LEARNER

1 Make a habit out of learning

▶ Study a little every day – between 20 and 30 minutes is ideal.

▶ Give yourself **short-term goals**, e.g. work out how long you'll spend on a particular unit and work within this time limit, and **create a study habit**.

▶ Try to **create an environment conducive to learning** which is calm and quiet and free from distractions. As you study, do not worry about your mistakes or the things you can't remember or understand. Languages settle gradually in the brain. Just **give yourself enough time** and you will succeed.

2 Maximize your exposure to the language

▶ As well as using this workbook, you can listen to radio, watch television or read online articles and blogs.

▶ Do you have a personal passion or hobby? Does a news story interest you? Try to access Spanish information about them. It's entertaining and you'll become used to a range of writing and speaking styles.

3 Vocabulary

▶ Group new words under **generic categories**, e.g. *food, furniture,* **situations** in which they occur, e.g. under *restaurant* you can write *waiter, table, menu, bill,* and **functions**, e.g. *greetings, parting, thanks, apologizing.*

▶ Write the words over and over again. Keep lists on your smartphone or tablet, but remember to switch the keyboard language so you can include all accents and special characters.

▶ Cover up the English side of the vocabulary list and see if you remember the meaning of the word. Do the same for the Spanish.

▶ Create flashcards, drawings and mind maps.

▶ Write Spanish words on Post-it® Notes and stick them to objects around your house.

▶ **Experiment with words.** Look for patterns in words, e.g. make most words related to people feminine by changing the ending **-o** to **-a**: **hermano/a**.

4 Grammar

▶ **Experiment with grammar rules.** Sit back and reflect on how the rules of Spanish compare with your own language or other languages you may already speak.

▶ Use known vocabulary to practise new grammar structures.

▶ When you learn a new verb form, write the conjugation of several different verbs you know that follow the same form.

5   Reading

The passages in this book include questions to help guide you in your understanding. But you can do more:

▶ **Imagine the situation.** Think about what is happening in the extract/passage and make educated guesses, e.g. a postcard is likely to be about things someone has been doing on holiday.

▶ **Guess the meaning of key words before you look them up.** When there are key words you don't understand, try to guess what they mean from the context. If you're reading a Spanish text and cannot get the gist of a whole passage because of one word or phrase, try to look at the words around that word and see if you can work out the meaning from context.

6   Writing

▶ Practice makes perfect. The most successful language learners know how to overcome their inhibitions and keep going.

▶ When you write an email to a friend or colleague, or you post something on social media, pretend that you have to do it in Spanish.

▶ When completing writing exercises see how many different ways you can write it, imagine yourself in different situations and try answering as if you were someone else.

▶ Try writing longer passages such as articles, reviews or essays in Spanish: it will help you to formulate arguments and convey your opinion as well as helping you to think about how the language works.

▶ Try writing a diary in Spanish every day: this will give context to your learning and help you progress in areas which are relevant to you.

7   Visual learning

▶ Have a look at the infographics in this book – do they help you to visualize a useful grammar point or vocabulary set? You can keep a copy of those you find particularly useful to hand to help you in your studies, or put it on your wall until you remember it. You can also look up infographics on the Internet for topics you are finding particularly tricky to grasp, or even create your own.

8   Learn from your errors

▶ Making errors is part of any learning process, so don't be so worried about making mistakes that you won't write anything unless you are sure it is correct. This leads to a vicious circle: the less you write, the less practice you get and the more mistakes you make.

▶ Note the seriousness of errors. Many errors are not serious as they do not affect the meaning.

9 Learn to cope with uncertainty

▶ Don't overuse your dictionary. Resist the temptation to look up every word you don't know. Read the same passage several times, concentrating on trying to get the gist of it. If after the third time some words still prevent you from making sense of the passage, look them up in the dictionary.

Icons

 Discovery Method

 Practice

 Reading

 Writing

 Personal Tutor

1 Carne o pescado

Meat or fish

In this unit you will learn to:

✓ Use nouns.

✓ Recognize their gender and form the plural.

✓ Use nouns relating to people.

✓ Go shopping in a Spanish or Latin American market.

✓ Write a shopping list of food and drink items.

CEFR: Nouns (A1); Can understand short, simple texts containing high frequency vocabulary (A2); Can write short, simple notes relating to personal needs (A2).

Masculine and feminine, singular and plural nouns

	Masculine nouns		Feminine nouns	
Singular	**el piso**	*the flat*	**la mesa**	*the table*
	el café	*the coffee*	**la calle**	*the street*
	el señor	*the gentleman*	**la señora**	*the lady*
	el padre	*the father*	**la madre**	*the mother*
Plural	**los pisos**	*the flats*	**las mesas**	*the tables*
	los cafés	*the coffees*	**las calles**	*the streets*
	los señores	*the gentlemen*	**las señoras**	*the ladies*
	los padres	*the parents*		

Meaning and usage

Nouns are words which name things (**carta** *letter*), people and animals (**hermano** *brother*), places (**plaza** *square*), abstractions (**felicidad** *happiness*). In Spanish they are either masculine (m) or feminine (f), and this is their *gender*. They can also be singular (sing.), naming just one thing, or plural (pl.), referring to more than one thing. This is known as their *number*. In the sections on gender and number that follow, nouns will be shown with the definite article, the Spanish forms for *the*: **el** for masculine and **la** for feminine. Plural forms will be preceded by **los** (m) and **las** (f):

It is important to know a noun's gender as words that go with it, such as articles and adjectives, also have gender and must agree with it:
el vestido negro *(the black dress),* **la camisa negra** *(the black shirt).*

Nouns and their forms

Gender

1 most nouns ending in **-o** are masculine and most of those ending in **-a** are feminine: **el libro** (m) *(book)*; **la casa** (f) *(house)*. There are many exceptions to this rule, among them the following: **el clima** *(climate)*, **el día** *(day)*, **el idioma** *(language)*, **el mapa** *(map)*, **el pijama** *(pyjamas)*; **la mano** *(hand)*, **la radio*** *(radio)*, **la foto (grafía)** *(photo)*.

(***el radio** in some Latin American countries)

2 the following endings usually correspond to masculine nouns: **-aje, -ambre, -án, -ón, -or**: **el equipaje** *(luggage)*, **el calambre** *(cramp)*, **el huracán** *(hurricane)*, **el rincón** *(corner)*, **el color** *(colour)*.

3 the endings that follow normally correspond to feminine nouns: **-ción, -sión, -ie, -dad, -tad, -tud, -umbre**: **la canción** *(song)*, **la ilusión** *(illusion)*, **la teleserie** *(TV series)*, **la verdad** *(truth)*, **la libertad** *(liberty, freedom)*, **la juventud** *(youth)*, **la muchedumbre** *(crowd)*.

4 the following categories of nouns are usually masculine: languages, days of the week, colours, fruit trees, rivers, oceans and mountains: **el inglés** *(English)*, **el lunes** *(Monday)*, **el azul** *(blue)*, **el naranjo** *(orange tree)*, **el Támesis** *(the Thames)*.

5 the following are usually feminine: islands, letters of the alphabet: **la Isla de Pascua** *(Easter Island)*, **la efe** *(the letter 'f')*.

6 a small number of nouns change meaning according to their gender: **el policía** (m) *(policeman)* – **la policía** (f) *(the police)*; **el cura** (m) *(the priest)* – **la cura** (f) *(the cure)*.

A Show the gender of each noun by giving the correct article el (m) or la (f).

___ naranjo	___ chocolate	___ cocina	___ salud
___ ración	___ nombre	___ flor	___ leche
___ fiambre	___ jamón	___ garaje	___ nacionalidad
___ arroz	___ mostaza	___ calamar	___ azafrán
___ explosión	___ libertad	___ especie	___ problema

B In each group of nouns, identify which noun is of a different gender. Give its gender.

1	televisión	telenovela	teleserie	programa
2	mañana	día	noche	tarde
3	calle	parque	cine	puente
4	nación	pasión	avión	estación
5	pie	mano	brazo	ojo
6	vista	panorama	poema	idioma

7	vanidad	amistad	honor	virtud
8	color	verde	dolor	sangre
9	norte	sur	gente	oeste
10	Amazonas	Rin	Baleares	Sena

When you are not sure of the meaning of a word, look it up in the dictionary and take a note of it. Having to look up a word helps to fix it in your mind.

Gender of nouns referring to people

C Answer the questions.

1 If **el hijo** means *the son*, who is **la hija**?

2 If you have an appointment with **la doctora**, will you be seeing a man or a woman?

1 most nouns referring to male human beings are masculine and most of those referring to females are feminine. To form the feminine of nouns that refer to people change the **-o** to **-a** or add **-a** to the consonant: **el hermano** *(brother)* – **la hermana** *(sister)*; **el inglés** *(the Englishman)* – **la inglesa** *(the Englishwoman)*.

Some cultural differences exist in this area when naming professions, with some people still using the masculine form for certain occupations: **el/la médico** *(male/female doctor);* **el/la arquitecto** *(male/female architect).*

2 some nouns have different forms for males and females: **el marido** *(the husband)* – **la mujer** *(the wife)*; **el padre** *(the father)* – **la madre** *(the mother)*.

3 nouns ending in **-a**, among them those ending in **-ista**, are invariable: **el/la atleta** (m/f) *(athlete)*; **el/la dentista** (m/f) *(dentist)*; **el/la guía** (m/f) *(guide)*.

4 most nouns ending in **-e** and **-nte** are invariable: **el/la conserje** (m/f) *(caretaker)*; **el/la estudiante** (m/f) *(student)*; **el/la gerente** (m/f) *(manager)*. Common exceptions are: **el cliente** (m) – **la clienta** (f) *(client)*; **el dependiente** (m) – **la dependienta** (f) *(shop assistant)*; **el jefe** (m) – **la jefa** (f) *(boss, manager)*.

5 a few nouns have a fixed gender (regardless of the sex of the person): **la estrella de cine** (m/f) *(film star)*; **el personaje** (m/f) *(character)*; **la persona** (m/f) *(person)*; **la víctima** (m/f) *(victim)*.

Words naming animals function more or less in the same way as for people: **el gato** *(male cat)* – **la gata** *(female cat);* **el perro** *(male dog)* – **la perra** *(female dog). But* **el caballo** *(horse)* – **la yegua** *(mare);* **el toro** *(bull)* – **la vaca** *(cow).*

D Match the male noun with its female equivalent and give the meaning of both.

el profesor	la turista
el portugués	la duquesa
el trabajador	la actriz
el rey	la niña
el turista	la marroquí
el hombre	la portuguesa
el niño	la mujer
el duque	la reina
el marroquí	la trabajadora
el actor	la profesora

Number

 E Give the plural forms for:

1 **el estudiante** *(student)*

2 **la moto** *(motorbike)*

3 **la plaza** *(square)*

1 nouns ending in a vowel form the plural by adding **-s: el coche** *(car)* – **los coches** *(cars)*; **la iglesia** *(church)* – **las iglesias** *(churches)*.

2 nouns ending in a consonant form the plural by adding **-es: el reloj** *(watch)* – **los relojes** *(watches)*; **la ciudad** *(city)* – **las ciudades** *(cities)*.

3 nouns ending in **-z** change **-z** to **-c** and add **-es: el pez** *(fish)* – **los peces** *(fish)*; **la voz** *(voice)* – **las voces** *(voices)*.

4 nouns ending in **-i** and **-u** add **-es: marroquí** *(Moroccan)* – **marroquíes** *(Moroccans)*; **hindú** *(Hindu)*– **hindúes** *(Hindus)*. But note **el menú** *(menu)*, **los menús** *(menus)*.

 F If the plural form for el inglés *(Englishman)* **is los ingleses** *(English people)*, **what is the plural form for the following:**

1 **el alemán** *(the German man)*

2 **el escocés** *(Scotsman)*

3 **el galés** *(Welshman)*

5 nouns with an accent on the last syllable lose this when forming the plural: **la canción** *(song)* – **las canciones** *(songs)*; **el francés** *(the Frenchman)* – **los franceses** *(French people)*.

6 nouns ending in -**en**, with the stress on the penultimate syllable, add an accent in the plural form to keep the stress in the same position: **el examen** *(exam)* – **los exámenes** *(the exams)*; **el joven** *(the young man)* – **los jóvenes** *(young people, youth)*.

 *Some words do not change for number, among them surnames and generally nouns ending in -**s** with an unstressed last syllable:* **los Castro, el/los paraguas** *(the umbrella/umbrellas).*

7 for the plural of nouns referring to people which involve members of both sexes, use the plural form of the masculine noun: **el padre** *(the father)* – **los padres** *(the parents)*; **el sobrino** (m) *(nephew)* – **los sobrinos** (m) *(nephews and nieces)*.

8 a few common Spanish nouns are singular where English would use a plural: **la ropa** *(clothes)*, **la gente** *(people)*:

La gente está muy descontenta con la situación económica. *(People are very unhappy with the economic situation.)*

 G   Give the plural of the following nouns together with *los* or *las*.

el libro _____	el bar _____	el color _____
la silla _____	la ciudad _____	la superficie _____
la región _____	el avión _____	la nación _____
el escocés _____	el francés _____	el alemán _____
el hotel _____	el mes _____	la ley _____
el café _____	el té _____	el viernes _____

H   Give the singular of the following nouns together with *el* or *la*.

las revistas _____	las nubes _____	las flores _____
los países _____	los sofás _____	los tranvías _____
los días _____	los pies _____	los menús _____
las actrices _____	las luces _____	las veces _____
los jóvenes _____	las imágenes _____	los orígenes _____
los autobuses _____	los andenes _____	los cumpleaños _____

 If you are not sure whether or not a noun requires a written accent, say it out loud. The written accent tells you that stress is not regular, i.e. it does not fall on the penultimate (last but one) syllable. If stress falls on the penultimate syllable, there is no need for a written accent.

I Use this exercise to check that you know how to talk about your close relatives in Spanish. Give the Spanish for:

1 the married couple _____ husband _____ wife _____

2 the parents _____ father _____ mother _____

3 the children _____ son _____ daughter _____

4 the siblings _____ brother _____ sister _____

5 the grandparents: _____ grandfather _____ grandmother _____

6 the grandchildren _____ grandson _____ granddaughter _____

7 uncle(s) and aunt(s) _____ uncle _____ aunt _____

8 nephew(s) and niece(s) _____ nephew _____ niece _____

9 cousins _____ (male) cousin _____ (female) cousin _____

J Answer the questions about members of the family.

Everyone is living longer these days, so who is your **bisabuelo**? And what does that make you? And who might your **tía abuela** be?

> You may like to create a family tree, your own or an imaginary one, then write sentences in Spanish describing the relationships between the different people; for example: **Pepe es mi hermano y el tío de mis hijos.**

Reading

K Read the first paragraph of the text. Is the following statement true or false? If it is false, correct it in Spanish.

El turista siempre reconoce las frutas y hortalizas que ve en los mercados latinoamericanos.

| a lo largo de | along, the length of | a lo mejor | perhaps |

Una de las muchas atracciones para un turista que visita un país latinoamericano son los mercados al aire libre. A lo largo de varias calles hay puestos que venden de todo para todas sus necesidades. A lo mejor lo que más le interesa al visitante es la artesanía regional. Pero también le pueden interesar las cantidades de diversos productos del campo: piñas, mangos, melones, sandías y otras frutas y hortalizas a veces difíciles de reconocer por alguien que viene de otro punto del planeta, y que no está acostumbrado a ver estos productos en su lugar de origen.

L   Now read on, then answer the questions that follow in Spanish.

cada vez menos	*fewer and fewer*	**ya no**	*no longer*
igual de	*equally, just as*	**además de**	*as well as*
camioneta	*small lorry, truck*	**furgoneta**	*van, pick-up*

En España también hay mercados pero, cada vez menos porque lo que se vende en el mercado también se vende en el supermercado que, a diferencia del mercado, no se cierra al mediodía. En muchos pueblos y barrios de las ciudades el mercado, que suele ser un edificio construido especialmente, ya no existe, pero donde existe es igual de interesante para el turista.

En los mercados españoles hay carnicerías, pescaderías, pollerías, hueverías, panaderías además de fruterías y verdulerías. Los floristas venden plantas y flores de la región y hay puestos que venden productos artesanales como el queso, los patés o las mermeladas. Muy pronto por la mañana llegan las camionetas y furgonetas a descargar los productos de la tierra y del mar de modo que todo está muy fresco. El pan es el pan de esa mañana y la fruta y las verduras vienen del campo. El mercado español abre la ventana a la gastronomía española. En el mercado se ven todos los ingredientes que luego se comen en los bares y restaurantes de la localidad.

1   ¿A qué hora se cierran los mercados en España?

2   ¿Por qué hay cada vez menos mercados?

3   ¿Qué se vende en: **a** la carnicería **b** la pescadería **c** la pollería **d** la huevería **e** la verdulería?

4   ¿Dónde compran los bares y restaurantes los ingredientes para sus platos?

 Make a list of the market stalls that are mentioned in the text, noting that they are also the words used for shops. Think of other shop names that you can add to your list, using your dictionary to help you if you need to.

M   Find in the text:

1   Two masculine nouns ending in **-a**

2   One masculine noun ending in **-ón**

3   Two nouns ending in **-ista**

4   One feminine noun ending in **-ción**

5   Four feminine nouns ending in **-dad**

6   Based on what you have noticed about these nouns, give the Spanish for:

artist; pacifist; activist; creation; inflation; transformation; electricity; society; humanity

N **Sort the following food items to give the following:**

2 condimentos; 3 mariscos; 2 productos lácteos; 2 legumbres; 3 verduras; 3 frutas.

garbanzos
frambuesas
cerezas
naranjas **brécol**** pimienta
lentejas **almejas** **mejillones**
berenjenas
sal coliflor **yogur**
gambas*
mantequilla

*las gambas = **los camarones** in Latin American Spanish
****brécol** = **brócoli** in Latin American Spanish

O **Identify the eight items of food and drink in Exercise A of this unit.**

 Writing

P **A vegetarian friend is coming to stay. Make a list in Spanish of the items of food and drink you need to buy for your *evening meal*, *breakfast* and *midday meal*.**

	la cena:
	el desayuno:
	el almuerzo:

Self-check

Tick the box which matches your level of confidence.

1 = very confident   *2 = need more practice*   *3 = not confident*

Marque la casilla que corresponde según su nivel de conocimiento y seguridad.

1 = muy seguro/a   **2** = necesito practicar más   **3** = no muy seguro/a

	1	2	3
Recognizing the gender of nouns			
Understanding number in nouns			
Using nouns relating to people			
Going shopping in a Spanish or Latin American market			
Writing a shopping list of food and drink items			

For more information on nouns refer to *Get Started in Spanish*, Units 1–3; *Complete Spanish*, Units 2–3; *Get Started in Latin American Spanish*, Units 1–2; or *Complete Latin American Spanish*, Units 1–2.

For information on the Spanish for *the* and *a/an* see Unit 2.

2

El piso y la casa

The flat and the house

In this unit you will learn to:

✅ Use the Spanish for *the* and *a/an*.

✅ Use the neuter article **lo**.

✅ Describe travel plans and arrangements.

CEFR: Can understand short, simple, personal letters (A2); Can write short, simple notes relating to matters of immediate need (A2).

Definite articles and the neuter form **lo**

	Masculine		Feminine		Neuter	
Singular	**el museo**	*the museum*	**la casa**	*the house*	**lo bueno**	*the good thing*
Plural	**los museos**	*the museums*	**las casas**	*the houses*	**lo sucedido**	*what happened*

Indefinite articles

	Masculine		Feminine	
Singular	**un banco**	*a bank*	**una carta**	*a letter*
Plural	**unos bancos**	*some banks*	**unas cartas**	*some letters*

 A **How many different Spanish words for *the* and how many for *a* can you find in the tables?**

Meaning and usage

The words *the, a, an,* used in front of a noun, are known as *articles*. Articles are of two kinds: *definite*, used with a word which is specific or that has been mentioned before (*the museum*) or *indefinite*, referring to a non-specific element or something which has not been mentioned before (*a bank*). Spanish and English differ in the use of these words in a number of ways.

Definite articles: forms and usage

1 Spanish has four different forms for *the*: **el** for masculine singular nouns and **los** for masculine plural, **la** for feminine singular nouns and **las** for feminine plural. Definite articles are used as follows:

 You need to recognize the gender of a noun (i.e. whether it is masculine or feminine) to know which form to use.

2 **el** and not **la** must be used before feminine singular nouns beginning with a stressed **a** or **ha**, for example **agua** (water) or **hambre** (hunger):

El agua es escasa en algunos países de África y el hambre afecta a millones de personas. (Water is scarce in some African countries and hunger affects millions of people.)

 B Would **el ama de casa** be a man or a woman? What's the English for this term?

C Complete the following sentences with the appropriate definite article.

1 Han puesto unas butacas muy cómodas en _____ área de descanso.

2 Según los valencianos, solo con _____ agua de Valencia se hace una buena paella.

3 No sé si aguanto mejor _____ hambre o la sed.

4 Daniel es _____ alma del movimiento estudiantil contra los recortes.

5 ¿Por qué están cerradas hoy _____ aulas*?

6 En este país _____ aves rapaces están en vías de extinción; por eso _____ águila real es una especie protegida.

7 La contaminación de _____ aguas marinas es verdaderamente alarmante.

8 Después de sufrir un ataque de apoplejía, Fernando perdió _____ habla.

*aula = **salón/sala de clases** in parts of Latin America

3 with nouns used in a general sense:

Los andaluces son muy sociables. (Andalusians are very sociable.)

4 with abstract nouns:

La vida resulta difícil para millones de parados*. (Life is difficult for millions of unemployed people.)

*parados = **desempleados** in Latin American Spanish

5 with titles such as **señor** (Mr), **señora** (Mrs), **señorita** (Miss), but not in direct address:

He llamado a la oficina del señor García.
(I have phoned Mr García's office.)

But: **¿Cómo está usted, señor García?**
(How are you, Mr García?)

> Note the use of **del**, which derives from **de + el**; **a + el** becomes **al**:
> **He enviado un email al gerente.**
> (I have sent an email to the manager.)

6 with parts of the body, where English might use a possessive:

Me duele la espalda. (My back aches.)

D How would you say:

1 My head aches.

2 My stomach aches.

7 with names of languages, except with verbs such as **hablar** *(to speak)* and **entender** *(to understand)*, when it is often omitted:

Me gusta el español. *(I like Spanish.)*

But: Habla muy bien (el) español. *(He/She speaks Spanish very well.)*

 The tendency is not to use the article when this is optional:

No entiendo inglés. *(I don't understand English.)*

8 with possessive pronouns:

El tuyo es más bonito que el mío. *(Yours is nicer than mine.)*

9 with days of the week and dates:

Los sábados no trabajan. *(They don't work on Saturdays.)*

El 15 de abril de 2010. *(On 15 April 2010.)*

 E Complete this sentence with your date of birth:

Nací … *(I was born …)*

10 with colours:

El rojo te va muy bien. *(Red suits you well.)*

11 with the names of meals:

El almuerzo es a la una y la cena es a las ocho y media. *(Lunch is at one and dinner is at half past eight.)*

12 with infinitives used as nouns:

El comer en exceso te hará subir de peso. *(Eating in excess will make you gain weight.)*

 F What is the hotel porter asking you?

¿Cuál es su maleta, la grande o la pequeña?

13 in place of a noun that has been mentioned before:

Es un piso* muy cómodo. Es el que más me gusta. *(It's a very comfortable flat. It is the one I like best.)*

*piso = **departamento/apartamento** in Latin America

To say (the) one(s) in Spanish you need to know not just the gender of the word it refers back to but also its number:

De su obra, esta es la más interesante *(Of all his/her work, this is the most interesting one.)*

¡Qué bonitos zapatos! Son los que me quedan mejor. *(What nice shoes! They are the ones that fit me best.)*

G Complete the sentences with an appropriate definite article where necessary.

1 _____ comer bien es uno de _____ placeres de _____ vida.

2 _____ manías de _____ señorita Torres me vuelven loca.

3 ¡Cuánto nos duelen _____ pies después de tanto andar!

4 Antonio siempre toma _____ desayuno antes de cepillarse _____ dientes.

5 Me enfado cuando me dicen que _____ español es un idioma fácil.

6 _____ doctor Rojo llegó _____ viernes a _____ ocho de _____ tarde.

7 Para mí, _____ sinceridad es _____ principal virtud de una persona.

8 A Carlos le gusta ___ comida francesa sobre todo _____ repostería pero no le gusta hablar ___francés.

9 Ya son imprescindibles _____ ordenadores* en _____ trabajo.

10 – ¡Adiós, _____ señor Ganivet, hasta _____ semana que viene!

> ***el ordenador = la computadora/el computador** in Latin America

H In some of the following sentences, the definite article is missing. Identify these sentences and correct them.

1 Hoy no me lavo la cabeza porque voy a la piscina.

2 No sabemos si los Pizarro vienen viernes o sábado.

3 Me gusta vino pero no en todas comidas.

4 ¿Sabe a cuánto están las peras hoy?

5 El deseo de los estudiantes es aprobar los exámenes con buenas notas.

6 Señor Martínez siempre toma vacaciones en mayo.

7 Simón cumple años once de diciembre. Este año va a cumplir trece.

8 En unos países verde significa envidia pero aquí es el color de esperanza.

Indefinite articles: forms and usage

1 The Spanish for *a* and *an* are **un** for masculine singular nouns and **una** for feminine singular ones . The plural forms are **unos** for masculine and **unas** for feminine. **Unas** and **unos** translate *some* or *a few*:

un billete* *(a ticket)*, **unos pasajeros** *(some/a few passengers)*, **una estación** *(a station)*, **unas maletas** *(some suitcases)*

*el billete = el boleto in Latin America

> *The plural forms **unos** and **unas** are very useful when you wish to indicate approximate quantity as in **unos mil euros** (about a thousand euros), **a unos cinco minutos de aquí** (about five minutes from here), **a unas dos manzanas* de aquí** (about two blocks from here).*
>
> *****la manzana** (block) = **la cuadra** in Latin America*

2 before a singular feminine noun beginning with a stressed **a** or **ha** use **un** instead of **una**: **un agua mineral** (a mineral water), **¡Tengo un hambre!** (I'm so hungry!)

Omission of the indefinite article in Spanish

The indefinite article is not used in the following constructions:

1 with **ser** + noun unless the noun is qualified (described) by an adjective:

Paca es enfermera (Paca is a nurse), **Ricardo no es católico** (Ricardo is not a Catholic). But: **Paca es una excelente enfermera** (Paca is an excellent nurse).

2 before **cien** (a hundred), **mil** (a thousand), **otro** (another):

cien euros (a hundred euros), **mil personas** (a thousand people), **otro día** (another day).

3 after **qué** (what) in exclamations, **medio** (half), **tal** (such):

¡Qué tonto! (What a fool!), **medio kilo** (half a kilo), **tal día** (such a day).

4 after **llevar** (to carry, wear), **tener** (to have), **usar** (to use) unless the noun is qualified:

Yo no llevaba paraguas (I wasn't carrying an umbrella), **¿Tienes coche?** (Do you have a car?), **Jaime no usa ordenador** (Jaime doesn't use a computer). But note: **Ana llevaba una falda roja** (Ana was wearing a red skirt).

I Complete the sentences with an appropriate indefinite article where necessary.

1 Julio acaba de comprarse _____ moto. ¡Ya tiene _____ moto!

2 Los padres de Javier son _____ botánicos. Hacen _____ investigaciones muy interesantes en Perú.

3 ¿Quieres _____ otra cerveza o prefieres tomar _____ otra cosa?

4 Quisiera tomar _____ agua mineral y _____ aceitunas.

5 Mi bisabuelo ya ha vivido _____ cien años y espera vivir _____ cuantos más.

6 Ya sé que Santiago es _____ mentiroso, pero hasta _____ cierto punto lo creo.

7 Me compró _____ medio kilo de cerezas en vez de _____ medio kilo de ciruelas.

8 Normalmente la jefa lleva _____ falda negra, pero hoy lleva _____ pantalones.

The neuter article **lo**: usage

 J   What is your friend Mario saying about the hotel you've just found?

Lo bueno del hotel es que está muy cerca del centro de la ciudad.

The single neuter form **lo** is used:

1   with adjectives and past participles (e.g. **bailado** *danced*) to form abstract nouns:

Lo bueno es que aceptaron nuestra oferta. *(The good thing is that they accepted our offer.)* **¡Que me quiten lo bailado/bailao***! *(Nobody can take away the good times I've had! (a saying))*

***bailao** (colloquial) = **bailado**

2   as an intensifier before adjectives and adverbs:

No me creerás lo caro que está París. *(You won't believe how expensive Paris is now.)*

No sabes lo bien que (nos) lo pasamos. *(You can't imagine what a good time we had.)*

 K   Insert lo in the correct place in the sentence and translate it into English.

1   No te puedes imaginar interesante que fue el viaje.

2   Hay que ver guapas que son las mexicanas.

3   Ahora me doy cuenta de amables que eran.

4   Todos sabemos que dulce es malo para los dientes.

5   Visto ocurrido, tienes que buscar otro camino.

6   Él va a hacer todo posible por ayudarte.

7   Ella siempre compra barato.

8   La jefa dice que quiere mejor pero importante es llegar a un acuerdo.

Reading

L   Read the first paragraph of this email to answer the question in Spanish:

¿Por qué va Margarita al pueblo en verano?

¡No hay quien lo aguante!	*It's unbearable*	**proponer**	*to propose*

De:	Margarita Villanueva Torres
Para:	Cristina Vargas Sánchez
Asunto:	tu visita

Hola Cristina:

¡Qué alegría recibir tu email y saber que vas a venir a visitarme! No hay problema con las fechas que propones. Como siempre, voy al pueblo a finales del mes y no vuelvo a Madrid hasta principios de septiembre. Hace un calor terrible en Madrid en verano. ¡No hay quien lo aguante! En el pueblo, como está en la sierra, hace fresco – sol pero sin el calor de Madrid.

M Now read the rest of the email, then answer the questions that follow in Spanish.

| **albañil** | *builder, construction worker* | **¿Qué te parece?** | *What do you think?* |

Este verano voy a reformar la casa. Va a ser la casa de mis sueños. Todos mis amigos me ayudan – Pedro, que es fontanero*, Mario, que es albañil, y creo que ya conoces a Ramón. Él es carpintero. Voy a convertir el cuarto de aseo, que es bastante grande, en cuarto de baño, pero solamente con ducha, y el cuarto de baño en otro dormitorio. Así tengo un dormitorio para visitas. Y ya tengo coche** para ir y venir del pueblo y así supervisar a los chicos. ¡Ya sabes cómo son los chicos! Pienso viajar del pueblo a Madrid todos los viernes. Lo bueno de las fechas que propones es que llegas y sales el viernes. El 30, el día de tu llegada, puedo recogerte en el aeropuerto, vamos al piso, conoces a los chicos y por la noche volvemos al pueblo. ¿Qué te parece?

Bueno, Cristina, ya son las ocho y tengo que ir al trabajo.

Un beso

Margarita

***fontanero** = **plomero** in Latin America and less frequently in Spain
****coche** = **carro, auto** in Latin America

1 ¿A qué se dedican los amigos de Margarita?

2 ¿En qué va a convertir el cuarto de aseo?

3 ¿Qué día va a llegar Cristina a Madrid?

4 ¿Qué hora es cuando Margarita manda el email?

N Match the Spanish with the English equivalent.

a principios del mes	*in the middle of the month*
a mediados del mes	*at the end of the month*
a finales del mes	*at the beginning of the month*

O Give the following in Spanish.

1 at the end of May

2 at the beginning of June

3 mid-September

4 at the beginning of August

5 at the end of March

6 mid-October

*If you were asked the question ¿**A qué se dedica usted?**, how would you reply? If you are not sure what your job title is in Spanish, look it up in the dictionary or think of how you might describe what you do; for example, you may not know how to say a software engineer, but you could say I work with computers. Jot down other job titles in Spanish to see how many you know.*

P If proponer = *to propose*, what do the following mean?

componer _____   suponer _____   imponer _____

Q Reread Margarita's email to take note of all the places where the use of the article, definite or indefinite, is different from English.

Writing

R You are Cristina. Write a short email to Margarita giving her details of your trip: the date and time for your arrival in Madrid as well as for your return flight.

Until April 2014, Madrid airport was called Barajas. It is now called Adolfo Suárez.

Self-check

Tick the box which matches your level of confidence.

1 = very confident *2 = need more practice* *3 = not confident*

Marque la casilla que corresponde según su nivel de conocimiento y seguridad.

1 = muy seguro/a **2** = necesito practicar más **3** = no muy seguro/a

	1	2	3
Using definite articles **el, la, los, las**			
Using indefinite articles **un, una, unos, unas**			
Using the neuter article **lo**			
Describing plans and arrangements			

For more information on articles refer to *Get Started in Spanish*, Units 2–3; *Complete Spanish*, Units 2–3; *Get Started in Latin American Spanish*, Units 1–2; or *Complete Latin American Spanish*, Units 1–2.

For information on nouns see Unit 1.

3

Es impresionante

It's impressive

In this unit you will learn to:

- ✓ Use adjectives and place them in the correct position.
- ✓ Use proper gender and number agreement between noun/pronoun and adjective.
- ✓ Use the short form of some adjectives.
- ✓ Describe a town or a city that you know.

CEFR: Adjectives (A1); Can get an idea of the content of simple descriptions (A1); Describe aspects of your environment (A1).

Adjectives: position and gender and number agreement

	Masculine		Feminine	
Singular	un vestido blanc*o*	*a white dress*	una camisa blanc*a*	*a white shirt*
	un traje azul	*a blue suit*	una falda azul	*a blue skirt*
	un chico español	*a Spanish boy*	una chica español*a*	*a Spanish girl*
	un hombre feliz	*a happy man*	una mujer feliz	*a happy woman*
Plural	unos vestidos blanc*os*	*some white dresses*	unas camisas blanc*as*	*some white shirts*
	unos trajes azul*es*	*some blue suits*	unas faldas azul*es*	*some blue skirts*
	unos chicos español*es*	*some Spanish boys*	unas chicas español*as*	*some Spanish girls*
	unos hombres felic*es*	*some happy men*	unas mujeres felic*es*	*some happy women*

A Answer the questions about adjectives.

1 How do Spanish and English adjectives differ in terms of their position with respect to the noun they qualify?

2 Explain the different endings for **pequeño** *(small)* in **una casa pequeñ*a*, unos chicos pequeñ*os*, unas habitaciones pequeñ*as*.**

Meaning and usage

1 adjectives are words like **caro** *(expensive)*, **bonito** *(pretty)*, which provide more information about a noun or a pronoun and, as in English, they are generally used next to the noun or as a complement of the verb:

Es un hotel caro. *(It is an expensive hotel.)*

Ella es muy bonita. *(She is very pretty.).*

2 in Spanish, adjectives agree in gender (masculine or feminine) and number (singular or plural) with the noun they qualify: **un libro bueno** *(a good book)*, **una novela buena** *(a good novel)*, **unos poemas muy buenos** *(some very good poems)*.

3 if the adjective refers to more than one noun or pronoun, one masculine and the other feminine, use the masculine plural form of the adjective:

En el pueblo había un monasterio y una iglesia muy antiguos. *(In the village there was a very old monastery and a very old church.)*

Juan y María eran muy simpáticos. *(Juan and María were very nice).*

Position of adjectives

1 generally in Spanish, adjectives are placed after the noun they qualify:

Es una ciudad grande. *(It is a large city.)*

Fue una fiesta divertida. *(The party was fun.)*

2 word order is quite flexible in Spanish and sometimes adjectives are placed before the noun for emphasis or to lend this greater force: **un enorme avión/un avión enorme** *(a huge plane)*, **una pequeña casa/una casa pequeña** *(a small house)*.

3 adjectives denoting nationality, religion, shape or colour are nearly always placed after the noun: **un artista español** *(a Spanish artist)*; **la Iglesia católica** *(the Catholic Church)*; **una caja cuadrada** *(a square box)*; **un hermoso vestido blanco** *(a beautiful white dress).*

 Note the two adjectives in **un hermoso vestido blanco**, *with* **hermoso** *placed before the noun for emphasis. Normally, though, with descriptions which do not involve a subjective judgement both adjectives are placed after the noun:* **un hombre bajo y gordo** *(a small, fat man),* **casas grandes y modernas** *(big, modern houses).*

4 the following categories of adjectives are normally placed before the noun:

  ▶ cardinal and ordinal numbers: **dos euros** *(two euros)*, **el cuarto piso** *(the fourth floor)*

  ▶ possessives and demonstratives: **mis hijos** *(my children)*, **esta semana** *(this week)*

► a few adjectives expressing quantity: **ambas personas** *(both people)*, **mucho dinero** *(a lot of money)*, **poco tiempo** *(little time)*, **otro día** *(another day)*, **tanta comida** *(so much food)*.

 B   What are the different meanings of único **in these phrases?**

1 una oportunidad única

2 una única oportunidad

3 hijo único

5 a few adjectives change their meaning depending on their position: **un coche* nuevo** *(a brand new car)* – **un nuevo coche** *(a new/another car)*; **un país grande** *(a large country)* – **un gran país** *(a great country)*; **un hombre pobre** *(a poor man)* – **¡Pobre hombre!** *(Poor man!)*; **una amiga vieja** *(an elderly friend)* – **una vieja amiga** *(an old friend)*.

***coche** = **carro/auto** in Latin America

 C   Complete the spidergram with adjectives. The inner adjectives describe Julián; the outer ones give the opposites.

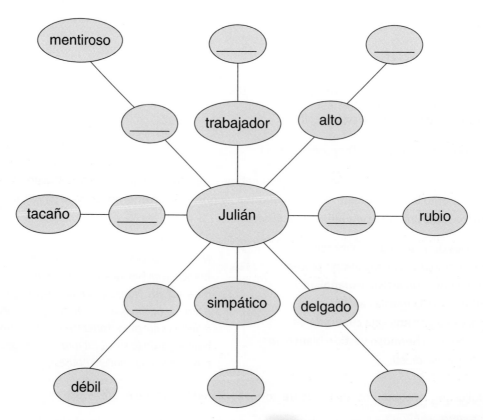

 What adjectives would you use to describe yourself? What adjectives would you use to describe a friend of the opposite sex?

D Put the adjectives in the order given in the appropriate places to complete the sentences.

1 Inés es una chica (alta, guapa).

2 Señores y señoras quieren visitar el palacio (tres, dos, alemanes, real).

3 Mi amigo es una persona (español, bondadosa, generosa).

4 Las niñas quieren unos helados (tres, pequeñas, grandes).

5 Gente compra estos recuerdos de la región (mucha, típicos).

6 En esta ciudad hay edificios (muchos, modernos, feos).

7 Acabo de comprarme un vestido (bonito, rojo).

8 Rafael nunca compra coches; ahora su coche es un Seat Ibiza (nuevos, nuevo).

Forms of adjectives

Short forms

6 the following adjectives lose their final -o before a singular masculine noun:

alguno *(some, any)*, **ninguno** *(no, not any)*: **¿Algún problema?** *(Any problem?)*, **Ningún problema** *(No problem)*.

bueno *(good)*, **malo** *(bad)*: **un buen chico** *(a good boy)*, **un mal día** *(a bad day)*.

uno *(one)*, **primero** *(first)*, **tercero** *(third)*: **un autobús** *(a/one bus)*, **primer año** *(first year)*, **tercer piso** *(third floor)*.

grande *(big, large, great)* becomes **gran** before a singular noun: **un gran amigo** *(a great friend)*, **una gran persona** *(a great person)*.

 In the plural all the above adjectives recover their original form: **Buenos días** *(good morning; literally, good days)*, **Somos grandes amigos** *(We are great friends)*. *See also* **Plural forms** *below.*

  E Complete the sentence with the adjective given in brackets.

1 (primero) El _____ año el trabajo fue muy difícil.

2 (alguno) ¿Tiene _____ libro escrito por Arturo Pérez-Reverte?

3 (bueno) Hoy hace muy _____ día; hace un día muy _____.

4 (tercero) Ahora los González viven en el _____ piso.

5 (ninguno) Aquí no hay _____ problema. Todo va bien.

6 (grande) – Usted conoce a Pepe ¿verdad?, un hombre _____ que también es un _____ hombre.

– Sí, es _____, es enorme pero es una persona fantástica.

Feminine forms

1 the dictionary form of the adjective is the masculine singular form. But an adjective must agree with the noun it qualifies, so if the noun is feminine use the feminine form of the adjective. Here are some simple rules for their use:

2 if the adjective ends in **-o** change this into **-a: barato – barata** (*cheap*); **largo – larga** (*long*).

3 adjectives ending in **-a, -e, -í, -ú** have the same forms for masculine and feminine: **un/una estudiante belga, un/una costarricense y un/una iraquí** (*a Belgian, a Costa Rican and an Iraqi student*); **un templo hindú** (*a Hindu temple*) – **la religión hindú** (*the Hindu religion*).

4 most adjectives ending in a consonant do not change for feminine: **un hombre/una mujer joven** (*a young man/woman*), **un niño/una niña feliz** (*a happy boy/girl*). This rule does not apply to adjectives of nationality that end in a consonant, for which you add an **-a** for the feminine: **Es inglés/inglesa** (*He/She is English*).

 F   Answer the questions.

1 What happens to the accent when **inglés** is used in the feminine form?

2 If **francesa** (*French*) is feminine, what is the masculine form?

 *You may have noticed that the accent on **inglés** (English) is dropped when you add a syllable to form the feminine. Note also that words for nationality are not written with capital letters in Spanish.*

5 adjectives ending in **-án, -ón, -ín, -or** add **-a** in the feminine: **holgazán – holgazana** (*lazy*); **glotón – glotona** (*greedy*); **parlanchín –parlanchina** (*talkative*); **encantador – encantadora** (*charming*). Note that the accent in **-án, -ón, -ín** is dropped when you add a syllable to form the feminine.

 G   Change the gender in each sentence.

1 La mujer es muy mandona.

2 Mi amiga es belga.

3 El niño es encantador.

4 Mi marido es musulmán.

5 Mi padre es nicaragüense y mi madre es panameña.

6 El chico andaluz es muy trabajador.

Plural forms

1 adjectives that describe plural nouns normally take the plural form. The following simple rules will show you how to make an adjective plural:

2 adjectives that end in an unstressed vowel in the singular form the plural with **-s: un parque bonito** (*a nice park*) – **unos parques bonitos** (*some nice parks*).

3 if the final vowel of the adjective in the singular is stressed the plural takes **-es: un amigo iraní** (*an Iranian friend*) – **unos amigos iraníes** (*some Iranian friends*).

4 most adjectives that end in a consonant form the plural with **-es**: **un coche azul** *(a blue car)* – **unos coches azules** *(some blue cars)*. Those ending in **-z** change this into **-c** and add **-es**: **un plato andaluz** *(an Andalusian dish)* – **unos platos andaluces** *(some Andalusian dishes)*.

5 adjectives ending in **-án, -ón, -ín, -or** add **-es** for masculine and **-as** for feminine: **encantador** *(charming)* > **Ellos son encantadores** (m) – **Ellas son encantadoras** (f) *(They are charming.)*

Adjectives indicating nationality or place of origin which end in a consonant form the plural as above: **escocés** *(Scottish)* > **los whiskies escoceses** *(Scottish whiskies)* – **las montañas escocesas** *(Scottish mountains).*

H **Give the Spanish for the words in brackets.**

En mi clase de español hay estudiantes *(English)*, *(German)* **y** *(French)*.

I **Put the English adjective in brackets into Spanish.**

1 Los quesos *(blue)* **pueden ser** *(strong)*.

2 Estas montañas no son *(high)* **pero son** *(dangerous)*.

3 El fin de semana suelo ir al mercadillo* a buscar alguna cosa *(old)*.

4 Las camas en este hotel son *(comfortable)* **pero el hotel no es** *(cheap)*.

5 Julio y Laura dicen que están muy *(tired)* **pero** *(contented)*.

6 No voy a comprarme esos pantalones *(black)*; **me son un poco** *(long)*.

7 A pesar de ser muy *(hard-working)*, **a mis** *(poor)* **tías siempre les pasa algo** *(bad)*.

8 Eduardo tiene el pelo muy *(short)*, **los ojos** *(brown)* **y una boca** *(big)*.

*el mercadillo = la feria in some parts of Latin America, el tianguis in Mexico

Reading

J **Read the first part of this text to answer this question in Spanish:**

De las ciudades que menciona el narrador, ¿cúal es su favorita y por qué?

Patrimonio de la Humanidad	World Heritage Site
pasear	to stroll
el casco viejo	the old part (of a city)

Si usted está en Madrid, es muy fácil hacer excursiones de un día a Toledo, Alcalá de Henares, Ávila o Segovia, todas muy importantes e interesantes y declaradas Patrimonio de la Humanidad por la UNESCO. De estas ciudades, mi preferida es Segovia. Es una ciudad preciosa y si le gustan los monumentos, hay mucho que ver o simplemente puede respirar el ambiente paseando por las calles del casco viejo.

K Now read on, then answer the questions that follow in Spanish.

tardar en	*to take (time)*
el cochinillo	*suckling pig*
el cordero asado	*roast lamb*
la fuente	*fountain*
merecer	*to merit, deserve, be worthy of*

Segovia está situada al noroeste de Madrid al otro lado de la Sierra de Guadarrama. Se tarda una hora, quizás un poquito más, en llegar y si usted no tiene coche, puede ir en tren o en autobús.

Segovia es una ciudad pequeña pero muy histórica con monumentos muy famosos como el acueducto romano que es muy alto y que domina la entrada a la ciudad. En la Plaza Mayor está la catedral que es una de las más bellas de España. Las calles del casco viejo son estrechas con plazuelas – plazas pequeñas – y muchas iglesias medievales. Desde la Plaza Mayor una calle sube hasta el Alcázar, que es un castillo real. Es un edificio impresionante con unas vistas maravillosas de la ciudad y del campo.

La Plaza Mayor es un buen sitio donde tomar algo. Los restaurantes son muy buenos y sirven platos típicos de la región – el cochinillo asado es quizás el más famoso pero el cordero asado también es muy rico.

Muy cerca de Segovia hay otro palacio real que data del siglo XVIII. Fue construido por Felipe V para pasar los veranos en un lugar más fresco que Madrid. Se llama La Granja y tiene unos jardines bonitos con muchas fuentes. El palacio no es muy grande pero merece una visita.

1 ¿Cómo es Segovia?

2 ¿Qué monumentos describe el narrador?

3 ¿Cómo son las calles del casco viejo de Segovia?

4 ¿Qué platos típicos se sirven en los restaurantes de la Plaza Mayor?

5 ¿Qué es La Granja?

*Notice in the second part the **-ito** ending to **poco: un poquito más** (a little bit more), and **-uela** on **plazuela** (a little square). These are diminutives and can be added to the end of a word, usually a noun, to give a sense of smallness and also in the case of **-ito** to express affection: **abuelo, abuelito**. Another important diminutive in Spanish is **-illo: chico, chiquillo**, though **-ito** is the most common.*

*Notice also the use of Roman numerals to give the centuries: **el siglo XVIII** (the eighteenth century).*

L Reread the second paragraph in the second part of the text beginning Segovia es … and note the adjectives used to describe each noun.

M Find four adjectives for each noun and use them correctly.

una comida	unas calles	unos jardines	un hombre
rico	pequeño	ruidoso	gracioso
ancho	delgado	soso	delicioso
estrecho	tranquilo	honrado	bajo
sabroso	largo	bonito	grande

N Put each adjective with its related noun (for example, *happy* would go with *happiness*). What do you think the noun means?

rico	frescura	grande	bondad	pobreza
estrechez	tranquilo	viejo	alto	riqueza
vejez	pobre	fresco	ancho	tranquilidad
altitud	grandeza	estrecho	bueno	anchura

Writing

O Think of a town or a city that you consider worth a visit and write a few lines in Spanish to describe it (50–80 words).

Self-check

	1	2	3
Placing adjectives in the correct position			
Using proper gender agreement between noun/pronoun and adjective			
Using proper number agreement between noun/pronoun and adjective			
Using the short forms of some adjectives			
Describing a town or a city that you know			

For more information on adjectives refer to *Get Started in Spanish*, Units 2, 4; *Complete Spanish*, Units 1, 8, 10; *Get Started in Latin American Spanish*, Units 1, 3; or *Complete Latin American Spanish*, Units 1, 5.

For information on gender and number see Unit 2.

4 Es menos grande, pero más interesante

It's less big but more interesting

In this unit you will learn to:

- ✓ Use the comparative and superlative form of adjectives.
- ✓ Compare people, places and things.
- ✓ Use comparisons involving nouns.
- ✓ Describe places and contrast two towns.

CEFR: The comparative and superlative form of adjectives (A1, A2); Can understand information in simple written material such as a brochure (A2); Can describe places in simple terms (A2).

Comparison of adjectives

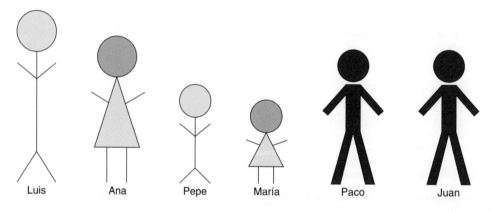

Luis es **alto**. Es **más alto que** Ana.

María es **baja**. Es **más baja que** Pepe.

Luis es **el más alto** y María es **la más baja**.

Paco es **tan alto como** Juan.

 A Are the following statements true (T) or false (F)?

1 Ana es más baja que Luis.

2 Pepe es tan alto como María.

3 La más alta es Ana.

Meaning and usage

1 to compare two people or things in terms of a specific quality you use the comparative form of the adjective. In English this may be a single word, as in *taller*, or more than one word, as in *more expensive*. Comparisons can be of three main types: of *superiority* (*Cristina is taller than Sarah*); of *inferiority* (*Madrid is less expensive than London*) and of *equality* (*This hotel is as good as the other one*). Comparisons in Spanish function along the same lines.

How to form comparative sentences

2 to say that someone or something possesses a certain quality in a *higher* degree than someone or something else, Spanish uses a construction with **más … que**:

Elena es <u>más baja que</u> su hermana. *(Elena is shorter than her sister.)*

Su última novela es <u>más interesante que</u> la anterior. *(His/Her latest novel is more interesting than the previous one.)*

 In this and the comparative sentences that follow the second term in the comparison can be left out if it is understood: **Elena es <u>más baja</u>.** *(Elena is shorter.)*

3 to say that someone or something possesses a quality in a *lesser* degree than someone or something else, use the phrase **menos … que**:

Alfonso parece <u>menos seguro que</u> sus compañeros. *(Alfonso seems less confident than his classmates.)*

Mi habitación está <u>menos ordenada que</u> la de vosotras. *(My room is less tidy than yours.)*

4 to say that someone or something possesses a certain quality in the *same* degree as someone or something else use **tan … como**:

Roberto es <u>tan generoso como</u> su padre. *(Roberto is as generous as his father.)*

 Comparisons are sometimes expressed negatively. This is specially true with the construction **tan … como**: **Mi ordenador* <u>no es tan bueno como</u> el que tienes tú**. *(My computer is not as good as the one you have.)*

***el ordenador** = **la computadora/el computador** *in Latin America.*

Irregular comparative forms

 B **In an email your friend Verónica decribes her family; read it and answer the questions:**

De:	Verónica Rodríguez
Para:	Pat White
Asunto:	Saludos

Tengo dos hermanos, Rodrigo y Marta. Rodrigo es tres años mayor que yo y Marta es dos años menor que yo.

1 How many years older than Verónica is Rodrigo?

2 How many years younger than Verónica is Marta?

3 Who is older, Marta or Rodrigo?

1 a few adjectives have irregular comparative forms:

bueno *(good)*	**mejor** *(better)*
grande *(big)*	**mayor, más grande** *(bigger, greater, older)*
malo *(bad)*	**peor** *(worse)*
pequeño *(small)*	**menor, más pequeño** *(smaller, younger)*

Regular forms **más bueno** *(better)* and **más malo** *(worse)* are also possible:

Montse es <u>mejor/más buena</u> para los idiomas <u>que</u> para la historia. *(Montse is better at languages than at history.)*

2 to refer to age use **mayor** and **menor**; for size, **más grande** and **más pequeño** are preferred:

Carlitos es <u>menor/mayor que</u> su hermano.
(Carlitos is younger/older than his brother.)

El hotel Vistamar es <u>más grande/pequeño que</u> el hotel Río.
(The Hotel Vistamar is bigger/smaller than the Hotel Rio.)

 Adverbs, i.e. words like **bien** *(well)*, **mal** *(badly)*, **correctamente** *(correctly)*, are compared in the same way as adjectives: **Cristóbal habla <u>bien</u>, pero Mercedes habla <u>mejor</u>.** *(Cristóbal speaks well but Mercedes speaks better.).*

3 **mejor, peor, mayor** and **menor** form the plural with **-es**, but they have no separate feminine forms:
Julia y Marta son <u>menores que</u> tus hijos. *(Julia and Marta are younger than your children.)*

C   Make comparisons using más ... que (+) or menos ... que (-).

1 Marta es _____ su madre. (+ alto)

2 Ana es bastante _____ su hermana. (- inteligente)

3 Estas naranjas son _____ las otras. (- dulce)

4 La sed es mucho _____ el hambre. (+ malo)

5 Los niños son _____ las niñas. (+ travieso)

6 Esta casa es _____ la otra, pero es _____ . (+ pequeño; + bueno)

7 La pensión es _____ el hotel pero es _____ .(- cómodo; + barato)

8 Los coches eléctricos son mucho _____ los coches de motor de combustión. (- contaminante)

D   Make comparisons using tan ... como (=) *(as ... as).*

1 Rodrigo es _____ Pedro. (= guapo)

2 La película es _____ la novela. (= bueno)

3 Desde luego Alejandra no es _____ David. (= rico)

4 Las mujeres no son _____ los hombres. (= fuerte)

5 Los claveles son _____ las rosas. (= bonito)

6 La fabada es _____ la paella. (= sabroso)

Meaning and usage

The superlative

To say that someone or something, in comparison with others, has a quality in the highest or lowest degree, English uses phrases like the following: *She is the most intelligent, They are the least expensive.* These constructions correspond to what is known as the *superlative.*

How to form the superlative

E   Raquel, your travelling companion, seems to have found the ideal hotel for your stay; how does she describe it?

El Hotel Rosal es el más pequeño, el más cómodo y el más económico. Creo que es el más conveniente.

1 Spanish has two main ways of expressing the superlative: one, the most common, uses the construction **el/la/los/las** *(the)* followed by **más** *(most)* or **menos** *(least)* and the adjective:

La Ciudad de México es <u>la más grande</u> de las capitales de habla española. *(Mexico City is the largest of the Spanish-speaking capitals.)*

Estos libros son <u>los menos interesantes</u>. *(These books are the least interesting.)*

2 with irregular comparisons use **el/la/los/las** followed by the corresponding form:

Víctor es el mejor alumno de su clase. *(Victor is the best student in his class.)*

Esos vinos son los más baratos, pero también son los peores. *(Those wines are the cheapest, but they are also the worst.)*

F   Give the superlative of the adjective in brackets.

1 Este parque es (hermoso) de la ciudad.

2 Estos vinos son (caro) del mundo.

3 Estas son las calles (animado) de la ciudad.

4 En mi opinión, esta cerveza es (bueno).

5 Hoy es (malo) día de mi vida.

G   Answer these questions in Spanish. Search the Internet or use a reference book if you are not sure of the answer.

1 ¿Cuál es el mes más corto del año?

2 ¿Cuál es el río más largo del mundo?

3 ¿Cuál es la ciudad más alta del mundo?

4 ¿Cuál es la ciudad más alta de España?

5 ¿Cuál es la montaña más alta de Sudamérica?

3 an alternative way of expressing superlative degree, not necessarily in comparison with others, is with the suffix **-ísimo** (m) or **-ísima** (f) added to the adjective. If this ends in a vowel, the vowel is removed.

María Teresa es guapísima. (from **guapo/a**) *(María Teresa is very pretty.)*

Para mí, las matemáticas son dificilísimas. (from **difícil**)   *(For me, mathematics is most difficult.)*

*The superlative with **-ísimo** expresses a stronger degree of the quality you wish to emphasize than the construction with **muy** (very). Compare:*

La comida está muy rica. *(The food is very good.)*

La comida está riquísima. *(The food is delicious.)*

4 spelling changes occur with adjectives ending in **-co/-ca**, **-go/-ga**:

Los Miranda son riquísimos. (from **rico/a**) *(The Mirandas are very rich.)*

El viaje es larguísimo. (from **largo/a**) *(The journey is very long.)*

H Complete each sentence with the -ísimo superlative form.

1 Los libros son muy, muy interesantes; son _____.

2 Carmen es muy nerviosa; es _____.

3 Las habitaciones son pequeñas; son _____.

4 Elvira es una persona muy simpática; es _____.

5 El problema es difícil de resolver; es _____.

Comparisons involving nouns

I From what you know, are the following statements true (T) or false (F)?

1 España tiene más habitantes que Gran Bretaña.

2 En California no hace tanto frío como en Nueva York.

3 En las playas españolas hay menos turistas que en las playas inglesas.

For comparisons involving nouns use **más** *(more)*, **menos** *(less)* or **tanto … como** *(as … as)* for equality. **Tanto** agrees in gender and number with the noun it refers to:

Rebecca sabe <u>más español que</u> Mark. *(Rebecca knows more Spanish than Mark.)*

Tu ordenador tiene <u>menos memoria que</u> el mío. *(Your computer has less memory than mine.)*

Antonio tiene <u>tanto dinero como</u> su abuelo. *(Antonio has as much money as his grandfather.)*

Este año no hay <u>tantas personas como</u> el año pasado. *(This year there aren't as many people as last year.)*

J Make comparisons using tanto … como *(as much/many … as)*

1 No bebo _____ café _____ mi amigo Pedro pero no trabajo _____ horas _____ él tampoco.

2 No tenemos _____ oportunidades _____ antes.

3 Hoy no hace _____ calor _____ ayer.

4 No hay _____ coches* en las carreteras regionales _____ en las autopistas.

5 Las flores necesitan _____ luz _____ agua.

   *coche = carro/auto in Latin American Spanish.

 # Reading

K **Read the first paragraph of the following text to answer in Spanish this question:**

¿Qué punto en común tienen las dos Córdobas?

suave	mild, soft	cálido	hot, warm

¿Qué tienen en común una ciudad en Argentina que se llama Córdoba con otra que se llama Córdoba en España? La una es la segunda ciudad de su país; la otra es una pequeña ciudad andaluza. A primera vista parece que lo único que tienen en común es su nombre. Pero si seguimos con la geografía, vemos que las dos ciudades tienen un clima parecido. En la Córdoba argentina los inviernos son tan suaves y los veranos tan cálidos como en la Córdoba española. Ya tenemos un punto en común. Vamos a ver si hay otros.

L **Now read on, then answer the questions that follow in Spanish.**

ya que	since, given that	judío	Jew, Jewish
musulmán	Muslim	la mezquita	mosque
el corazón	heart		

Córdoba, de la Nueva Andalucía, fue fundada por un sevillano el 6 de julio de 1573. Con más de 400 años de antigüedad, es una de las ciudades más antiguas de Argentina. La ciudad española también es una de las más antiguas ciudades españolas ya que su fundación es anterior a los tiempos romanos cuando fue una ciudad importantísima del imperio. Luego fue capital de Al-Andalus, el imperio musulmán español, desde el siglo VIII hasta el siglo XI, y un centro de cultura, ciencias y arte donde convivían musulmanes, judíos y cristianos. Pero no tuvo universidad hasta más de 350 años después de la fundación de la Universidad Nacional de Córdoba en 1613, la más antigua de Argentina y una de las primeras de Latinoamérica.

Los edificios históricos de la Córdoba argentina son todos de la época colonial y los mejores conservados del país. Se tardó tanto en construir su catedral como la de su homónima española, más de 200 años, pero la catedral argentina no se construyó en el corazón de una mezquita, la verdadera joya de la Córdoba española, una obra única, bellísima y antiquísima.

Como la Córdoba argentina es muchísimo más grande que la Córdoba española, las calles son más anchas y largas y no son tortuosas como las estrechas calles andaluzas. La ciudad española no tiene tantas instalaciones, tantos comercios, tantos espacios verdes como su homónima argentina que tiene más de un millón de habitantes. Córdoba, en Andalucía, no llega ni a la mitad. No se debe comparar de esta manera una Córdoba argentina moderna e industrial con una Córdoba andaluza del Viejo Mundo que es Patrimonio de la Humanidad.

1 De las dos ciudades ¿cuál es la más antigua?

2 ¿Qué ciudad tiene la universidad más vieja?

3 ¿Cuánto se tardó en construir las catedrales de las dos ciudades?

4 ¿Cómo son las calles de la Córdoba argentina en comparación con las de la Córdoba española?

5 ¿Qué ciudad tiene más instalaciones y por qué?

M **In the second part of the text, find four examples of** más *(more than)* **followed by a number. What do you notice about the construction?**

> *The negative* not more than + number, *is* no … más que:
> **No tengo más que dos** *(I don't have more than two / I only have two).*

N **Translate these sentences into Spanish.**

1 Juan has over a thousand stamps.

2 Madrid has more than 4 million inhabitants.

3 Today I am working more than 12 hours.

4 There are over 30 people in the room.

5 Andrés only has two or three friends.

O **Match the adjective that denotes place of origin with the place.**

Córdoba fue fundada por un sevillano. Un sevillano viene de Sevilla.

	CIUDADES	PAÍSES	
madrileño	Lima	Costa Rica	brasileño
cordobés	Buenos Aires	Paraguay	guatemalteco
barcelonés	Madrid	Brasil	hondureño
bonaerense	Santiago	Venezuela	paraguayo
limeño	Córdoba	Honduras	costarriqueño/costarricense
santiaguino	Barcelona	Guatemala	venezolano

Writing

P **Use the information from the table to write sentences in Spanish comparing and contrasting the two towns: San Pedro and Requena.**

	San Pedro	Requena
distancia de la capital	35 kilómetros	50 kilómetros
número de habitantes	6.000	4.000
hoteles y servicios	hoteles (2) restaurantes (2) bares (5)	hoteles (2) restaurantes (2) bares (3)
edificios históricos	iglesia medieval, castillo	iglesia medieval, castillo

> *Notice that where English uses a comma to denote thousands (6,000), Spanish uses a full stop. For the expression of decimals it is the other way round: Spanish uses a comma (10,5) where English uses the decimal point (10.5) to indicate* ten point five.

 # Self-check

Tick the box which matches your level of confidence.

1 = very confident   *2 = need more practice*   *3 =not confident*

Marque la casilla que corresponde según su nivel de conocimiento y seguridad.

1 = muy seguro/a   **2** = necesito practicar más   **3** = no muy seguro/a

	1	2	3
Using the comparative and superlative form of adjectives			
Comparing people, places and things			
Using comparisons involving nouns			
Describing places and contrasting two towns			

For more information on comparatives and superlatives refer to *Complete Spanish,* Units 8, 10; *Complete Latin American Spanish,* Unit 6.

For information on the comparison of adverbs see Unit 21.

Estos zapatos no son míos

These shoes are not mine

In this unit you will learn to:

✅ Use **de** + noun to express possession.

✅ Ask questions about possession.

✅ Use demonstrative adjectives and pronouns.

✅ Use possessive adjectives and pronouns.

CEFR: Can use demonstrative adjectives and pronouns (A1); Can use possessive adjectives and pronouns (A2); Can deal with common aspects of everyday living such as shopping and say what you like and dislike (A2).

Meaning and usage

Demonstratives

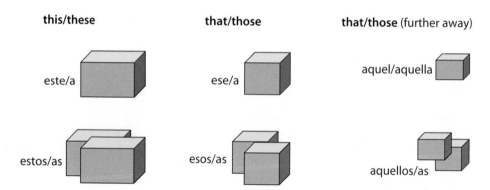

this/these	that/those	that/those (further away)
este/a	ese/a	aquel/aquella
estos/as	esos/as	aquellos/as

1   words such as *this* and *that,* which we use to identify something, are known as *demonstratives*. English has two sets of demonstratives: *this,* for something which is closer to us, whether in space or time; *that,* for something which is further away from us. Spanish has three sets of demonstratives: **este** *(this),* **ese** *(that)*, and a third one, **aquel** (also meaning *that),* which is used to identify something which is even further away.

> *The distinction between* **ese** *and* **aquel** *(that) is not always clear. But if something is far away, the more suitable word will be* **aquel**: Aquella **es la montaña que visitaremos mañana.** *(That's the mountain we'll visit tomorrow.)*

2 Demonstratives in Spanish have masculine and feminine and singular and plural forms, agreeing with the accompanying noun or the noun they refer to:

este tren *(this train)*, **estos trenes** *(these trains)*; **esa señorita** *(that young lady)*, **esas señoritas** *(those young ladies)*.

3 demonstratives can function as *adjectives*, with an accompanying noun, as in **este coche** *(this car)* or as *pronouns*, in place of a noun which has been mentioned before, for example **este** *(this one)*:

<u>Este</u> coche* es bueno, pero <u>ese</u> es mucho mejor. *(This car is good, but that one is much better.)*

*****coche = carro/auto** in Latin America

> *The distinction often made in writing between the demonstrative pronoun and the demonstrative adjective by means of a written accent on the pronoun (e.g. **ése** that one) is no longer required.*

Demonstrative forms

A Julia is introducing her family to her friend Sara; complete the introduction with the correct demonstratives:

1 _____ es José, mi marido;

2 y _____ son mis hijos;

3 _____ es mi amiga Sara.

Masc. Sing	Fem. Sing		Masc. Pl	Fem. Pl	
este	esta	*this*	estos	estas	*these*
ese	esa	*that*	esos	esas	*those*
aquel	aquella	*that*	aquellos	aquellas	*those*

<u>Este</u> tren va para Valencia, ¿no? *(This train is going to Valencia, isn't it?)*

No, el tren para Valencia es <u>ese</u>. *(No, the train for Valencia is that one.)*

¿Cuánto cuestan <u>esas</u> gafas* de sol? *(How much are those sunglasses?)*

En <u>aquellos</u> tiempos no había Internet. *(In those days there was no Internet.)*

*****gafas = lentes/anteojos** in Latin America

The neuter forms esto, eso, aquello

Esto *(this)*, **eso** *(that)* and **aquello** *(that)*, all invariable, are neuter forms which do not refer to a specific noun, but to a situation or an idea:

¡Esto es increíble! *(This is incredible!)*

¿Qué es eso? *(What's that?)*

Aquello sucedió hace muchos años.
(That happened many years ago.)

> **Esto** and **eso** *are useful words to remember when asking about something whose name you do not know:* **Por favor, ¿cómo se llama eso?** *(Excuse me, what's that called?)*

B Change the definite article to the correct Spanish word for *this/these*.

1 ¿Entramos en la tienda?

2 ¿Usted conoce al señor?

3 Los libros son de Juan ¿verdad?

4 ¿Vais a beber la botella de vino?

5 ¿Usted quiere las botas?

6 ¿Qué te parece el sombrero?

C Complete the sentences with ese, esa, esos, esas or eso.

1 Este autobús va a Llanes, _____ va a Posada.

2 ¿Por qué no entramos en _____ cafetería?

3 ¿Dónde está el impermeable de Sebastián? ¿Es _____ ?

4 Estas gafas de sol son caras. ¿Son más baratas _____ ?

5 ¿Por qué te metes en _____ cuando no tiene que ver contigo?

6 ¿Quiénes son _____ chicos?

D Complete the sentences with aquel, aquella, aquellos, aquellas or aquello.

1 No recuerdo bien _____ tiempos.

2 ¿Ves _____ casa blanca? Allí vive Lola.

3 ¿_____ señor allí en la esquina es el marido de Paula? ¡No me digas!

4 ¿Qué te gustan más: esas botas rojas o _____ blancas?

5 ¿Por qué crees que _____ chicos son amigos míos?

6 Nada de _____ le interesa a Óscar.

> **¡No me digas!** *(Really?/You're kidding!)* *is an exclamation you can use to express surprise and incredulity at something that someone has said to you when using the* **tú** *form of address;* **¡No me diga!** *if you are addressing the person as* **usted**.

Meaning and usage

Possessives

 E   Here are some useful phrases including possessives. What do they mean?

1 ¿Cuál es su dirección?

2 ¿Cuál es su número de teléfono?

3 Perdone, ¿esta maleta es suya?

1 words like *my, mine, your, yours, her, hers* are known as possessives. Like English, Spanish has two sets of possessives: *short forms* like **mi** *(my)*, **tu** *(your, for* **tú***)*, **su** *(his, her; your, for* **usted, ustedes***; their)*; and *long forms* like **mío** *(mine)*, **tuyo** *(yours, for* **tú***)*, **suyo** *(his, hers; yours, for* **usted, ustedes***; theirs)*.

2 When possession is established by a pronoun, e.g. **me** *(me)*, Spanish normally uses the definite article instead of a possessive:

Me duele la espalda. *(My back aches.)*

¿Se quita los zapatos, por favor? *(Will you take off your shoes, please?)*

 F   You and your travelling companion have done a lot of walking in the sun. How would you say *My head aches*?

Possessives in Spanish agree with the thing possessed, not with the possessor:

un amigo mío *(a male friend of mine),*
una amiga mía *(a female friend of mine)*

Short forms

Singular	Plural		Singular	Plural	
mi	mis	*my*	**nuestro/a**	**nuestros/as**	*our (m/f)*
tu	tus	*your* (**tú**)	**vuestro/a**	**vuestros/as**	*your (m/f)* (**vosotros**)
su	sus	*his, her, your* (**Vd.**)	**su**	**sus**	*their, your* (**Vds.**)

In writing, especially in formal correspondence, **usted** and **ustedes** are sometimes found in their abbreviated forms: **Vd.** or **Ud.** and **Vds.** or **Uds.**

1 short forms show number agreement (masculine or singular) but only **nuestro** *(our)* and **vuestro** *(your, of* **vosotros***)* agree in gender (masculine or feminine):

Este es Luis, mi jefe, y estas son mis colegas. *(This is Luis, my boss, and these are my colleagues.)*

Nuestros hijos y vuestras hijas tienen casi la misma edad. *(Our children and your daughters are almost the same age.)*

G Answer the questions.

1 What does the hotel receptionist mean by **¿Cuál es el número de su habitación?**

2 How would you say: *This is not my key. My room is number 25.*

2 short forms can only function as adjectives, placed in front of a noun or a noun phrase:

Mi equipaje no es este. *(This is not my luggage.)*

Sus amigos ingleses les visitan todos los años. *(His English friends visit them every year.)*

 H Replace the English word in brackets with the correct Spanish word.

1 *(My)* **bolso está en** *(her)* **coche.**

2 *(Their)* **madre trabaja en el mismo supermercado que** *(your,* **vosotros)** **madre.**

3 **Los españoles tienen dos apellidos: el de** *(their)* **padre y el de** *(their)* **madre.**

4 *(His)* **hermana es muy amiga de** *(our)* **padres.**

5 *(Your,* **vosotros)** **hijos son encantadores.**

6 **Siempre pierdo** *(my)* **gafas.**

7 *(Our)* **casa está en el campo;** *(our)* **piso está en el centro de la ciudad.**

8 **Toño, guarda** *(your,* **tú)** **juguetes en** *(your)* **dormitorio.**

Long forms

Singular		Plural		
Masc.	**Fem.**	**Masc.**	**Fem.**	
mío	mía	míos	mías	*mine*
tuyo	tuya	tuyos	tuyas	*yours* (**tú**)
suyo	suya	suyos	suyas	*his, hers, yours* (**Vd.**)
nuestro	nuestra	nuestros	nuestras	*ours*
vuestro	vuestra	vuestros	vuestras	*yours* (**vosotros**)
suyo	suya	suyos	suyas	*theirs, yours* (**Vds.**)

 I What does your Spanish-speaking colleague mean by:

Este es Ricardo, un amigo mío de la universidad

1 long forms can function as adjectives, qualifying a noun, or as pronouns, in place of a noun:

La maleta* mía no es roja. *(My suitcase is not red.)* (adjective)

La mía es negra. Esa es tuya. *(Mine is black. That's yours.)* (pronouns, acting in place of **la maleta**)

*maleta = **valija** in parts of Latin America

When long forms function as pronouns they are accompanied by the relevant definite article (see **La mía es negra**, *above); after* **ser** *the definite article is often omitted (see* **Esa es tuya**, *above).*

2   all long forms agree in number and gender with the noun they qualify or the noun they refer to:

Mañana llega una prima mía. *(A cousin of mine is arriving tomorrow.)*

No me gustan estos zapatos. Los tuyos son más bonitos. *(I don't like these shoes. Yours are prettier.)*

J   Complete the sentences with the appropriate possessive pronoun.

1 Los hijos de mi hermana trabajan en Canadá pero nuestros hijos trabajan aquí; _____ trabajan en Canadá y _____ trabajan aquí.

2 Vuestra casa no es muy grande; nuestra casa es más grande; _____ no es tan grande como _____ .

3 Ustedes aparcan* el coche en la calle pero nosotros tenemos garaje para el coche; _____ está en el garaje pero _____ está en la calle.

4 Pongo mi camisa en la cómoda pero Javier cuelga su camisa en el armario; pongo _____ en la cómoda pero Javier cuelga _____ en el armario.

5 Mi paraguas está roto y tu paraguas también está roto; _____ está roto y _____ también.

   *aparcar = **estacionar** in parts of Latin America

K   Complete the sentences with the appropriate possessive pronoun.

1 Aquellos son tus zapatos; aquellos zapatos son _____ .

2 Esta es la bolsa de Tomás; esta bolsa es _____ .

3 Esa es mi chaqueta; esa chaqueta es _____ .

4 Estas son vuestras camisetas; estas camisetas son _____ .

5 Estos son mis guantes; estos guantes son _____ .

6 Aquellos son nuestros paraguas; aquellos paraguas son _____ .

Using de to indicate possession

1   Spanish does not have a construction equivalent to *apostrophe -s* in English, as in *Patricia's job*. To express this Spanish uses a construction with **de** *(of)* or **del** before **el**:

El trabajo de Patricia es interesante. *(Patricia's job is interesting.)*

El despacho del gerente está en el último piso. *(The manager's office is on the top floor.)*

*The construction with **de** is also used in phrases like:* **La campana de la iglesia es muy antigua.** *(The church bell is very old.);* **El recepcionista del hotel fue muy amable.** *(The hotel receptionist was very kind.)*

2 to avoid the ambiguity that may arise with third person possessives **su** *(his, her, your, their)* when the context is not clear, you can use **de** followed by the corresponding subject pronoun (e.g. **él**):

La casa de él es muy moderna. (instead of **Su casa** …) *(His house is very modern.)*

Los hijos de ella están grandes. (instead of **Sus hijos** …) *(Her children are grown up.)*

 L   Reword the sentences so they use the new sentence beginnings. The first one has been done for you.

1 Mi amigo tiene un hermano mayor que él. El hermano de mi amigo es mayor que él.

2 En este pueblo hay una iglesia que data del siglo XII. La iglesia …

3 Usted tiene un coche muy potente. El coche …

4 Londres tiene aeropuertos muy grandes. Los aeropuertos …

5 Raquel tiene una tienda en la calle mayor. La tienda …

6 Carmen trabaja en un despacho en el quinto piso. El despacho …

Asking questions about possession

To ask whose something is use **¿de quién?** *(whose?)* followed by **ser** *(to be)*:

¿De quién es esta bici? *(Whose is this bike?)* – **Es mía.** *(It's mine.)*

¿De quién son estas llaves? *(Whose keys are these?)* – **Son de Raúl.** *(They are Raúl's.)*

Reading

M   Read the first part of the text, then answer the question in Spanish:

¿Por qué entran las dos mujeres en la tienda?

Una madre y su hija pasean por las calles de Valencia. Parece que en cada esquina hay una zapatería lo que le encanta a la hija.

– Mira, mamá, en ese escaparate*. ¿Ves esos botines?

– ¿Pero no tienes ya unas botas negras como aquellas?

– No, aquellas botas negras, no. Esos botines azules; ¿no los ves? Siempre he querido unos botines de ese color.

– ¡Ah, esos! Sí, son bonitos pero no ponen el precio.

– ¿Entramos a preguntar?

***escaparate** = **vitrina/vidriera** in parts of Latin America

N Now read on, then answer the questions that follow in Spanish.

el tacón	*the heel (of a shoe)*	estar expuesto	*to be on display*
sonriente	*smiling*	conseguir	*to get, obtain*

Dentro de la tienda la dependienta las saluda.

– Buenas tardes ¿qué desean?

La hija le dice que quiere saber el precio de unos botines que hay en el escaparate.

– ¿Quiere mostrármelos?

– Son aquellos azules delante de las botas negras.

– Creo que de ese modelo solo nos quedan números pequeños. ¿Qué número calza?

– El treinta y nueve.

– Pues, no, no tengo ese número. ¿Le gustan estas botas? Son del mismo color y las tengo en su número.

– No, gracias. No quiero botas y tienen el tacón muy alto.

La hija mira los otros modelos que están expuestos.

– Estos botines marrones también son bonitos. ¿Los tiene en azul?

– No, solamente aquellos que están en el escaparate. Lo que puedo hacer es llamar a nuestra fábrica en Elche. Un momentito por favor.

Al terminar la llamada la dependienta, sonriente, le dice a la hija:

– Tienen ese modelo en el treinta y nueve en la fábrica. Mañana me lo traen a la tienda.

– ¿Por la mañana o por la tarde? – pregunta la madre de la hija – Es que mañana volvemos a casa y nuestro vuelo sale a las tres.

¡Ah, qué pena! – contesta la dependienta – Antes de las cinco los botines no estarán.

1 ¿Por qué no se prueba la hija los botines azules?

2 ¿Por qué no le gustan a la hija las botas?

3 ¿Qué hace la dependienta para conseguir los botines azules?

4 ¿Cuando vuelven a casa las dos mujeres?

O Find the Spanish equivalent in the second part of the reading text to the following. calzar zapatos = *to wear, put on shoes.*

1 What size are you?

2 We only have small sizes left.

3 I don't have that size.

*Notice the diminutive -**ín** which makes **botas** (boots) into **botines** (ankle boots). The same diminutive gives us **un maletín** (a small case, briefcase) from **una maleta** (a suitcase). You can also find the -**ín** diminutive following the -**ito** diminutive in a word like **un poco** (a little), **un poquito** (a little bit), **un poquitín** (a tiny little bit).*

*Notice that when buying footwear, the word for size is **número**. For clothing it is **la talla**: ¿Cuál es su talla? (What is your size?). More generally, size is **el tamaño**; ¿De qué tamaño es? Es grande. (What size is it? It's big.)*

P **What does a shop with the sign CALZADOS sell?**

Q **What do you think this person is telling you about herself?**

Cuando estoy en casa siempre voy descalza.

📝 Writing

R **Put these sentences into Spanish.**

1 Does this bus go to the centre?

2 These boots are very expensive. Are those (over there) cheaper?

3 This T-shirt is not very nice. I prefer that one.

4 Whose are these books? Are they yours (**tú**) or are they Miguel's?

5 This is our room; yours (**ustedes**) is room 204.

6 These magazines are Pilar's. Whose are those?

Self-check

Tick the box which matches your level of confidence.

1 = very confident   *2 = need more practice*   *3 = not confident*

Marque la casilla que corresponde según su nivel de conocimiento y seguridad.

1 = muy seguro/a   **2** = necesito practicar más   **3** = no muy seguro/a

	1	2	3
Using **de** + noun to express possession			
Asking questions about possession			
Using demonstrative adjectives and pronouns			
Using possessive adjectives and pronouns			

For more information on demonstratives refer to *Get Started in Spanish*, Unit 1; *Complete Spanish*, Unit 7; *Get Started in Latin American Spanish,* Unit 3; or *Complete Latin American Spanish,* Units 4, 6. For more information on possessives refer to *Get Started in Spanish,* Unit 5; *Complete Spanish*, Units 2–3; *Get Started in Latin American Spanish*, Unit 2; or *Complete Latin American Spanish*, Unit 4.

For information on the gender and number of adjectives see Unit 3.

6 Hoy no trabajo

I'm not working today

In this unit you will learn to:

✔ Use the present tense to talk about: actions which are true in the present; the immediate future; actions happening at the moment of speaking; habits and routines.

✔ Read and write about what people do on a day off.

CEFR: Can use the present tense (A1); Can understand short, simple texts on familiar matters (A2); Can communicate on familiar matters to do with free time (A2).

estudiar *to study*

PAST	PRESENT	FUTURE
estudié *I studied*	**estudio** *I study/I am studying*	**estudiaré** *I will study*
estudiaba *I used to study/was studying* **he estudiado** *I have studied*		
había estudiado *I had studied*		

 A **If estudio is** *I study*, **what is the yo** *(I)* **form for the following?**

1 **hablar** *(to speak)*

2 **trabajar** *(to work)*

3 **llegar** *(to arrive)*

4 **viajar** *(to travel)*

Meaning and usage

The Spanish present tense is used:

1 to talk about actions or states which are true in the present or generally true:

Antonio y Ana <u>viven</u> en las afueras de la ciudad. *(Antonio and Ana live on the outskirts of the city.)*

En el norte de España <u>llueve</u> bastante. *(In the north of Spain it rains quite a lot.)*

2 to talk about habitual actions:

<u>Comen</u> con nosotros todos los domingos y <u>suelen</u> quedarse hasta muy tarde. *(They eat with us every Sunday and they usually stay until very late.)*

 *Actions which occur frequently or more or less regularly may also be expressed with the present tense of **soler** (to be accustomed to, usually) followed by the infinitive:*

Los sábados <u>suelo</u> ir al gimnasio. *(On Saturdays I usually go to the gym.) (For the forms of **soler** see **Stem-changing verbs** below.)*

  B   How would you express the following using soler?

1 Los fines de semana paso mucho tiempo en casa.

2 En mis vacaciones visito a mis padres.

3 in place of the present progressive, to talk about actions happening at the moment of speaking:

¿Quién le <u>llama</u>? *(Who's calling him?)*

Los niños no hacen ruido, porque su padre <u>duerme</u>. *(The children aren't making a noise, because their father is sleeping.)*

Not all verbs accept this usage so, if you are uncertain, use the present progressive, which has the same meaning: **Su padre <u>está durmiendo</u>.** *(Their father is sleeping.)*

4 to talk about the immediate future, especially with verbs of movement:

Mañana <u>vamos</u> a un concierto en el Teatro Real. *(Tomorrow we are going to a concert at the Teatro Real.)*

Mis padres <u>llegan</u> el lunes por la mañana. *(My parents are arriving on Monday morning.)*

5 in place of the imperative, to give directions, instructions and commands:

<u>Sigues</u> por esta calle hasta el final y luego <u>doblas</u> a la derecha. *(Go to the end of this street and then turn right.) (familiar)*

Llama usted a la consulta y **pide** hora con la doctora Valdés. *(Call the surgery and ask for an appointment with Dr Valdés.)* (formal)

The imperative is equally valid in this context: **Sigue** *por esta calle y luego* **dobla** *a la derecha (informal);* **Llame** *a la consulta y* **pida** *hora con la doctora Valdés (formal).*

6 with **hacer** and **llevar** in time phrases:

¿Cuánto tiempo **hace** que **trabaja** usted aquí? *(How long have you been working here?)*

Hace mucho tiempo que la **conozco**. *(I've known her for a long time.)*

¿Cuánto tiempo **llevas** en Barcelona? *(How long have you been in Barcelona?)*

Llevamos un mes viajando. *(We've been travelling for a month.)*

  C   What is the person sitting at the other end of the table from you asking you to do?

Por favor, ¿me pasas la sal?

7 as the Spanish equivalent of *Shall I …?, Will you …?*:

¿**Abro** la ventana? *(Shall I open the window?)*

¿**Nos** **trae** más pan, por favor? *(Will you bring us some more bread, please?)*

8 to talk about the past (historic present):

Miguel de Cervantes **nace** en Alcalá de Henares en 1547 y **muere** en Madrid en 1616. (for **nació**, **murió**) *(Miguel de Cervantes was born in Alcalá de Henares in 1547 and died in Madrid in 1616.)*

How to form the present tense

Regular verbs

1 Spanish verbs are classified into three main types according to the ending of the infinitive (the form of the verb you find in dictionaries): **-ar**, **-er** and **-ir**. To form the present tense of regular verbs remove the **-ar**, **-er**, or **-ir** from the infinitive and add the personal ending to the stem of the verb:

Subject pronoun	habl-ar *(to speak)*	com-er *(to eat)*	viv-ir *(to live)*
yo	habl-o	com-o	viv-o
tú	habl-as	com-es	viv-es
usted, él, ella	habl-a	com-e	viv-e
nosotros/as	habl-amos	com-emos	viv-imos
vosotros/as	habl-áis	com-éis	viv-ís
ustedes, ellos, ellas	habl-an	com-en	viv-en

D Which subject pronoun(s) does each of the following verb forms correspond to?

1 estudian

2 bebes

3 salimos

4 trabajáis

5 tomo

6 escribe

2 except for emphasis, contrast or to avoid ambiguity, subject pronouns (**yo, tú, él, ella**, etc.) are usually omitted in Spanish, as the ending of the verb normally tells you who is doing the action expressed by the verb: **Vivo aquí** *(I live here)* instead of **Yo vivo aquí** (emphasis or contrast), but **Él habla español** *(He speaks Spanish)*, as **habla** can stand for **él, ella** or **usted**, so the use of **él** avoids possible ambiguity.

E Read each statement and question. Then put the verb in brackets into the correct form of the present tense.

1 (Entrar) Yo _____ en el trabajo a las ocho en punto y Jesús _____ media hora después. Y tú, ¿a qué hora _____?

2 (Trabajar) Nosotros _____ ocho horas al día y vosotros también _____ ocho horas. Pero ¿cuántas horas _____ los jefes?

3 (Leer) Todos los días yo _____ un rato pero mi hermana no _____ nada.

¿Tú _____ mucho?

4 (Comer) Los días laborables mi marido y yo _____ en la cantina pero nuestros hijos _____ en casa con la abuela. ¿Dónde _____ tú y Patricio?

5 (Escribir) Ricardo me _____ bastante a menudo pero yo le _____ muy de vez en cuando. ¿Tú le _____ mucho?

6 (Vivir) Nosotros _____ en un piso* muy cerca de donde _____ nuestros padres. ¿Vosotros también _____ cerca de vuestros padres?

*piso = **departamento/apartamento** in Latin American Spanish

F Complete these sentences with an appropriate verb from the box using the correct form of the present tense.

subir	preparar	hablar	recibir	viajar
vivir	visitar	aprender	creer	nadar

1 El día de mi cumpleaños, _____ muchos regalos de toda la familia.

2 Como Paco _____ en el último piso, siempre _____ en el ascensor*.

3 Marga, ¿_____ tú el café o lo _____ yo?

4 Este verano, mis tíos _____ a Portugal en tren.

5 ¿Qué idioma _____ en casa si vuestro padre es inglés y vuestra madre es peruana?

6 Mis primos y yo _____ a nadar. Ellos ya _____ bastante bien.

7 ¿Ustedes _____ La Alhambra hoy o mañana?

8 ¿Tú _____ lo que _____ ellos: que el cambio climático no existe?

*ascensor = **elevador** in some Latin American countries

G   Put sentences 1, 3, 7 and 8 into English.

Spelling-changing verbs

1   some verbs undergo changes in the first person in order to keep the same sound as the infinitive:

g into **j: coger** *to take, catch* > **(yo) cojo** (also, **escoger** *to choose,* **dirigir** *to direct*)

c into **zc: conocer** *to know* > **(yo) conozco** (also, **conducir** *to drive,* **ofrecer** *to offer,* **traducir** *to translate*)

c into **z: vencer** *to overcome* > **(yo) venzo** (also, **convencer** *to convince,* **ejercer** *to practise*)

gui into **go: seguir** *to continue, go on, follow* > **(yo) sigo** (also, **distinguir** *to distinguish,* **perseguir** *to follow, pursue*)

2   a few verbs ending in **-uir** undergo changes in all persons except the **nosostros/as** and **vosotros/as** forms

i into **y: incluir** *to include* > **(yo) incluyo, (tú) incluyes, (él, ella, Vd.) incluye, (nosotros) incluimos, (vosotros) incluís, (ellos/as, Vds.) incluyen** (also **construir** *to build,* **destruir** *to destroy*)

 H   What is the yo *(I)* **form of the following verbs?**

1 proteger *(to protect)*

2 desconocer *(to ignore)*

3 conseguir *(to get)*

4 reconocer *(to recognize)*

5 huir *(to escape)*

6 merecer *(to deserve)*

Stem-changing verbs

1   some verbs change the **e** or **o** in their stem in all persons but the **nosotros** and **vosotros** forms:

e into **i** (e.g. **pedir** *to ask for*): **(yo) pido, (tú) pides , (Vd., él, ella) pide, (nosotros) pedimos, (vosotros) pedís, (Vds.,ellos/as) piden**

Similar verbs are **seguir** *to follow, continue,* **servir** *to serve,* **reír** *to laugh.*

e into **ie** (e.g. **querer** *to want*): **(yo) quiero, (tú) quieres, (Vd., él, ella) quiere, (nosotros) queremos,**

(vosotros) queréis, (Vds., ellos/as) quieren

Other verbs of this kind are **pensar** *to think,* **preferir** *to prefer,* **sentir** *to feel (sorry).*

o into **ue** (e.g. **volver** *to come back*): **(yo) vuelvo, (tú) vuelves, (Vd., él, ella) vuelve, (nosotros) volvemos, (vosotros) volvéis, (Vds., ellos/as) vuelven**

Similar verbs are **acostarse** *to go to bed,* **dormir** *to sleep,* **poder** *to be able to, can,* **soler** *to be accustomed to.*

One exception to the above rule is the change from **u** into **ue** in **jugar** *(to play)*:

(yo) juego, (tú) juegas, (Vd., él, ella) juega, (nosotros) jugamos, (vosotros) jugáis, (Vds., ellos/as) juegan

I Complete the sentences with the correct present tense form of the verb(s) given in brackets.

1 ¿Tú _____ a trabajar a qué hora? ¿Y a qué hora _____ a casa? (empezar; volver)

2 ¿_____ ustedes algo de esto? Porque nosotros no _____ nada. (entender)

3 Los estudiantes siempre _____ las ventanas cuando entran en el aula* porque _____ mucho el frío. (cerrar; sentir)

4 Los turistas _____ comprar los recuerdos en esa tienda pero nosotros _____ comprarlos aquí. (soler; preferir)

5 Nosotras _____ al baloncesto los miércoles por la tarde; los chicos _____ por la mañana. (jugar)

6 Antonio _____ con casarse con Paloma; la _____ mucho. (soñar; querer)

7 Cada día _____ más autopistas, más urbanizaciones y así _____ la Naturaleza. (construir; destruir, (ellos))

8 Yo no _____ a Pilar. ¿La _____ vosotros? (conocer)

*aula = **salón/sala de clases** in some Latin American countries

J Choose the correct verb from the box to complete each sentence. You will use one verb twice.

seguimos	sirve	puedo	piden	ríe
muestra	sigues	conozco	escojo	mide

1 El arquitecto _____ los planos de la casa a sus clientes.

2 ¿_____ pagar con mi tarjeta de crédito?

3 Para llegar a la catedral, _____ todo recto por esta calle.

4 Yo no _____ Marruecos aunque mi esposa es marroquí.

5 ¿A qué hora se _____ la comida aquí?

6 Gonzalo y su hermano _____ nuestra ayuda.

7 Vamos, _____ andando hasta la plaza y allí tomamos algo.

8 Yo siempre _____ pescado cuando como en un restaurante.

9 ¡Qué pequeñita es esta habitación! ¿Cuánto _____?

10 El que _____ el último, _____ mejor.

Irregular verbs

1 some verbs do not follow the pattern of regular verbs and so are called irregular. Here are the most common:

Subject pronoun	ir *(to go)*	estar *(to be)*	ser *(to be)*
yo	voy	estoy	soy
tú	vas	estás	eres
él, ella, usted	va	está	es
nosotros/as	vamos	estamos	somos
vosotros/as	vais	estáis	sois
ellos, ellas, ustedes	van	están	son

 Haber, to have, *which is also irregular, is used to form compound tenses. Its present tense forms are:* (**yo**) **he**, (**tú**) **has**, (**Vd., él, ella**) **ha**, (**nosotros/as**) **hemos**, (**vosotros/as**) **habéis**, (**Vds., ellos/as**) **han** *(e.g.* **He trabajado mucho** *I have worked a lot.)*

 K   Here are some useful phrases you may hear in face-to-face or telephone conversations. What do they mean?

1 Perdone, ¿cómo dice?

2 No le oigo bien.

3 ¿Me oye ahora?

4 Ahora le pongo con el director.

2 a few verbs are irregular in the first person singular but are also stem-changing or have other irregularities:

decir *to say, tell:*   (yo) **digo**, (tú) **dices**, (Vd., él, ella) **dice**, (nosotros) decimos, (vosotros) decís, (Vds., ellos/as) **dicen**

tener *to have:*   (yo) **tengo**, (tú) **tienes**, (Vd., él, ella) **tiene**, (nosotros) tenemos, (vosotros) tenéis, (ellos/as, Vds.) **tienen**

venir *to come:* (yo) <u>ven</u>go, (tú) <u>vie</u>nes, (Vd., él, ella) <u>vie</u>ne, (nosotros) venimos, (vosotros) venís, (Vds., ellos/as) <u>vie</u>nen

oír *to hear:* (yo) <u>oig</u>o, (tú) o<u>y</u>es, (Vd., él, ella) o<u>y</u>e, (nosotros) oímos, (vosotros) oís, (Vds., ellos/as) o<u>y</u>en

ver *to see:* (yo) <u>ve</u>o, (tú) <u>ve</u>s, (Vd., él, ella) <u>ve</u>, (nosotros) vemos, (vosotros) veis, (Vds., ellos/as) <u>ven</u>

the following verbs are irregular in the first person singular only:

dar *to give:*	(yo) <u>doy</u>	**salir** *to go out:*	(yo) <u>salgo</u>
hacer *to do, make:*	(yo) <u>hago</u>	**traer** *to bring:*	(yo) <u>traigo</u>
poner *to put:*	(yo) <u>pongo</u>	**saber** *to know:*	(yo) <u>sé</u>

 L   Put these sentences into Spanish with the verb in the correct form of the present tense.

1 What is Eduardo saying?

2 This evening I'm going out.

3 We are coming at six and Pedro is bringing his guitar. I'm bringing the wine.

4 I'm very old and don't hear very well.

5 Are they going to the cinema? I'm going as well.

6 The students are Colombians. They come from Medellín.

7 Where shall I put these books? I don't have room here.

8 I don't know where the museum is. I don't know the city very well.

 Spanish has two verbs to know: **saber:** *to know or be aware of something; to know how to do something, e.g.* **sé conducir*** *(I know how to / I can drive) and* **conocer:** *to know a place or someone; to be or become acquainted with, e.g.* **¿Conoces a Jaime?** *(Do you know Jaime?).*

*****conducir** = **manejar** *in Latin American Spanish*

 # Reading

M Read the first paragraph of this text to answer in Spanish the question:

¿Qué hace Rogelio hoy en vez de poner la tele?

el despertador	*the alarm clock*	**mientras**	*while*
en vez de	*instead of*	**la esquina**	*corner (of a street)*

Hoy Rogelio no tiene que trabajar. Es su día de descanso y lo puede tomar con calma. Normalmente cuando suena el despertador, salta de la cama y entra primero al cuarto de baño y después a la cocina donde pone la tele para tener alguna idea de lo que pasa en el mundo antes de salir a trabajar. Pero hoy no suena el despertador y Rogelio, en vez de poner la tele para ver las noticias mientras desayuna, prefiere leer el periódico. Sale de casa y baja a comprarlo en el quiosco de la esquina.

N   Now read on, then answer the questions that follow in Spanish.

toparse con	to run into / bump into	echar una partida	to have a game (of cards)
orgulloso	proud	quedar en hacer algo	agree to do something

En la calle se topa con su amigo Julio y charlan un rato.

– ¡Uf! ¡Qué frío hace y cómo llueve! – le dice Julio – Es que no para. Hoy vas a llegar tarde al trabajo ¿no?

– No, no. Hoy no voy. Por eso salgo más tarde. Tengo todo el día libre. Y tú ¿qué haces en la calle a esta hora y con el tiempo que hace?

– Vengo de llevar al nieto a la escuela.

Rogelio recuerda que Julio acaba de ser abuelo por tercera vez y le pregunta por la familia. En seguida Julio, muy orgulloso, le muestra una foto de la recién nacida en su móvil.

– Oye, como es tu día libre ¿por qué no vienes esta tarde al Tívoli? Todos los amigos están allí. Jugamos a las cartas, echamos una partida, pasamos un buen rato juntos. Vienes ¿no?

– Hombre, claro – le contesta Rogelio – ¿Sobre qué hora?

– A las tres y media, a las cuatro solemos estar allí.

Entonces los dos amigos quedan en jugar a las cartas en el Tívoli, un bar vecino. Rogelio sigue hasta el quiosco donde otro amigo suyo, Bartolomé, le vende el mismo periódico de todos los días.

1 ¿Hace buen tiempo o mal tiempo hoy?

2 ¿Por qué está Julio en la calle?

3 ¿Cuántos nietos tiene?

4 ¿Dónde juegan Julio y sus amigos a las cartas?

O   Reread the second part of the text to identify the verbs which are (a) stem-changing and (b) irregular.

What is their infinitive form and meaning?

P   Look at the family tree and read the short text to fill in the table with the correct English or Spanish words.

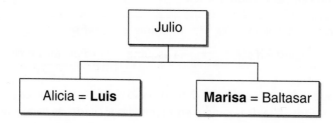

Los dos hijos de Julio están casados, Luis con Alicia y Marisa con Baltasar. Alicia es la nuera (hija política) de Julio y Baltasar es su yerno (hijo político). Él es el suegro de Alicia y Baltasar. Alicia es la cuñada de Marisa y Baltasar es el cuñado de Luis. Julio es viudo; su mujer murió hace diez años.

viudo		viuda	

La familia política

	father-in-law		mother-in-law
	son-in-law		daughter-in-law
	brother-in-law		sister-in-law

Q **In this exercise give, with its meaning, the noun that is related to the verb. The first one is done for you.**

Verb	Noun	Meaning
regalar	el regalo	present, gift
descansar		
desayunar		
recordar		
preguntar		
charlar		

 The relationship that often exists between verbs and nouns can help us to understand and enlarge our vocabulary. When you see patterns in the relationships, it becomes easier to learn new words and incorporate them into your active knowledge of Spanish. A good idea, though, is to check a new word in the dictionary, especially if you have 'made it up' and it does not sound quite right. The gender may be wrong.

R   Sometimes more than one noun may derive from a verb. In this exercise, complete the table following the pattern of the example on the first line.

vender	to sell	la venta	sale	el/la vendedor/a	salesperson
				el/la trabajador/a	
		la compra	purchase		
		el juego	play		

 What does the verb **contestar** *mean? And what is a* **contestador automático**?

 # Writing

S   You have just read about what Rogelio is doing on his day off. Write a few lines in Spanish outlining what you do on your day off or on a particular day of the week (50–80 words).

Self-check

Tick the box which matches your level of confidence.

  1 = very confident   *2 = need more practice*   *3 = not confident*

Marque la casilla que corresponde según su nivel de conocimiento y seguridad.

  1 = muy seguro/a   **2 = necesito practicar más**   **3 = no muy seguro/a**

	1	2	3
Talking about actions which are true in the present			
Talking about the immediate future			
Talking about actions happening at the moment of speaking			
Describing habits and routines			
Reading and writing about what people do on a day off			

For more information on the present tense refer to *Get Started in Spanish*, Units 8, 10, 14; *Complete Spanish*, Units 1–2, 4; *Get Started in Latin American Spanish*, Unit 8; or *Complete Latin American Spanish*, Units 1–2.

For information on **estar** + gerund to talk about actions happening at the moment of speaking see Unit 17. For more information on how to talk about the future see Unit 16. For more information on how to give directions, instructions and commands see Unit 24.

7 Mi cuarto es precioso; estoy muy contenta

My room is lovely; I'm very happy

In this unit you will learn to:
- ✔ Understand the main differences between **ser** and **estar** *(to be)* and use them appropriately.
- ✔ Describe a room in your house or flat.

CEFR: Can identify specific information in a short, simple personal letter (A2); Can write a simple connected text on a topic of personal interest (B1).

Forms

SER	TO BE	ESTAR
soy	*I am*	estoy
eres	*you are* (fam.)	estás
es	*you are, he/she is*	está
somos	*we are*	estamos
sois	*you are* (fam.)	estáis
son	*you/they are*	están

Meaning and usage

Spanish has two verbs meaning *to be*, **ser** and **estar**, with uses that are clearly differentiated.

 A   Mario is looking for a partner and this is what he wrote about himself:

Me llamo Mario, <u>soy</u> peruano, <u>soy</u> de Lima, <u>soy</u> maestro, pero <u>estoy</u> sin trabajo. No <u>soy</u> guapo, pero <u>soy</u> simpático.

Can you explain the uses of **ser** and **estar** in both sentences?

Ser is used:

1   with adjectives to describe people, places and things in terms of qualities which are considered as stable or permanent:

Francisca <u>es guapa</u> y <u>es alta</u>, pero sus hermanos <u>son bajos</u> y no muy <u>atractivos</u>. *(Francisca is good-looking and tall, but her brothers are short and not very attractive.)*

Used with **estar**, **guapa** *sets the focus on the state of looking attractive at a specific point in time rather than as a permanent quality:* **Francisca está muy guapa hoy.** *(Francisca is looking very pretty today.)*

B   **Explain why the use of es is wrong in this sentence:**

Mario es muy elegante hoy.

2   with a noun or pronoun, including identification:

'¿Quién es ella?'– 'Es la novia de Pedro.' *(Who's she? – She's Pedro's girlfriend.)*

3   important personal information such as saying who you are, your nationality, where you are from and your occupation is given with **ser**:

Soy Mario Fernández y soy español. Soy de León, soy médico y trabajo en un hospital.

(I'm Mario Fernández and I'm Spanish. I'm from León, I'm a doctor and I work in a hospital.)

4   to express possession:

'¿Estas son mis llaves o las tuyas?' – 'Son las de Juan.' *(Are these my keys or yours? – They are Juan's.)*

5   with time phrases:

La reunión es hoy y es a las tres en punto. ¿Qué hora es ahora? *(The meeting is today and it's at three o'clock sharp. What time is it now?)*

6   to say where an event is or will be taking place:

¿Dónde es la fiesta de cumpleaños de Manolo? *(Where is Manolo's birthday party?)*

C   **It is your first day at a language school in a Spanish-speaking country. What does the receptionist mean by:**

La clase de español **es** en el aula número 20. **Está** en el segundo piso.

7   to express cost and quantity:

'¿Cuánto es?' – 'Son cuarenta y cinco euros.'   *(How much is it? It's forty-five euros.)*

Estar *refers to cost when prices fluctuate:*
¿A cuánto/Cómo está el cambio?   *(What's the rate of exchange?)*

8 to say what material something is made of:

La camisa es de lino y los pantalones son de algodón. *(The shirt is made of linen and the trousers are made of cotton.)*

9 followed by **para** *(for)* to indicate recipient or purpose:

Este libro es para ti y el otro es para mí. Son para leerlos en las vacaciones. *(This book is for you and the other is for me. They are for holiday reading.)*

10 in impersonal expressions such as **es importante** *(it's important)*, **es necesario** *(it's necessary)*, **es posible** *(it's possible)*:

Es importante estar allí a la hora. *(It's important to be there on time.)*

D Use the present tense of the correct verb *to be* to complete these sentences.

1 Yo _____ del norte del país. Y tú ¿de dónde _____?

2 Mi amigo y yo _____ egipcios pero no _____ musulmanes.

3 ¿De quién _____ estas gafas* de sol? No _____ mías.

4 El amigo de Eva _____ dependiente. Su cumpleaños _____ mañana y la fiesta _____ a las ocho en su casa.

5 La chaqueta verde _____ la que más le gusta ¿verdad? No _____ de algodón; ___ de una lana muy fina.

6 _____ difícil hablar con Natalia porque _____ una chica muy tímida.

*gafas = anteojos, lentes in Latin American Spanish

Estar is used:

1 with adjectives and a number of prepositional phrases to refer to a state or condition regarded as temporary:

La habitación no está limpia. *(The room is not clean.)*

Estoy sin dinero. *(I have no money.)*

E You have just arrived at a hotel in a Spanish-speaking country; what do you think the receptionist means by:

Su habitación no **está** lista. ¿Puede esperar un momentito, por favor?

2 with adjectives to express an immediate impression:

La cena está deliciosa y el vino está riquísimo. *(Dinner is delicious and the wine is very good.)*

3 with past participles (e.g. **cerrado** *closed*) to denote states or conditions which are the result of an action:

La ventana <u>está cerrada</u>, pero la puerta <u>está abierta</u>. *(The window is closed but the door is open.)*

Mis abuelos <u>están muertos</u>. *(My grandparents are dead.)*

4 to denote a physical or mental state or condition:

'Hola, ¿cómo <u>estáis</u>?' – '<u>Estamos muy bien</u>, gracias'. *(Hello, how are you? – We're very well, thank you.)*

Carmen y Antonio <u>están</u> muy contentos con la noticia. *(Carmen and Antonio are very happy with the news.)*

 F   What question would you have asked your Spanish-speaking friend to get this reply:

Estoy muy bien, gracias, ¿y tú?

5 to indicate position in real or figurative terms:

La Patagonia <u>está</u> en el sur de Argentina y Chile. *(Patagonia is in the south of Argentina and Chile.)*

El éxito de Manuel <u>está</u> en su carácter. *(Manuel's success is in his character.)*

6 to ask and say what something costs when prices fluctuate:

'¿A cuánto/Cómo <u>están</u> las naranjas?' – '<u>Están a dos euros</u> el kilo.' *(How much are the oranges? – They are two euros a kilo.)*

7 with dates:

'¿A cuántos <u>estamos</u>?' – '<u>Estamos a diez de abril</u>.'   *(What's today's date? – It's the 10th of April.)*

8 on its own:

'¿<u>Está</u> la señora Labarca, por favor?' – 'No, hoy no <u>está</u>.' *(Is Mrs Labarca in, please? – No, she's not in today.)*

9 to indicate marital status:

¿Silvia <u>está soltera</u> o <u>está casada</u>?
(Is Silvia single or is she married?)

> 🍎 *Marital status is sometimes expressed with* ser, *especially in Latin America:*
>
> **¿Pepe <u>es</u> soltero o casado?** *(Is Pepe single or married?)*

10 with the gerund to talk about actions in progress:

'¿Qué <u>estáis haciendo</u>?' – '<u>Estamos viendo</u> una película.' *(What are you doing? – We're watching a film.)*

G Complete these sentences with the present tense of the correct verb *to be*.

1 Hoy no voy a trabajar; no _____ bien.

2 Los lunes los museos _____ cerrados.

3 ___ perdida. ¿Usted me puede decir dónde _____ el Hotel San Blas?

4 El señor Ramos no _____; _____ de viaje.

5 ¿A cuánto _____ las cerezas hoy? _____ a un euro el kilo.

6 ¿A cuántos _____ hoy? Pues, _____ a veintitrés del mes.

H Complete the sentences with ser or estar as appropriate.

1 Mi coche _____ el rojo que _____ aparcado delante de la farmacia.

2 Nuestro país no _____ muy grande; _____ entre Nicaragua y Panamá. _____ Costa Rica.

3 La panadería que _____ en la esquina _____ la mejor del pueblo.

4 Las puertas _____ todas abiertas porque _____ rotas.

5 ¡Hola Fernando! ¿Cómo _____ hoy? ¿_____ tan cansado como ayer?

6 Como Vicente _____ alto y guapo, Elisa _____ totalmente enamorada de él, lo que _____ una pena porque Vicente también _____ bastante arrogante.

Ser or estar?

The difference in meaning between **ser** and **estar** with certain adjectives is shown most clearly in the following pairs of sentences:

Ricardo <u>es</u> aburrido. *(Ricardo is boring.)*

Ricardo <u>está</u> aburrido. *(Ricardo is bored.)*

El vino español <u>es</u> bueno. *(Spanish wine is good.)*

Este vino tinto <u>está</u> buenísimo. *(This red wine is very good.)*

El niño <u>es</u> muy despierto. *(The child is very clever.)*

El niño <u>está</u> despierto. *(The child is awake.)*

Teresa <u>es</u> muy lista. *(Teresa is very clever.)*

Teresa <u>está</u> lista. *(Teresa is ready.)*

Su coche <u>es</u> nuevo. *(His/Her car is new.)*

Su coche tiene tres años, pero <u>está</u> como nuevo. *(His/Her car is three years old, but it looks new.)*

Los aguacates <u>son</u> verdes. *(Avocados are green.)*

Estos aguacates <u>están</u> verdes. *(These avocados are green / not ripe.)*

Mis padres <u>son</u> viejos. *(My parents are old.)*

Mis padres <u>están</u> muy viejos. *(My parents look very old.)*

 I **Choose the correct verb.**

1 Pablo **es/está** un chico muy abierto.

2 ¿Cuántos **somos/estamos** para la fiesta?

3 Chicos, ¿**sois/estáis** listos para el fútbol?

4 Deja los plátanos* unos días más; todavía **son/están** verdes.

5 ¡Qué ricas **son/están** las sardinas! **Son/Están** muy frescas.

6 Mario siempre dice que **es/está** aburrido.

7 Esos estudiantes **son/están** muy listos; hablan chino a la perfección.

8 ¡Cómo que el supermercado no **es/está** abierto! **Es/Está** abierto todos los días las 24 horas del día.

9 El marido de Felisa **es/está** muy rico pero también **es/está** viejo.

10 El libro **es/está** bueno pero la película **es/está** bastante aburrida.

*****plátanos** = **bananas, bananos** in some Latin American countries

Reading

J **Read the first part of Margarita's email to Cristina to answer in Spanish the question:**

¿Qué horario de trabajo tiene Margarita en este momento?

la empresa	*company, firm*	**madrugar**	*to get up early*

De:	Margarita Villanueva Torres
Para:	Cristina Vargas Sánchez
Asunto:	¡Hola!

Hola Cristina:

Siento mucho no escribirte hasta ahora para darte las gracias por tu email. En este momento estoy muy ocupada porque mi jefe está de viaje y tengo que estar en contacto con él todos los días. Ahora mismo está en Singapur. Cuando es la hora del desayuno aquí, allí en Singapur son las dos de la tarde ya. Tengo que madrugar para estar en la oficina a las cinco y no salgo hasta las ocho de la tarde.

K Now read the rest of the email, then correct the statements that follow in Spanish.

heredar	*to inherit*	**el cojín**	*cushion*

Pero cuando vuelvo a casa puedo relajarme en mi nuevo piso*. Estoy encantada con las reformas. El cuarto de baño es una maravilla. El espejo del abuelo está encima del lavabo y con el reflejo de la luz todo parece más grande de lo que es. Y el nuevo dormitorio es precioso. Te lo voy a describir porque como mi piso es tu piso, este cuarto también es tuyo.

Al entrar en el cuarto, la cama está a mano izquierda contra la pared. Hay una mesilla a la izquierda de la cama y sobre la mesilla hay una de las lámparas que heredé del abuelo. A la derecha de la cama, en el rincón, está su butaca. Es vieja pero con unos cojines, muy cómoda.

Debajo de la ventana y al lado de la butaca está la cómoda. La otra lámpara del abuelo está encima de la cómoda a la izquierda, cerca de la butaca. Así tienes luz para leer cuando estás sentada en la butaca. El armario está enfrente de la cama y al lado está el tocador. En el suelo están las alfombrillas que compré en Marruecos el año pasado. Las dos pequeñas están una a cada lado de la cama y la más grande está delante del armario – bueno, entre la cama y el armario.

Es bonito mi cuarto – te gustará.

Y ahora me voy a la cama porque mañana como es día laborable tengo que madrugar.

Besos

Margarita

*****piso** = **departamento/apartamento** in Latin American Spanish

1 Margarita está decepcionada con las reformas.

2 El espejo del abuelo está en el dormitorio, encima de la cama.

3 La cama está a mano derecha al entrar en el dormitorio.

4 La butaca es vieja e incómoda.

5 Las dos lámparas que Margarita heredó de su abuelo están sobre la cómoda.

 Notice how the diminutive **-illo** *turns* **alfombra** *(carpet) into* **alfombrilla** *(rug) and* **mesa** *(table) into* **mesilla** *(small/occasional/bedside table). You can also use the diminutive* **-ito** *with* **mesa** *to make* **mesita**.

L Search the email to find the Spanish equivalents for:

to the right of	against
to the left of	under / underneath
beside / at the side of	in / on
above / on top of	on / on top of
opposite	between
in front of	near to

 How does Margarita say on each side? *How would you say* on the other side?

M Give the name of the room.

¿Cómo se llama la habitación de la casa en la que ...?

1 duermes

2 preparas las comidas

3 te lavas o te duchas

4 comes

5 te relajas

N In the word cloud are items of furniture and fittings for the rooms from the previous exercise. Sort them into their respective rooms.

frigorífico
cómoda
retrete*** **butaca** tocador
lavabo armario** **mesilla**
sofá **aparador** sillas
ducha bañera* **lámpara**
mesa **cama** televisor
cocina
fregadero
microondas

*bañera = tina, bañadera in some Latin American countries

**armario = clóset, placar(d) in some Latin American countries

***retrete = baño in Latin American Spanish

Writing

O Margarita described the new bedroom in her flat in her email. Likewise, write a description of a room in your house or flat in Spanish (50–80 words).

Self-check

Tick the box which matches your level of confidence.

1 = very confident   *2 = need more practice*   *3 = not confident*

Marque la casilla que corresponde según su nivel de conocimiento y seguridad.

1 = muy seguro/a   **2** = necesito practicar más   **3** = no muy seguro/a

	1	2	3
Understanding the main differences between **ser** and **estar**			
Using **ser**			
Using **estar**			
Describing a room in your house or flat			

For more information on **ser** refer to *Get Started in Spanish,* Units 1–2, 5, 7; *Complete Spanish,* Units 2–3, 10–11; *Get Started in Latin American Spanish,* Units 1–2; and *Complete Latin American Spanish,* Units 1, 3, 6–7. For more information on **estar** refer to *Get Started in Spanish,* Units 4, 13, 15; *Complete Spanish,* Units 2, 4; *Get Started in Latin American Spanish,* Units 1, 6; and *Complete Latin American Spanish,* Units 2, 10, 12.

For more information on the use of **estar** to talk about actions in progress see Unit 17.

8

¿Queda muy lejos? Hace viento y tengo frío

Is it very far? It's windy and I'm cold

In this unit you will learn to:

- ✓ Understand and use idiomatic expressions with **hacer, tener, haber** and **quedar.**

- ✓ Describe the weather in the different seasons and regions.

CEFR: Can understand a short, simple text of a concrete type (A2); Can write a simple connected text on a topic which is familiar (B1).

Meaning and usage

Hacer

Some verbs, among them **hacer** *(to do, to make)*, are used with meanings which are not the usual ones. **Hacer** is used in the following ways:

1 as an impersonal verb, to talk about the weather in expressions like **hace frío** *(it's cold)*, **hace calor** *(it's hot)*, **hace sol** *(it's sunny)*, **hace viento** *(it's windy)*, **hace buen/mal tiempo** *(the weather is good/bad)*, **hace … grados** *(it's … degrees)*.

Hoy hace frío, pero ayer **hizo** bastante **sol** y **calor**. *(Today it's cold, but yesterday it was quite sunny and warm.)*

Según el pronóstico del tiempo, mañana hará buen tiempo. *(According to the weather forecast, tomorrow will be a fine day.)*

 *Some expressions related to the weather use **estar**: **está nublado** (it's cloudy), **está despejado** (it's clear), **está lloviendo** (it's raining), **está nevando** (it's snowing).*

 A   You are going out with your Spanish friend who warns you:

Hace diez grados, hace viento y está lloviendo.

What should you wear?

2 in the expression **hacer falta** *(to be necessary, to have need of)*:

'¿**Hace falta** (comprar) algo?'– 'Sí, **hace falta** azúcar.' *(Do we need (to buy) anything? – Yes, we need sugar.)*

'¿Necesitas ayuda?'– 'No **hace falta**, gracias.' *(Do you need help? – It's not necessary, thank you.)*

3 with the present tense in expressions of time, to say how long you have been doing something:

'**¿Cuánto tiempo hace que vive** usted aquí?' – '**Desde** hace cuatro años.' *(How long have you been living here? – For four years.)*

4 with the preterite tense, to say how long ago something happened:

'**¿Cuánto tiempo hace que llegaste?**' – '**Hace** una hora.' *(How long ago did you arrive? – An hour ago.)*

 B **Rewrite these sentences using the verb hacer. The first one is done for you.**

1 Estamos a 25 grados. *Hace calor.*

2 El viento sopla.

3 Estamos a ocho grados.

4 El cielo está despejado.

5 Llueve mucho.

6 No es necesario venir tan pronto.

Meaning and usage

Tener

 If your Spanish-speaking friend said 'Tengo calor y mucha sed,' which of the following might you offer him/her?

  a un café   **b** un agua mineral   **c** un chocolate

Tener has a number of special uses other than those associated with possession *(to have)*:

1 meaning *to be, to feel*:

tener calor	*to be warm/hot*	**tener prisa***	*to be in a hurry*
tener cuidado	*to be careful*	**tener rabia**	*to be angry*
tener éxito	*to be successful*	**tener razón**	*to be right*
tener frío	*to be cold*	**tener sed**	*to be thirsty*
tener hambre	*to be hungry*	**tener sueño**	*to be sleepy*
tener miedo	*to be afraid*	**tener suerte**	*to be lucky*
tener pena	*to be sad*	**tener vergüenza**	*to be embarrassed/ashamed*

*tener prisa = **estar apurado** in some parts of Latin America

Tengo mucho **calor** y muchísima **sed.** *(I'm very hot and very thirsty.)*

La verdad es que tenemos mucho **miedo.** *(The truth is that we are very afraid.)*

> The words that follow **tener** above are nouns: **el frío, el calor, la sed, la vergüenza**, so words which accompany them must agree with them in gender.
>
> (**Hambre** *is feminine, but as it begins with a stressed -*ha *the preceding article will be masculine,* **el hambre**.)
>
> **El chico tiene mucho frío y mucha hambre.** *(The boy is very cold and very hungry.)*

2 found in a number of very common idiomatic expressions such as the following: **tener ilusión de/ por** + infinitive *(to look forward to)*; **tener ganas de** + infinitive *(to feel like)*; **tener que ver con** *(to have to do with)*; **tener la culpa de** *(to be to blame for)*.

Tengo mucha ilusión de/por ver a Laura. *(I'm looking forward to seeing Laura.)*

No tengo ganas de trabajar. *(I don't feel like working.)*

Esto no tiene nada que ver con vosotros. *(This has nothing to do with you.)*

Él no tiene la culpa de lo sucedido. *(He's not to blame for what happened.)*

D Your Mexican friend Aldo has invited you to visit him. How would you tell him you are looking forward to going to Mexico?

3 to ask someone's age and say your age:

'**¿Cuántos años tienes?**' – '**Tengo veintiocho años.**' *(How old are you? – I'm twenty-eight years old.)*

¿Qué edad tiene su hija? *(What age is your daughter?)*

E If someone asks you ¿Cuántos años tienes?, how would you reply?

4 followed by **que** and an infinitive meaning *to have to*:

Tengo que salir, pero tú tienes que quedarte en casa. *(I have to go out, but you have to stay at home.)*

F Put the English words in brackets into Spanish.

1 *(I'm really hot)*; **¿quieres abrir la ventana?**

2 **Cuando volvemos a casa, siempre** *(we are hungry and thirsty)*.

3 **¡Qué** *(lucky you* (**ustedes**) *are)* **con el tiempo que hace!**

4 **Pepe** *(is right)*. **Esto** *(isn't to do with)* **nosotros.**

5 **Chicos, ¿por qué corréis tanto? ¿Por qué** *(are you in a hurry)*?

6 *(I'm really looking forward to)* **ir a España este verano a ver a mis amigos.**

Meaning and usage

Haber

Haber, which functions as an auxiliary verb meaning *to have* when used with compound tenses, is used as follows:

1. with the third person singular, to express existence, as in *there is/are, there was/were*:

   ¿Hay un cajero automático por aquí? *(Is there a cash machine near here?)*

   Había diez personas en la reunión.
   (There were ten people in the meeting.)

   Ayer hubo una gran protesta en las calles de Madrid.
   (Yesterday there was a big demonstration on the streets of Madrid).

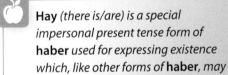

Hay *(there is/are) is a special impersonal present tense form of* **haber** *used for expressing existence which, like other forms of* **haber**, *may be followed by a singular or plural noun or pronoun:*

Hay solo dos habitaciones libres, pero mañana habrá otras. *(There are only two rooms available but tomorrow there will be others.)*

G   Someone stops you in the street and asks:

Por favor, ¿hay un banco por aquí?

What is it they want to know?

2. with the third person singular, followed by **que** and the infinitive, to express obligation or need in an impersonal way:

   Hay que estar en la estación a la hora. *(We have to be at the station on time.)*

   Habrá que esperar mucho tiempo. *(We'll have/need to wait a long time.)*

   Mi abuelo tuvo un accidente y hubo que llevarlo al hospital. El médico dijo que había que operar. *(My grandfather had an accident and we had to take him to hospital. The doctor said they had to operate.)*

H   Complete these sentences using hay que, tener que, or hace falta.

1. _____ entrenar todos los días si quiero correr el maratón.

2. Para entrar en Estados Unidos, _____ tener un visado*.

3. _____ más tiempo para terminar este trabajo.

4. _____ hacerle caso al profesor si queréis aprobar el examen.

5. Mucha gente cree que _____ más disciplina en las clases.

6. Los niños deben ir pronto a la cama porque por la mañana _____ madrugar.

   *__visado__ = **visa** in Latin America

Meaning and usage

Quedar

Quedar has a range of meanings and uses:

1 meaning *to be*:

Por favor, ¿dónde <u>queda</u> la calle mayor? *(Excuse me, where's the main street?)*

2 meaning *to meet, to arrange to meet*:

Podemos <u>quedar</u> delante del teatro. *(We can meet in front of the theatre.)*

He <u>quedado</u> con Elena. *(I've arranged to meet Elena.)*

3 meaning *to fit*:

La chaqueta me <u>queda</u> bien, pero los pantalones me <u>quedan</u> pequeños/grandes. *(The jacket fits me, but the trousers are too small/big for me.)*

I **After trying on a shirt and then a pair of shoes in a shop, the shop assistant asks two questions:**

¿Cómo le queda la camisa?

¿Qué tal le quedan los zapatos?

What does he/she mean?

4 meaning *to be left*:

'¿Tiene *El País*?' – 'No, no <u>queda</u>.' *(Do you have El País? – No, there's none left.)* *(El País is the main daily newspaper in Spain.)*

J **Put these sentences into English.**

1 Vamos andando a la playa. No queda lejos.

2 Ya estamos a finales de junio. Queda poco para las vacaciones.

3 No queda nada de la herencia del abuelo.

4 Ese vestido no le queda bien a Julia.

5 ¿Quedamos a las cuatro delante del cine?

6 ¿Dónde queda Ciudad del Este?

K **Complete these sentences using a verb from this unit in the present tense.**

1 Teresa _____ que salir aunque _____ mucho frío.

2 Los niños _____ mucho sueño después de tanto jugar.

3 Mañana no _____ clase; si _____ buen tiempo, podemos ir a la playa.

4 La madre de Roberto _____ muchas ganas de jubilarse ya que _____ sesenta años ya.

5 En la playa _____ mucho viento por la tarde y por eso no _____ tanto calor.

6 Yo todavía _____ un poco de hambre. ¿_____ un poquito de queso?

7 No _____ falta comprar más pan; _____ de sobra.

8 _____ que comprarme otras sandalias; estas me _____ un poco pequeñas.

📖 Reading

L Read this text to answer in Spanish the question:

¿De qué se trata este texto?

mojarse	*to get wet*	**por consiguiente**	*therefore*

Desde hace más de medio siglo, el turismo es una de las principales industrias de España. Los turistas, en su mayoría procedentes de los países de Europa del Norte donde hace frío y llueve bastante, vienen a la costa mediterránea donde el sol y el buen tiempo les garantizan unas buenas vacaciones. Por eso existe la creencia de que el clima español es un clima típico mediterráneo donde siempre hace sol, siempre hace buen tiempo, no hace frío y apenas llueve. Sin embargo, el turista que va a Madrid en pleno invierno sin ropa de invierno va a tener mucho frío, y el turista que va al norte de España sin impermeable ni paraguas, si no tiene suerte, va a mojarse.

España es un país grande con gran diversidad geográfica y por consiguiente gran diversidad climática. Hay grandes diferencias entre el norte y el sur, y la montaña y la costa.

El norte de España tiene un clima atlántico donde llueve mucho durante todo el año. Las temperaturas son suaves tanto en invierno como en verano, aunque en las montañas nieva. Esta es la España húmeda, la España verde. Aquí en verano vienen muchos madrileños para escapar del calor sofocante de la capital.

En el centro de la península, los contrastes son extremos; es un clima continental. En invierno hay muchos días cuando las temperaturas están a bajo cero y en verano pueden subir hasta los 40 grados. En invierno nieva en las montañas y también hay niebla, pero en verano hace más fresco que en las llanuras.

España es uno de los países más montañosos del mundo. En el sur del país uno puede pasar la mañana haciendo esquí en la Sierra Nevada y la tarde tomando el sol en la playa.

Y no hay que olvidar que frente a las costas africanas están las Islas Canarias, que también son territorio español. El clima aquí es subtropical con temperaturas medias de veinte grados centígrados.

M Answer these questions about Spain's climate in Spanish, using information from the text.

1 ¿Cómo es el clima mediterráneo?

2 ¿Dónde está la España verde?

3 ¿Por qué se llama así?

4 ¿Qué tiempo hace en Madrid **a** en invierno **b** en verano?

5 ¿En qué parte de España es el clima subtropical?

N **Find in the text Spanish equivalents to:**

1 it hardly rains

2 in the middle of winter

3 if he isn't lucky, he'll get wet

4 there's fog / it's foggy

5 it's cooler

6 the plains

7 average temperatures

O **Sort the words in the word cloud into the correct columns.**

HAY	HACE	ESTÁ	ES

tormenta
lloviendo
verano   **heladas**   sol
viento   despejado
neblina **calor** **nevando**
nublado **fresco** otoño
nubes   **frío**   niebla
invierno
primavera

Writing

P **Write a short paragraph in Spanish describing what the weather is like in the different seasons of the year where you live (50–80 words).**

Self-check

Tick the box which matches your level of confidence.

   1 = very confident   *2 = need more practice*   *3 = not confident*

Marque la casilla que corresponde según su nivel de conocimiento y seguridad.

   1 = muy seguro/a   **2** = necesito practicar más   **3** = no muy seguro/a

	1	2	3
Understanding and using idiomatic expressions with **hacer, tener, haber** and **quedar**			
Describing the weather in the different seasons and regions			

For more information on idiomatic usage of **hacer, tener, haber** and **quedar** refer to *Get Started in Spanish,* Units 20 **(hacer)**, 16 **(tener)**, 15, 19 **(haber)**; *Complete Spanish,* Units 11–12, 16 **(hacer)**, 10, 24 **(tener)**, 4, 16, **(haber)**, 8, 21 **(quedar)**; *Get Started in Latin American Spanish,* Units 2 **(tener)**, 6 **(haber)**, 3 **(quedar)**; *Complete Latin American Spanish,* Units 7–9 **(hacer)**, 4, 12 **(tener)**, 2 **(haber)**, 6 **(quedar)**.

For more information on the use of **hacer** with expressions of time see Unit 19. For the present tense forms of **tener** see Unit 6.

9 ¿Por qué no dicen nada? ¡Es inexplicable!

Why don't they say anything? There's no explanation!

CEFR: Negative sentences (A1); Can ask open and yes or no questions (A1); Question words (A2, B1); Can identify specific information in a letter (A2); Can write simple phrases and sentences linked with connectors (A2).

Negatives

Usage and forms

 A   What do you think the following sentences mean?

1 Inés **no** tiene trabajo.

2 **Ni** Silvia **ni** yo le conocemos.

3 Ella **no** es de Córdoba **sino** de Granada.

4 Luis **no** juega al tenis y Paco **tampoco**.

Spanish, like English, expresses the negative in a number of different ways:

Negative answers to yes or no questions often include a double negation:

'¿Sabes dónde está Cristina?' – 'No, no (lo) sé.' *(Do you know where Cristina is? – No, I don't know.)*

1 by using the word **no** before the verb:

Sandra <u>no</u> habla español. *(Sandra doesn't speak Spanish.)*

<u>No</u> hemos terminado. *(We haven't finished.)* (negative goes before auxiliary verb)

2 with the words **ni … ni** *(neither … nor)*, in a double negative construction if **ni** follows the verb. Placing **ni … ni** before or after the verb usually depends on what element in the sentence you want to highlight.

<u>No</u> tenemos <u>ni</u> sal <u>ni</u> azúcar. *(We have neither salt nor sugar.)* (The focus is on '**no tenemos**'.)

<u>Ni</u> Víctor <u>ni</u> Eva vienen a la fiesta. *(Neither Victor nor Eva are coming to the party.)* (The focus is on '**Ni Víctor ni Eva**'.)

3   with **sino** (but), which replaces **pero** (but) when this denies a preceding negative statement. Before a verb phrase use **sino que**:

No viven en Córdoba **sino** en Granada. (They don't live in Córdoba but in Granada.)

No son pobres, **sino que** simplemente no quieren gastar dinero. (They are not poor, but they simply don't want to spend money.)

4   with **tampoco** (neither, not … either, nor), which is the opposite of **también** (also):

No entiende español y su mujer **tampoco.** (He doesn't understand Spanish and neither/nor does his wife.)

 B   **Match each positive word in the word cloud with its negative opposite and give their meanings:**

siempre

nadie

alguno

algo nunca

alguien

nada

ninguno

5   with negative words and phrases such as **nada** (nothing, not … anything), **nadie** (nobody, no one) **nunca/jamás** (never) **ninguno/a** (no, not … any), **ni siquiera** (not even), used in a double negative construction when they follow the verb:

Mi abuela **no** quiere comer **nada.**   (My grandmother doesn't want to eat anything.)

No le conoce **nadie.** Or **Nadie** le conoce.   (No one knows him.)

No nos llaman **nunca/jamás.** Or **Nunca/Jamás** nos llaman. (They never call us.) (**jamás** is more emphatic than **nunca**)

No la detiene **ninguna** dificultad. Or **Ninguna** dificultad la detiene.   (No difficulty stops her.)

No tengo **ningún** día libre.   (I don't have any day free.)

Silvia **no** respeta **ni siquiera** a su padre. Or Silvia **ni siquiera** respeta a su padre. (Silvia doesn't even respect her own father.)

 *The position of **nada** (nothing) as the first element in the sentence is less frequent and it is seen as more emphatic: ¿**Nada** más tenemos que llevar? (Nothing else we need to take?); **nada** translates at all and is merely emphatic when used before adjectives: **No** está **nada** difícil. (It's not difficult at all); note also: **No** me gusta **nada.** (I don't like it at all.)*

C In what context might you hear the following exchanges and what words would you use to complete them?

1 '¿Quiere algo más, señor(a)?' – No, _____ más, gracias. ¿Cuánto es?'

2 '¿Tiene alguna habitación para esta noche?'– 'Lo siento, no tenemos _____.'

D Match each sentence with its negative equivalent.

1 Hay alguien en el despacho.

2 Voy a la piscina* tres veces a la semana.

3 Susana no va al cine.

4 Alguno de estos libros tendrá la información que busco.

5 Vamos a pasar el verano o en Escocia o en Portugal.

6 El frigorífico** está lleno; no cabe más.

a María tampoco va.

b No hay nada en el frigorífico.

c No hay nadie en el despacho.

d No vamos ni a Escocia ni a Portugal sino a Irlanda.

e No voy nunca a la piscina.

f Ninguno de estos libros me sirve.

*piscina = **alberca/pileta** in some Latin American countries

el frigorífico = **el refrigerador/la refrigeradora, la heladera in some Latin American countries

E Make meaningful sentences with these words.

1 Cine quiero al contigo ir no.

2 Nada Santiago esto entiende de no.

3 Ni viene no Jaime nadie siquiera.

4 Café no ni té ni bebemos.

5 A sino Italia vamos Grecia a no.

6 with negative adjectives formed with prefixes attached to the positive form, among them **a-, anti-, de-, des-, i-, in-, (im-** before **-p), mal-.**

F **Complete the blanks with the positive form of each of the adjectives.**

	normal	**anormal**	abnormal
_____	democratic	**antidemocrático**	undemocratic
_____	efficient	**deficiente**	deficient, defective
_____	courteous	**descortés**	discourteous
_____	legal	**ilegal**	illegal
_____	correct	**incorrecto**	incorrect
_____	possible	**imposible**	impossible
_____	well-mannered	**maleducado**	bad-mannered

7 with fixed negative expressions like the following ones, which may be used on their own:

de ninguna manera *(by no means)*   **¡qué va!** *(of course not!, not at all)*

en absoluto *(not at all)*   **todavía no** *(not yet)*

en ninguna parte *(nowhere)*   **ya no** *(not any longer)*

Questions

Usage and forms

As in English, questions in Spanish can be asked in different ways:

1 by using the same word order as in a statement but with a rising intonation to signal that it is a question:

¿Tu marido es menor que tú? *(Is your husband younger than you?)*

¿Roberto vive en Córdoba? *(Does Roberto live in Córdoba?)*

 G **What special feature distinguishes Spanish from English questions in writing?**

2 by reversing the word order subject–verb and putting the verb before the subject when this is made explicit:

Ella es la señora Silva. (statement) *(She is Mrs Silva.)*

¿Es ella la señora Silva? (question) *(Is she Mrs Silva?)*

3 by using the same word order as for a statement, with the word **¿verdad?** or **¿no?** (equivalent to English question-tags such as *don't you?, did she?, isn't it?*), added to it:

Ese es el coche* de Ramón, ¿verdad?/¿no?
(That's Ramón's car, isn't it?)

*coche = carro/auto in Latin American Spanish

 Note that the question marks go with ¿verdad? and ¿no? and the intonation for both words is a rising one.

H   Here are some questions you might hear from someone you have just met; what do they mean and how would you answer?

1 ¿**Cómo** te llamas?

2 ¿**De dónde** eres?

3 ¿**En qué** hotel estás?

4 by using question words, all of which are written with an accent:

▶ ¿**cómo?** *(how?, what?)*: ¿**Cómo** estás? *(How are you?)*; ¿**Cómo** te llamas? *(What's your name?)*

▶ ¿**cuál/cuáles?** *(which?, what?)*: ¿**Cuál** es su equipaje? *(Which is your luggage?)*; ¿**Cuál** es su número de teléfono? *(What's your telephone number?)*; ¿**Cuáles** son sus maletas? *(Which are your suitcases?)*

> *The Spanish construction* **cuál** + **ser** + *noun normally translates into English as what + to be + noun, as in* ¿**Cuál es el problema?** *(What's the problem?),* ¿**Cuál es su opinión?** *(What's your opinion?); if there is a choice, then* ¿**cuál?** *means which?:* ¿**Cuál es su habitación, esta o esa?** *(Which is your room, this one or that one?)*

▶ ¿**cuándo?** *(when?)*: ¿**Cuándo** llegan? *(When are they arriving?)*

▶ ¿**cuánto/cuánta?** *(how much?)*; ¿**cuántos/cuántas?** *(how many?)*: ¿**Cuánto** cuesta? *(How much does it cost?)*; ¿**Cuántas** personas son? *(How many people are you?)*

▶ ¿**dónde?** *(where?)*: ¿**Dónde** está la oficina de turismo? *(Where's the tourist office?)*

▶ ¿**por qué?** *(why?)*: ¿**Por qué** no vienes conmigo? *(Why don't you come with me?)*

▶ ¿**qué?** *(what?, which?)*: ¿**Qué** prefieres hacer? *(What do you prefer to do?)*; ¿**Qué** asiento prefiere? ¿**Ventana o pasillo?** *(Which seat do you prefer? Window or aisle?)*

▶ ¿**quién/quiénes?** *(who?)*: ¿**Quién** es ese joven? *(Who's that young man?)*; ¿**Quiénes** son ellos? *(Who are they?)*

> *Question words are sometimes used with prepositions, but whereas in English they can be placed at the end of the sentence, in Spanish they come before the question word:* ¿**Adónde vas?** *(Where are you going to?);* ¿**Para cuándo estará listo?** *(When is it ready for?);* ¿**De quién es esto?** *(Whose is this?);* ¿**Con quién vais?** *(Who are you going with?)*

 I   Complete the following with a question word from the box.

cuándo	dónde	quién	cómo	por qué	cuánto/a/os/as

1 ¿A _____ mandas ese email?

2 ¿_____ viven los Flores ahora?

3 ¿_____ puede decirme tal cosa?

4 ¿_____ no visitáis a vuestra tía hoy?

5 ¿Desde _____ piensan viajar a la India?

6 ¿Con _____ huevos se hace una tortilla*?

*__tortilla__ = *omelette* (in Mexico and Central America, **tortilla** is used to refer to a thin flatbread made from maize)

J **Complete the questions with ¿qué? or ¿cuál?**

1 ¿_____ es su nacionalidad?

2 ¿_____ quieres comprar, hija?

3 ¿_____ prefieres: esta camiseta roja o la amarilla?

4 ¿_____ es eso que tiene en la mano?

5 ¿_____ de ustedes quiere un plano de la ciudad?

6 ¿_____ tal te va el nuevo puesto de trabajo?

Exclamations

Usage and forms

K **What do the following exclamations mean and how are Spanish exclamations signalled in writing?**

1 ¡**Qué** grande!

2 ¡**Qué** caro!

1 an exclamation is an expression which conveys some kind of strong emotion. Exclamations can be fixed words or phrases such as *Great!* or more elaborate expressions such as *What a beautiful day!*, which vary according to the context. The focus here will be mainly on the second type.

> As with questions, words that introduce exclamations are always written with an accent:
>
> ¡**Cómo** llueve! *(What a lot of rain!)*

2 in exclamations, **qué** followed by an adjective translates *how …!* :

¡**Qué** raro! *(How strange!)*

3 **qué** followed directly by a noun translates *what a …!* or *how …!*; if the noun is followed by an adjective, the adjective is preceded by **más** or **tan**:

¡**Qué** ciudad **más/tan** bonita! *(What a beautiful city!)*

¡**Qué** vergüenza! *(How embarrassing!)*

4 **cuánto/cuánta** has different meanings depending on the context and if used as an adjective or in place of a noun (a pronoun) it will agree in gender (masculine or feminine) and number (singular or plural) with the noun:

¡Cuánta gente! *(What a lot of people!)*

¡Cuántas veces os lo he dicho! *(How many times have I told you!)*

¡Cuánto tarda* el autobús! (invariable) *(The bus is taking a long time!)*

***tardar** = **demorar** in most parts of Latin America

 L **Finish each sentence with one of the exclamations from the box.**

¡Cómo es posible!	¡Qué ilusión!	¡Cuánto tiempo sin verte!
¡Qué día más bonito!	¡Cuánto me alegro!	

1 Hoy hace mucho sol.

2 Julio viene a verme.

3 Acabo de recibir noticias de mi hijo en Nueva Zelanda.

4 Ayer saqué 100 euros del banco y hoy no tengo ni un céntimo.

5 Alfonso, por fin, estás aquí.

 # Reading

M **Read the first part of a letter written by an irate reader to a magazine to answer in Spanish the question:**

¿En qué no están de acuerdo los expertos?

el calentamiento del planeta	*global warming*		
según	*according to*	**estar de acuerdo**	*to agree, be in agreement*
la medida	*measure*	**el medio ambiente**	*the environment*

Nuestro planeta está en alerta roja. ¿Por qué? ¿El calentamiento del planeta es un fenómeno natural o algo, si no causado por el hombre, propulsado por sus actividades? ¿Qué dicen los expertos? Según su reportaje publicado el 8 de este mes (*Desacuerdo entre los científicos*), como los expertos no están de acuerdo, las medidas que tomamos para proteger el medio ambiente son innecesarias y no sirven para nada. ¿Cómo se puede opinar eso?

N **Now read on, then correct the statements that follow which are incorrect in Spanish.**

el deber	*duty*	**apagar**	*to switch off, put out*
ahorrar	*to save*	**el esfuerzo**	*effort*
la basura	*rubbish*	**el refrán**	*saying*

Todos dependemos de nuestro planeta para nuestro bienestar y cuidarlo es el deber y la responsabilidad de cada uno de nosotros, no solamente de los gobiernos. Y no nos sale caro, nada más que unos pequeños cambios de hábito.

Si apagamos las luces al salir de una habitación, si apagamos el televisor y demás artefactos eléctricos cuando no los utilizamos, si descongelamos el frigorífico regularmente, y lo abrimos el menor tiempo posible, ahorramos energía y por lo tanto dinero. Si tomamos una ducha en vez de un baño consumimos tres o cuatro veces menos agua y por consiguiente menos energía para calentarla. Y como malgastar el agua es siempre incorrecto, no debemos dejar el grifo* abierto innecesariamente ni en la cocina mientras lavamos los platos ni en el cuarto de baño mientras nos afeitamos o nos lavamos los dientes.

No cuesta mucho ni en tiempo ni en esfuerzo depositar el papel, el plástico, el vidrio, el aluminio en sus contenedores respectivos. Incluso podemos reducir la cantidad de basura que tiramos si cuidamos de no comprar productos procesados y envueltos en plástico sino productos naturales y frescos. Ni debemos olvidar que las ofertas no lo son si compramos más de lo que necesitamos y acabamos tirando lo que no consumimos.

Estas pocas medidas pequeñas no nos cuestan nada. Hay muchas más que podemos y debemos tomar para salvar nuestro planeta. Ya es tarde pero como dice el refrán: más vale tarde que nunca.

*el grifo = la llave/la canilla in some Latin American countries

1 Cuidar el planeta es solamente el deber y la responsabilidad de los gobiernos.

2 Si ahorramos energía también ahorramos dinero.

3 Cuesta tanto calentar el agua para una ducha como para un baño.

4 Las ofertas no siempre lo son.

O   Find in the text the Spanish for:

1 disagreement

2 defrost

P   What do the following mean?

1 deshacer

2 descargar

3 descansar

4 desesperar

5 descuidar

*When you have a spare moment, look up in the dictionary words beginning with **des-**, or any of the other negative prefixes given in this unit. You will be surprised at how many of the words you recognize.*

Q   Now find in the text two words with the negative prefix in-. What do they mean? Give the negative equivalents and the meanings of:

útil   completo   tolerante   discreto   paciente   perfecto

R Match the Spanish with its English equivalent.

el malestar	*anti-greens*
un malentendido	*to squander, waste*
los antiecologistas	*discomfort*
ilegible	*a misunderstanding*
malgastar	*illegible*

S In the paragraph beginning Si apagamos las luces, there are two Spanish expressions equivalent to *therefore* in English. Can you find them?

T What is the English equivalent of this saying?

Más vale tarde que nunca.

 # Writing

U The reader in his letter has suggested what we can do to help save the planet. Use his suggestions to make up a questionnaire to find out how green people are. Write 6–10 questions in Spanish.

Self-check

Tick the box which matches your level of confidence.

1 = very confident   *2 = need more practice*   *3 = not too confident*

Marque la casilla que corresponde según su nivel de conocimiento y seguridad.

1 = muy seguro/a   **2** = necesito practicar más   **3** = no muy seguro/a

	1	2	3
Using negative sentences			
Asking open and yes or no questions			
Using question words			
Using exclamations			
Discuss ways of protecting the environment			

For more information on negative sentences, questions and exclamations refer to *Get Started in Spanish*, Unit 1; *Complete Spanish*, Units 1 (saying *no* and asking questions), 3–4, 6–7 (question words), 22 (exclamations); *Complete Latin American Spanish*, Unit 1.

For more information on negative words such as **sino** and **ni** see Unit 23.

¿Me oyes?

Can you hear me?

10

CEFR: Can find specific information in an article on a contemporary matter (A2); Can write about a topic of personal interest (B1).

Meaning and usage

Personal pronouns

Personal pronouns are words like *I, you, she, me, him, her,* which are used in place of a noun. In *Susan loves Jim, She loves him very much,* the pronouns *she* and *him* have been used to avoid the repetition of the names *Susan* and *Jim*. In Spanish, as in English, there are different kinds of personal pronouns.

 A **Who do él, ella and ellos refer to in the following sentences and what are their meanings?**

Rafael está casado con Eva. Él es cartero y ella es secretaria. Ellos tienen dos hijos.

Subject pronouns

Words like *I, you, he, she* are known as *subject pronouns*, as they stand in place of the subject of the sentence, for example *she* instead of *Susan* in *Susan loves Jim*. Usage of subject pronouns in Spanish differs from English in a number of ways:

1   subject pronouns are often omitted in Spanish, as the ending of the verb is usually sufficient to indicate who is carrying out the action expressed by the verb:

Este sábado no trabajo. *(This Saturday I'm not working.)*

The ending **-o** in **trabajo** can only refer to **yo** *(I)*, so it has been omitted.

2   subject pronouns are sometimes used for emphasis or contrast:

Yo no trabajo mañana, pero tú sí, ¿verdad? *(I'm not working tomorrow, but you are, aren't you?)*

 B **What different meanings can the following sentence have?**

Vive en Málaga, ¿verdad?

How could you avoid the ambiguity of the verb form?

3 possible ambiguity with subject pronouns which share the same verb forms, like **usted** *(you)*, **él** *(he)*, **ella** *(she)*, may be avoided by making the pronoun explicit:

<u>Habla</u> español muy bien. *(He/She speaks* or *You speak Spanish very well).* But:

<u>Ella habla</u> español muy bien. *(She speaks Spanish very well.)*

4 the formal singular and plural forms **usted** and **ustedes** *(you)* are sometimes kept for politeness:

¿Cómo está <u>usted</u>, señor Muñoz? *(How are you, Mr Muñoz?)*

5 subject pronouns are normally placed before the verb, but in questions and short sentences subject and verb are often reversed:

¿<u>Está</u> en casa <u>él</u>? *(Is he at home?)*

<u>Trabajan</u> mucho <u>ellos</u>. *(They work a lot.)*

6 subject pronouns may be used on their own:

'¿Quién es?'– '<u>Yo</u>.' *(Who is it? – Me.)*

> The subject pronouns *it* and *they*, when *they* refers to things, have no equivalent in Spanish:
>
> **Es maravilloso.** *(It's wonderful.)*
>
> **<u>Son</u> ciudades muy bonitas.** *(They are beautiful cities.)*

Forms

 C **The following are the Spanish words for *I, you, he, she, we, they*; how many words for *you* does Spanish have and in what way are they different?**

Singular		Plural	
yo	*I*	nosotros, nosotras	*we*
tú	*you* (familiar)	vosotros, vosotras	*you* (familiar)
usted	*you* (formal)	ustedes	*you* (formal)
él, ella	*he, she*	ellos, ellas	*they*

1 English often uses the pronoun *you* in an impersonal way, referring to people in general, and Spanish can do the same, especially in spoken language, with **tú** and **usted: Tú nunca sabes** *(You never know)*; a frequent alternative, found in all forms of language, is the use of **uno** *(one)* as a pronoun (a woman, thinking of herself, might say **una**), with the third person singular of the verb:

<u>Uno</u> nunca puede estar seguro *(One can never be sure).*

 D **If you were talking about Isabel, Patricia and Ana, what subject pronoun would you use to refer to them? And if the group included Carlos, would you use the same pronoun?**

2 the feminine forms **nosotras, vosotras, ellas** are used when all those referred to are women, otherwise the masculine form must be used:

<u>Nosotras</u> somos azafatas. *(We are air hostesses.)*

3 the familiar plural forms **vosotros** and **vosotras** are not used in the Spanish-speaking countries of Latin America, where **ustedes** is used in both familiar and formal address:

> **Ustedes tienen que estudiar, niños.** *(You have to study, children.)*

*The singular forms **usted, él, ella** share the same verb forms; in the plural, **ustedes, ellos, ellas** also have the same verb forms:*

***Es muy amable.** (You are, He/She is very kind.)*

***Son de Valencia, ¿verdad?** (You/They are from Valencia, aren't you/they?)*

4 in parts of Spanish America, notably the River Plate area (Argentina, Uruguay and Paraguay), the familiar singular form **tú** is replaced by **vos**; some of the forms of the verb that go with **vos** (e.g. the present tense) differ slightly from the standard:

> **¿Vos sos de Buenos Aires?** (For **¿Tú eres …?**) *(Are you from Buenos Aires?)*

> **¿Vos sabés cómo se llama ella?** (For **¿Tú sabes …?**) *(Do you know her name?)*

> **Vos hablás muy bien inglés.** (For **Tú hablas …**) *(You speak very good English.)*

 E   Identify the sentences where the use of the subject pronoun is necessary.

1 Ella habla ruso y él también lo habla.

2 Voy a dar un paseo. ¿Tú quieres venir?

3 Pedro juega al tenis pero yo prefiero el bádminton.

4 Ustedes quieren visitar la destilería ¿verdad?

5 Susana es mi mejor amiga. Ella me va a acompañar a Nueva Zelanda.

6 Mercedes y yo estudiamos en la misma facultad.

Meaning and usage

Object pronouns

 F   What do la and le refer to in the following sentences?

1 Yo preparo la comida hoy y tú **la** preparas mañana.

2 Un momentito, señora, ahora **le** doy la cuenta.

1 words like *me, you, him, her, us* are known as *object pronouns*. Object pronouns stand in place of that part of the sentence which is directly or indirectly affected by the verb, usually a noun or a noun phrase. So, for instance, in **Juan vende su coche** *(Juan is selling his car)*, **su coche** is the object of the sentence; in **Juan lo vende** *(Juan is selling it)*, **lo** is an object pronoun standing in place of **su coche**.

2 object pronouns are of two kinds: *direct* and *indirect*. In the previous sentence **su coche** is directly affected by the action of the verb, so it is said to be a *direct object*, while **lo** in **lo vende** is acting as a direct object pronoun.

3 in **Juan vende su coche a Silvia.** *(Juan is selling his car to Silvia.)*, Silvia is the recipient of the action of the verb, that is, the indirect object, for which the indirect object pronoun is **le: Juan le vende su coche** *(Juan is selling his car to her.)*

Forms

1 direct and indirect object pronouns for **yo, tú, nosotros/as, vosotros/as** are exactly the same:

me *me, to/for me* (for **yo**)	**nos** *us, to/for us* (for **nosotros/as**)
te *you, to/for you* (for **tú**)	**os** *you, to/for you* (for **vosotros/as**)

Mi madre me/nos llama por la noche. *(My mother calls me/us in the evening.)* (direct)

Te/Os traigo un regalo. *(I'm bringing you a present.)* (indirect)

2 direct object pronouns for **Vd., él, ella** and **Vds., ellos/as** are different from indirect ones (regional usage in Spain is treated separately):

Direct object pronouns	Indirect object pronouns
lo *him, it, you* (for **Vd.**) (masc.)	**le**
la *her, it, you* (for **Vd.**) (fem.)	*to/for him, her, you* (for **Vd.**) (masc./fem.)
los *them, you* (for **Vds.**) (masc.)	**les**
las *them, you* (for **Vds.**) (fem.)	*to/for them, you* (for **Vds.**) (masc./fem.)

¿La llamo mañana? *(Shall I call you tomorrow?)* (direct)

¿Dónde está el perro? No lo veo. *(Where's the dog? I can't see it.)* (direct)

¿Le traigo un café? *(Shall I bring you a coffee?)* (indirect)

Les tengo una sorpresa. *(I have a surprise for you/them.)* (indirect)

 G Note the different meanings of le in this sentence: ¿Le digo? *(Shall I tell you/him/her?)* **What then, do you think, is the purpose of** a él **and** a ella **in the following questions?**

¿Le digo a él?

¿Le digo a ella?

the preposition **a** followed by a third person singular or plural subject pronoun serves to avoid the ambiguity that may arise with the use of **le** or **les**:

A ustedes les traigo un regalo, pero a ellos no les traigo nada. *(I'm bringing you a present but I'm not bringing anything to them.)* (See also **Pronouns after prepositions** below.)

3 in many parts of Spain **le** and **les** are used as direct object pronouns instead of **lo** and **los** when referring to human males:

¿Quién es Luis? No le conozco. *(Who is Luis? I don't know him.)*

Les veo todas las mañanas en el café. *(I see them every morning in the café.)*

> *It may be easier for you to remember the following simple rule when referring to human males, without having to think whether you need a direct or indirect object pronoun: use* **le** *and* **les** *for men and* **lo** *and* **los** *for masculine things:* **No le veo.** *(I can't see him.);* **No lo veo.** *(I can't see it.)*

Position of object pronouns

1 object pronouns normally come before the verb and in a sentence with two object pronouns, one direct and the other indirect, the indirect one comes first:

¿Me lo das? *(Will you give it to me?)*

Te lo doy ahora mismo. *(I'll give it to you right now.)*

2 in a construction with a verb followed by an infinitive (e.g. **comprar** *to buy*) or a gerund (e.g. **llamando** *calling*), object pronouns may be added to the infinitive or the gerund:

Lo quiero comprar. *Or* **Quiero comprarlo.** *(I want to buy it.)*

Nos están llamando. *Or* **Están llamándonos.** *(They are calling us.)*

 H **Other than the pronoun** nos **added to the gerund in the second sentence, what other change do you notice?**

3 object pronouns are attached to positive imperatives (the form used for instructions and commands), but precede negative ones:

¿Dígame? *(Can I help you?, Hello?,* on the phone)

¡No me digas! *(You don't say!)*

4 indirect forms **le** and **les** become **se** before **lo/la** or **los/las**:

¿Quiere su llave? Un momentito, ahora se la paso. *(Do you want your key? Just a moment, I'll give it to you right now.)* (**se** stands for **le**, *to you*)

 I **Replace the words in brackets with object pronouns.**

1 Teresa no tiene (los billetes).

2 Llevo (a ti) a casa si quieres.

3 Ponemos (las joyas) en la caja fuerte.

4 ¿Ves (a Bernardo) todos los días?

5 Nuestra hija llama (a nosotros) todos los fines de semana.

6 ¿Qué dices (a mí)?

7 Eduardo escribe postales (a vosotros) cuando está de vacaciones ¿verdad?

8 Compro (a María) una pulsera.

J **Replace the underlined parts of these sentences with object pronouns.**

  1 Si quieres, <u>te explico la historia</u>.

  2 Mi marido siempre prepara <u>el desayuno para mí</u>.

  3 Esta tarde traigo <u>a ustedes los folletos sobre la ciudad</u>.

  4 La directora presenta <u>los premios a los estudiantes</u>.

  5 <u>Beatriz</u> recomienda <u>la excursión a sus amigos</u>.

  6 ¿Por qué no das <u>las revistas a tu pareja</u>?

K **Replace the underlined noun by a pronoun, then formulate the sentence in a different way.**

  1 Tenemos que ayudar <u>a los primos</u>.

  2 ¿Quieres leer <u>esta revista</u>?

  3 Debemos terminar <u>este trabajo</u> lo más pronto posible.

  4 Estamos preparando <u>la cena</u>.

  5 Escúchame; voy a explicarte <u>la situación</u>.

  6 Vamos a mandarle <u>el paquete</u> mañana.

 Remember to write the accent mark on the stressed vowel when adding pronouns to the infinitive or the gerund.

Pronouns after prepositions

Usage and forms

1 Pronouns used after prepositions, as in *for her, to us, from them,* are in Spanish the same as subject pronouns, except for **yo** and **tú** which have special forms:

Singular	Plural
mí (for **yo**)	**nosotros/as**
ti (for **tú**)	**vosotros/as**
usted	**ustedes**
él/ella	**ellos/as**

Para mí un café, por favor. *(Coffee for me, please.)*

No voy sin ti. *(I'm not going without you.)*

¿La casa es de él o de ella? *(Is the house his or hers?)*

¿Por qué no vienes con nosotros?
(Why don't you come with us?)

No confío en ellos. *(I don't trust them.)*

*Notice the accent on **mí** (me) to differentiate this from the possessive **mi** (my); note also that **vos** replaces **ti** in the River Plate region of South America:* **Esto es para vos.** *(This is for you.)*

the preposition **a** followed by one of the above pronouns may be used for emphasis:

Julia me invita a mí, no a ti. *(Julia is inviting me not you.)* (The object pronoun, in this case **me**, cannot be omitted.)

2 with **entre** *(between)*, **hasta** *(even)*, **excepto** *(except)*, use **yo** and **tú** instead of **mí** and **ti**:

Este es un secreto entre tú y yo. *(This is a secret between you and me.)*

Hasta yo puedo hacerlo. *(Even I can do it.)*

Todos estaban allí excepto tú. *(Everyone was there except you.)*

 L   What is your friend Pablo asking you?

Voy al cine. ¿Quieres venir conmigo?

3 **con** followed by **mí** and **ti** results in **conmigo** *(with me)*, **contigo** *(with you)*:

¿Porqué no vienes conmigo? *(Why don't you come with me?)*

Contigo es imposible hablar. *(It's impossible to talk to you.)*

4 a special prepositional form **sí** *(himself, herself, yourself, itself, themselves, yourselves)*, is less frequent than the rest of the forms and more formal; used with **con** it results in **consigo**:

Necesita ayuda. No puede levantarlo por sí solo. *(He needs help. He can't lift it by himself.)*

Elisa siempre lleva consigo una foto de su nieta. *(Elisa always carries a photograph of her granddaughter with her.)*

 M   Put the English words in brackets into Spanish.

1 **Él quiere ir** *(with me)* **pero yo no quiero ir** *(with him).*

2 **Como soy más baja que tú y no veo bien, ¿puedo ponerme** *(in front of you)*?

3 **– Señor Lafuente, ¿por qué no repartimos el premio** *(between you, Miss Ibáñez and me)*?

4 **Los tíos viven** *(opposite us).*

5 **Si Elena no viene pronto, tendremos que ir** *(without her).*

6 **En la clase Agustín se sienta** *(behind me).*

Meaning and usage

Relative pronouns

1 a relative pronoun is a word which introduces a relative clause, a group of words that refers back to something previously mentioned in the sentence, in order to avoid repetition:

La farmacia que está en la esquina está abierta. *(The chemist's which is on the corner is open.)*

(The clause introduced here by **que** refers back to **la farmacia**.)

2 in certain circumstances in English the relative pronoun can be omitted, but this can never happen in Spanish:

El coche que alquilamos es estupendo. *(The car (that) we hired is great.)*

Forms

1 the most common relative pronoun in Spanish is **que**, meaning *that, which, who, whom*:

La chica que viene allí es la novia de Felipe. *(The girl who is coming there is Felipe's girlfriend.)*

2 after a preposition the following forms are used: **el/la/los/las que** or **quien/quienes**:

la empresa para la que trabajan *(the company they work for)*

la señora de la que/de quien te hablo *(the lady (whom) I'm talking about)*

3 **de** and **a** before **el que** result in **del que** and **al que**:

Ese es el restaurante del que todos comentan. *(That's the restaurant everyone is talking about.)*

El parque al que vamos queda muy lejos. *(The park we are going to is very far away.)*

 N Note the position of the English prepositions *about* and *to* in the previous sentences; what difference do you notice between English and Spanish in this respect?

4 when a relative clause refers back to an idea rather than to a specific noun use the neuter form **lo que**:

Eso es lo que más me molesta. *(That's what bothers me most.)*

5 **quien** and **quienes** *(who, whom)* refer to people only, but in the spoken language they are often replaced by **el/la/los/las que**:

la persona con quien / la que vive *(the person (who) he/she is living with)*

el profesor de quien / del que te hablé *(the teacher (whom) I spoke to you about)*

*When used as relative pronouns, **que** and **quien** are written without an accent, but as question words they must carry an accent; the same rule applies to words like **cuando** (when), **como** (how), **donde** (where):*

La persona con quien te vi, ¿quién es? *(Who is the person I saw you with?)*

¿Dónde está exactamente la casa donde viven? *(Where exactly is the house where they live?)*

6 **cuyo** *(whose)* can refer to people or things and must agree in gender and number with the noun that follows it:

un empleado cuyo trabajo es impecable
(an employee whose work is impeccable)

un bar cuyas tapas son deliciosas
(a bar whose tapas are delicious)

 *To inquire about possession use **¿de quién …?**, not **cuyo**:*

¿De quién es esta cartera?
(Whose wallet is this?)

 O **Complete each sentence with an appropriate relative pronoun.**

1 El idioma _____ aprendo es el español.

2 Ese hombre _____ está en el sofá es mi jefe.

3 La señora _____ acabo de presentarte es su esposa.

4 No es conmigo sino con Juan _____ tienes que hablar.

5 Las casas _____ balcones están repletos de geranios de todos los colores son muy bonitas*.

6 Los pasteles _____ hace la madre de Isabel están riquísimos.

* **bonito** = **lindo** more frequent in some Latin American countries

 *There are two words for balcony in Spanish : **el balcón** which is no more than a window's width and is narrow, and **la terraza** which is much bigger and can be like an outside room. **La terraza** is also the pavement café.*

 Reading

P Read the introduction of this magazine article to answer the question in Spanish:

¿Por qué prefieren los jóvenes indígenas hablar la lengua dominante de su país a su lengua materna?

peligro	*danger*	**la raíz**	*root*

¿Sabía usted que se hablan unos 6.000 idiomas en el mundo de los que la mitad está en peligro de extinción? Son idiomas que hablan indígenas que están marginados en unas sociedades que los consideran ignorantes y socialmente inferiores. El idioma dominante es el que significa progreso y para los jóvenes indígenas más oportunidades de encontrar trabajo. Con frecuencia ellos tratan de ocultar sus raíces indígenas para avanzar en la sociedad.

Q Now read on, then answer the questions that follow in Spanish.

Javier Prieto es un antropólogo y lingüista que viaja a las cinco partes del mundo en busca de lenguas que mueren para documentarlas y así conservarlas para la posteridad.

¿Por qué están en peligro de extinción tantos idiomas?

Por el contacto entre las culturas. Con la globalización este contacto crece y los idiomas menos hablados son reemplazados por las lenguas dominantes.

¿Y por qué es importante no dejarlos morir?

Toda pérdida de idiomas es perjudicial para todos porque cuando muere una lengua muere también una cultura. Hablamos de desastres naturales, pues este es un desastre cultural.

Usted habla varios idiomas. ¿Cómo se aprende un idioma?

(Risas) Con dificultad. Hay que darle mucho tiempo ….y amor. Si pensamos un momento en cómo las madres enseñan a sus hijos a hablar: les dicen una palabra, la repiten una y otra vez. Luego les dicen otras palabras y así sucesivamente.

Pero usted no aprende estos idiomas de su madre.

¡Claro que no! Lo que quiero decir es que hay que tener paciencia y la repetición es fundamental. Cuando oigo una palabra nueva, soy como el niño pequeño; la repito muchas veces. También la escribo porque eso me ayuda a recordarla, y la utilizo en una conversación porque eso me ayuda a entenderla bien. Y algunos de los idiomas con los que trabajo tienen una literatura escrita o por lo menos una gramática.

¿Ah sí?

Sí, sobre todo los idiomas indígenas de Latinoamérica. Muchos curas españoles de la época colonial se dedicaron a estudiarlos. Yo compro sus libros, sobre todo las gramáticas. Las leo, las estudio y eso me ayuda mucho.

1 ¿Por qué viaja Javier Prieto a las cinco partes del mundo?

2 ¿Por qué dice que es un desastre cultural cuando muere un idioma?

 La lengua = tongue. *In English we also use the word* tongue *to mean language but* **el idioma** *and* **la lengua** *are much more frequently interchangeable than in English, as you will have noticed in the above article.*

3 ¿Cómo le enseña una madre a su hijo a hablar?

4 ¿Cuándo es como un niño Javier Prieto?

R **Reread the first part of the article to find:**

1 two subject pronouns

2 a relative pronoun following a preposition. To what is the relative pronoun referring back?

3 a direct object pronoun. What is it standing in place of?

4 a relative pronoun meaning *the one that*. Again, what is it referring back to?

Notice the convention when writing numbers over a thousand as figures: 6.000; 1.000.000. *For the decimal point, Peninsular Spanish* uses a comma:* **1,5; 6,25;** *Mexico and most Central American countries use a dot instead of a comma for decimals, though in day-to-day operations you may encounter both.*

*Peninsular Spanish: a term used to designate the Spanish spoken in Spain in contrast to that of Latin America

S **Search the text for words or phrases equivalent to:**

1 gente nativa

2 progresar

3 permitir

4 especialmente

5 religiosos

T **Find in the text Spanish equivalents to:**

1 half

2 they try to hide their roots

3 the four corners of the earth

4 in search of

5 and so on

6 of course not

Writing

U **You have been given this short questionnaire. Read the questions, then answer them in Spanish.**

1 ¿Por qué estudia usted español?

2 ¿Usa su lengua materna para aprender o trata de olvidarla completamente?

3 Cuando oye o lee una palabra nueva, ¿la repite mentalmente, la repite verbalmente o la escribe?

4 Cuando lee algo que no entiende ¿prefiere deducirlo por el contexto o buscarlo en el diccionario?

5 ¿Habla usted consigo mismo/a en español?

Self-check

Tick the box which matches your level of confidence.

1 = very confident   *2 = need more practice*   *3 = not confident*

Marque la casilla que corresponde según su nivel de conocimiento y seguridad.

1 = **muy seguro/a**   **2** = **necesito practicar más**   **3** = **no muy seguro/a**

	1	2	3
Using personal pronouns: as subject, object, prepositional pronouns			
Using relative pronouns			
Writing about why you are learning Spanish and how you learn it			

For more information on pronouns refer to *Get Started in Spanish,* Units 1, 5, 9–10; *Complete Spanish,* Units 1, 3, 5, 8–9, 12, 23–24; *Get Started in Latin American Spanish,* Units 1, 3, 7–9; *Complete Latin American Spanish,* Units 1, 4–6, 11–12.

For information on the use of object pronouns with imperatives see Unit 24. For information on reflexive pronouns and the impersonal use of **se** see Unit 11.

11 Mi hermano se enfada conmigo

My brother gets angry with me

> In this unit you will learn to:
> ✓ Use reflexive verbs.
> ✓ Use se.
> ✓ Describe your family and how well you get on with them.

CEFR: Can understand an article concerned with a contemporary problem (B2); Can write a simple connected text on a topic of personal interest (B1); Can give reasons and explanations for personal opinions (B1).

Meaning and usage

Reflexive verbs

1 words such as *myself, yourself, ourselves* are called *reflexive pronouns*. These are used to indicate that the action performed by the subject of the verb turns back onto the subject and not on someone or something else:

(Yo) me lavo. *(I wash myself.)*

Carlos se afeita todas las mañanas. *(Carlos shaves himself every morning.)*

2 verbs which are used in this way are called *reflexive* or *pronominal verbs* and in Spanish they are marked in the dictionary with **-se** added to the infinitive, for example **lavarse** *(to wash oneself)*, **afeitarse** *(to shave oneself)*. This indicates that the verb is used with a reflexive pronoun.

 A You are already familiar with an important reflexive verb; if someone asks you ¿Cómo te llamas?, what do they want to know and how would you reply?

> *There is a large number of reflexive verbs in Spanish which are not used as reflexives in English, for example **llamarse** (to be called), **levantarse** (to get up), **acostarse** (to go to bed).*

3 a number of verbs change their meaning when used as reflexives, among them: **levantar** *(to lift, raise)* – **levantarse** *(to get up)*; **encontrar** *(to find)* – **encontrarse** *(to be, feel)*; **ir** *(to go)* – **irse** *(to leave, go away)*; **poner** *(to put)* – **ponerse** *(to put on, wear)*.

Voy a Londres con Raúl. Nos vamos el lunes próximo. *(I'm going to London with Raúl. We're leaving next Monday.)*

B   What do the following sentences mean?

1 ¿Dónde **pongo** la chaqueta?

2 ¿Qué chaqueta **me pongo**?

4   some reflexive verbs translate **to get** or **to become** in English, among them: **aburrirse** *(to get bored)*, **arreglarse** *(to get ready)*, **casarse** *(to get married)*, **emborracharse** *(to get drunk)*, **enfadarse** *(to get angry)*.

Carmen y Sebastián <u>se casan</u> el mes que viene.   *(Carmen and Sebastián are getting married next month.)*

5   reflexive pronouns may replace possessives with parts of the body and with clothing:

Mi nieta <u>se lava</u> los dientes después de cada comida.   *(My granddaughter brushes her teeth after every meal.)*

¿Por qué no <u>te quitas</u> la chaqueta?   *(Why don't you take off your jacket?)*

Forms and position

1   the subject of the verb, whether it is **yo, ella, nosotros/as**, determines the reflexive pronoun you need to use, as shown with the present tense forms of **levantarse** *(to get up)* in the table:

me levanto	*I get up*	nos levantamos	*we get up*
te levantas	*you get up* (fam.)	os levantáis	*you get up* (fam.)
se levanta	*you get up, he/she gets up*	se levantan	*you/they get up*

Nosotros <u>nos levantamos</u> a las siete, pero los chicos <u>se levantan</u> más tarde.
(We get up at seven, but the children get up later.)

2   reflexive pronouns are normally placed before the verb but, as with other pronouns, in a construction with a main verb followed by an infinitive or a gerund the reflexive may be placed before the main verb or it may be added to the infinitive or the gerund.

No <u>se</u> quiere <u>levantar</u>. *Or* **No quiere <u>levantarse</u>.**   *(He/She doesn't want to get up.)*

<u>Se</u> está <u>afeitando</u>. *Or* **Está <u>afeitándose</u>.**   *(He's shaving himself.)*

 C   What change do you notice in the gerund afeitando **when the reflexive pronoun is added to it?**

3   like other pronouns, reflexive pronouns precede negative imperatives (the form of the verb used in commands and instructions) but are added to positive ones:

No <u>te pongas</u> la camisa verde, <u>ponte</u> la azul. *(Don't put on the green shirt, put on the blue one.)*

D Complete the sentences with the correct reflexive pronoun.

1 Los turistas _____ pierden con facilidad en el casco viejo de la ciudad.

2 ¿Por qué _____ enfadáis con Josefina?

3 Pasamos todo el día quejando_____ del jefe.

4 ¿_____ acuerdas de don Benito?

5 _____ parezco mucho a mi madre.

6 Al acostar_____, Gregorio lee un rato antes de dormir_____ .

> *Did you remember to write the accent on the stressed 'a' when adding the reflexive pronoun to* **quejando** *in sentence 3?*

E Complete each sentence with the appropriate reflexive pronoun.

1 Mis hijos _____ lavan la cabeza todos los días cuando _____ duchan.

2 Guillermo _____ cepilla los dientes antes de salir.

3 Rosario _____ seca el pelo con el secador de pelo.

4 _____ quitamos los zapatos al entrar en la casa de los suegros.

5 ¿Por qué no _____ pones la chaqueta si tienes frío?

6 Niños, ¡no entiendo cómo _____ ensuciáis tanto la ropa!

> *Once you have done this exercise, read the sentences again. Notice that the use of the reflexive pronoun corresponds to* **Meaning and Usage,** *point 5.*

F Complete the sentences with the correct present tense form of the verbs in brackets.

1 Yo _____ a las ocho pero no _____ hasta las ocho y media. (despertarse; levantarse)

2 Cuando los niños _____ en casa de los abuelos, _____ mucho. (quedarse; divertirse)

3 Cuando sale con Roberto, Elena _____ y _____ con mucho cuidado. (vestirse; peinarse)

4 Después de comer, Tomás y yo _____ en el sofá y _____ una siesta. (sentarse; echarse)

5 Mi tío siempre _____ cuando lo visitamos; _____ mucho porque está solo. (alegrarse; aburrirse)

6 ¿Por qué no _____ cuando tu marido _____ ? (enfadarse (tú); emborracharse (él))

> **Echarse una siesta** *or* **dormir la siesta** *are two ways of saying* to take an afternoon nap, *once part of the daily routine when lunch breaks were long enough to allow it.*

Meaning and usage

Se

Other than its use with reflexive verbs, **se** has other uses as well:

1 as an indirect object pronoun, in place of **le** or **les** when these are followed by **lo/la/los/las**:

'**¿Me trae la cuenta, por favor?**' – '**Ahora se la traigo.**' *(Will you bring me the bill? – I'll bring it to you right now.)*

2 in impersonal sentences, meaning *one, you, we, they, people,* with a verb in the third person singular:

¿Cómo se escribe su apellido? *(How do you spell your surname?)*

 G   You are booking into a hotel in a Spanish-speaking country. What does the hotel receptionist mean by:

   1 ¿Cómo **se escribe** su nombre?

   2 ¿Cómo **se pronuncia**?

3 with a verb in the singular or plural to express the idea of something *being done*:

El paquete se envía por avión.
(The parcel is sent by plane.)

 Here are some other useful phrases with the impersonal se*: ¿Cómo se dice ... en español? (How do you say ... in Spanish?); ¿Dónde se puede aparcar aquí? (Where can one park here?); ¿Dónde se puede cambiar dinero? (Where can we change money?)*

Las reservas se hacen por email.   *(Reservations are made by email.)*

(This construction is known as *passive.*)

 H   Change these sentences using the pronoun se.

   1 Hablan inglés aquí.

   2 Sirven el desayuno a partir de las siete y media.

   3 ¿Puedo abrir la ventana?

   4 ¿Dónde puedo comprar sellos?

   5 ¿Venden tabaco en los supermercados?

I   Is the pronoun se an impersonal, reflexive, indirect object pronoun or passive in these sentences?

   1 ¿Se puede aparcar aquí?

   2 Paloma se casa la semana que viene.

   3 No se lo doy porque no me lo pide.

   4 Con la crisis económica se vende más ropa de segunda mano que antes.

   5 Siempre se come con gusto en España.

   6 En este país uno se queja del mal tiempo, pero también se queja cuando hace un tiempo espléndido como hoy.

Notice from the last sentence that se *cannot be used with impersonal meaning with a reflexive verb. Instead* uno *is used.*

 # Reading

J Read the first paragraph of this text to answer the question in Spanish:

Según el psicólogo ¿de qué tiene la culpa la familia?

el fracaso escolar	*academic failure*	**el chaval**	*youngster, kid*

Me llamo Lorenzo Fernández y soy psicólogo. Me dedico sobre todo al estudio del fracaso escolar. Se dice que la causa del fracaso escolar es la falta de disciplina en la clase. Los chavales se comportan mal porque se aburren. No prestan atención ni se interesan por la materia porque los profesores no saben enseñar bien. Yo no estoy de acuerdo. La culpa no la tienen los profesores; la tiene la familia.

 Chaval, chavala *like 'kid' is an informal way of referring to young people and is used extensively in Spain.*

Notice the word order in the last sentence. Lorenzo starts the sentence with **la culpa.** *As it is the object of the verb and precedes it, the direct object pronoun* **la** *is also necessary.*

K Now read on, then answer the questions that follow in Spanish.

comprobar	*to prove, confirm*	**pertenecer**	*to belong*
un fracasado	*a failure*	**suspender**	*to fail (a subject)*
pelearse	*to fight, quarrel*		

En mi consulta veo a suficientes jóvenes como para comprobar la teoría de que el orden de nacimiento determina más el carácter de una persona que la clase social a la que pertenece o las diferencias genéticas. Dentro de la familia el conflicto hermano–hermano puede causar problemas graves que se manifiestan sobre todo en el colegio si los padres no lo tratan con inteligencia y ecuanimidad. Les pongo como ejemplo el caso de Borja, un chaval inteligente de trece años que según sus padres es un fracasado total. Suspende en todas las asignaturas. Esto es lo que dice:

Mi hermano es tres años mayor que yo y la gente dice que nos parecemos mucho pero de carácter no nos parecemos en nada, y no nos llevamos nada bien. No nos peleamos porque mi hermano se encierra en su habitación. Pero mis padres se enfadan conmigo porque no me comunico con él. ¿Cómo puedo comunicarme con una persona que se niega a hablar conmigo? Se queja de mí por cualquier razón. Si quiere él tocar el piano cuando lo estoy tocando yo, tengo que apartarme y callarme. No puedo decir nada, no puedo expresarme. 'Tú, cállate' es lo que me dice mi madre. Y mi hermano se ríe de mí. Me siento mal porque él debería ser como mi mejor amigo y no lo es.

Aquí se ve claramente cómo el hijo mayor, agresivo y autoritario, puede contar con la aprobación de sus padres mientras su hermano a quien le obliga a ocupar un segundo puesto se siente humillado y pierde su autoestima. De ahí viene el fracaso escolar.

1 ¿Qué teoría puede comprobar Lorenzo Fernández en su consulta?

2 ¿Por qué dicen los padres de Borja que es un fracasado total?

3 ¿Cuántos años tiene el hermano de Borja?

4 Según Borja, ¿por qué se enfadan sus padres con él?

5 ¿Cómo describe el psicólogo al hermano de Borja?

L **Find in the text the Spanish for:**

1 We look very alike.

2 We don't get on at all well.

3 We don't fight.

4 He refuses to speak to me.

5 You, be quiet.

6 My brother laughs at me.

M **Put into Spanish.**

1 I get on really well with my sister.

2 I don't get on (well) with my brother.

3 We quarrel a lot.

4 Jesús looks like his father but he doesn't get on very well with him.

5 He gets angry a lot.

6 My sisters look like me; we all look like our mother.

N **Find eight pairs of verbs with opposite meanings in this word cloud.**

lavarse
dormirse
despertarse
quitarse casarse **secarse**
mojarse **aburrirse** irse
quedarse **acostarse** ponerse
divertirse
divorciarse
ensuciarse
levantarse

 Writing

O Write a short piece in Spanish describing how well you get on with members of your family or colleagues (50–80 words).

Self-check

Tick the box which matches your level of confidence.

1 = very confident   *2 = need more practice*   *3 = not confident*

Marque la casilla que corresponde según su nivel de conocimiento y seguridad.

1 = muy seguro/a   **2 = necesito practicar más**   **3 = no muy seguro/a**

	1	2	3
Using reflexive verbs			
Using **se**			
Describing your family and how well you get on with them			

For more information on reflexive verbs and the uses of **se** refer to *Complete Spanish,* Units 3, 9, 12; *Get Started in Latin American Spanish,* Unit 8; *Complete Latin American Spanish,* Units 4–5, 8.

For information on reflexive pronouns used in place of a possessive see Unit 5. For the use of **se** as an indirect object pronoun see Unit 10. For general information on the position of pronouns see Unit 10.

¿Adónde fueron de vacaciones?

Where did they go on holiday?

In this unit you will learn to:

- ✔ Use the preterite tense to talk about actions which are past and complete.
- ✔ Use time phrases associated with the preterite.
- ✔ Describe a holiday or short break, outlining some of the things you did.

CEFR: The preterite (A2, B1); Time phrases associated with the preterite (A2, B1); Can identify specific information in written material describing events (A2); Can describe past activities and personal experiences (A2).

The preterite tense	The imperfect tense	The present tense	The perfect tense
What I did	*What I used to do/was doing*	*What I do/am doing now*	*What I have done*
X ⬅️	⬅️⬅️⬅️	⬇️	➡️➡️➡️
Empecé a trabajar en 1998.	**Trabajaba en León.**	**Ahora trabajo en Madrid.**	**He trabajado para tres empresas diferentes.**
I started work in 1998.	*I used to work/ was working in León.*	*Now I work/am working in Madrid.*	*I´ve worked for three different companies.*

Meaning and usage

The Spanish preterite is a past tense which in Spanish is used:

1 to talk about actions which are past and complete:

Me <u>enviaron</u> un email citándome para una entrevista.
(*They sent me an email inviting me for an interview.*)

Laura se <u>sorprendió</u> mucho cuando me <u>vio</u>.
(*Laura was very surprised when she saw me.*)

In the second example the two actions occurred simultaneously and both require the preterite. But if one of the actions is a prolonged one but not a completed one, you use the imperfect or the imperfect progressive: **<u>Llovía</u>/<u>Estaba lloviendo</u> a cántaros cuando <u>llegó</u>.** (*It was pouring down with rain when he/she arrived.*)

2 to refer to actions which took place over a prolonged period in the past, but which also ended in the past:

Vivieron en aquel viejo piso* durante más de treinta años. *(They lived in that old flat for more than thirty years.)*

Trabajé en la empresa desde 1998 hasta 2010. *(I worked in the company from 1998 to 2010.)*

*piso = departamento, apartamento in Latin American Spanish

3 to relate a sequence of past events:

Se levantó a las siete, se duchó, tomó un café y luego salió hacia la oficina. *(He/She got up at seven, took a shower, had a coffee and then left for the office.)*

4 the preterite often occurs with time phrases such as **ayer** *(yesterday)*, **el año pasado** *(last year)*, **hace un mes** *(a month ago)*. See **Vocabulary** below for more expressions of this kind.

How to form the preterite

Most preterite forms are regular and there are two sets of endings, one for **-ar** verbs and another for verbs ending in **-er** and **-ir**.

Subject pronoun	habl-ar *(to speak)*	com-er *(to eat)*	viv-ir *(to live)*
yo	habl-é	com-í	viv-í
tú	habl-aste	com-iste	viv-iste
usted, él, ella	habl-ó	com-ió	viv-ió
nosotros/as	habl-amos	com-imos	viv-imos
vosotros/as	habl-asteis	com-isteis	viv-isteis
ustedes, ellos, ellas	habl-aron	com-ieron	viv-ieron

A **One of the preterite forms of** hablar **and one of** vivir **are the same as those of the present tense. Which forms are they?**

Note the accents in the first and third persons singular; written accents are important, as they can change meanings: **hablo** *(I speak),* **habló** *(you/he/she spoke).*

B **Read each statement and question, then put the verb in brackets into the correct form of the preterite.**

1 (comprar) Yo _____ un tazón en la tienda de recuerdos y Marisa _____ un llavero. ¿Tú _____ algo?

2 (cenar) Anoche Pepe y yo _____ en el nuevo restaurante tailandés; los Gómez también _____ allí. ¿Dónde _____ vosotros anoche?

3 (volver) El viernes Jesús _____ a casa sobre las diez; yo _____ más tarde. ¿A qué hora _____ tú?

4 (perder) Nosotros _____ el tren por segundos y otros turistas también lo _____ . Pero vosotros no lo _____ ¿verdad?

5 (salir) Yo _____ de la oficina sobre las ocho y Eva _____ conmigo. Y tú, ¿a qué hora _____?

6 (decidir) Nosotros _____ visitar las bodegas; otros _____ quedarse en el hotel. ¿Qué _____ vosotros por fin?

C **Complete the sentences by putting the verbs in brackets into the correct form of the preterite.**

1 Me (explicar, ellos) _____ que ustedes (pasar) _____ mucho tiempo en la selva ecuatoriana.

2 El año pasado el precio de la gasolina no (bajar) _____ , (subir) _____ .

3 Es verdad que Paco me (llamar) _____ , pero yo no le (contestar) _____ .

4 ¿Quién os (recomendar) _____ el libro que (leer) _____ la semana pasada en el círculo de lectores?

5 Emilio (cumplir) _____ veinte años en marzo y en seguida (dejar) _____ la casa familiar.

6 Ayer (romper, yo) _____ el espejo que me (regalar, tú) _____ para mi cumpleaños.

Spelling-changing verbs

A number of verbs change their spelling in the first person singular (**yo**) in order to maintain the pronunciation of the infinitive:

c > qu before **e** in verbs ending in **-car**:

buscar *(to look for)*: **busqué**, buscaste, buscó, buscamos, buscasteis, buscaron

g > gu before **e** in verbs ending in **-gar**:

llegar *(to arrive)*: **llegué**, llegaste, llegó, llegamos, llegasteis, llegaron

D **Give the preterite form for yo in the following verbs:**

tocar *(to touch, play an instrument)*, **sacar** *(to take out)*, **jugar** *(to play)*, **regar** *(to water)*

Other changes are determined by spelling rules:

z > c before **e** in verbs ending in **-zar** in the first person singular:

empezar *(to begin, start)*: **empecé**, empezaste, empezó, empezamos, empezasteis, empezaron

i > y between vowels in verbs ending in **-aer**, **-eer**, **-oír** and **-uir**, a change which occurs in the third person singular and plural:

caer *(to fall)*: **caí**, caíste, **cayó**, caímos, caísteis, **cayeron**

leer *(to read)*: **leí**, leíste, **leyó**, leímos, leísteis, **leyeron**

oír *(to hear)*: **oí**, oíste, **oyó**, oímos, oísteis, **oyeron**

huir *(to run away)*: **huí**, huiste, **huyó**, huimos, huisteis, **huyeron**

E   Give the preterite forms for the following:

(yo) **rezar** *(to pray)*, (yo) **cazar** *(to hunt)*, (ellos) **construir** *(to build)*, (él) **desoír** *(to ignore, turn a deaf ear to)*

For more spelling-changing verbs see the **Irregular verbs table** at the end of the book.

Stem-changing verbs

A number of **-ir** verbs change their stem from **-e** into **-i** in the third person singular (**él, ella, Vd.**) and plural (**ellos/as, Vds.**):

sentir *(to feel)*:   sentí, sentiste, <u>sintió</u>, sentimos, sentisteis, <u>sintieron</u>

A few verbs change the **-o** of the stem into **-u** in the third person singular and plural:

dormir *(to sleep)*: **dormí, dormiste, <u>durmió</u>, dormimos, dormisteis, <u>durmieron</u>**

 F   If vestirse *(to get dressed)* follows the pattern of sentir in the preterite, and morirse *(to die)* that of dormir, what forms of these verbs would you use in the following sentences?

1 Carmen (vestirse) y salió.

2 Alfonso y Rodrigo (vestirse) para la fiesta.

3 Mis abuelos paternos eran muy mayores cuando (morirse), pero mi abuelo (morirse) primero.

For more stem-changing verbs see the **Irregular verbs table** at the end of the book.

G   Read each sentence, then complete it with the appropriate verb in the correct form of the preterite.

1 Carmen no llegó a tiempo pero yo sí _____ a la hora indicada.

2 Nosotros tardamos en dormir pero los niños se _____ en seguida.

3 Vosotros os equivocasteis pero yo no _____.

4 No le pedí nada a Esteban pero él, en cambio, me _____ varias cosas.

5 Me divertí mucho en la fiesta pero mis amigos no _____ nada.

6 Yo seguí por ese camino y Raquel me _____.

7 No sé a qué hora empezaron pero yo _____ a las siete.

8 Me sentí fatal después de la cena pero mis colegas _____ bien.

9 Oímos la noticia a las tres pero Agustín no la _____ hasta más tarde.

10 Nosotros no mentimos; él nos _____.

Irregular verbs

A number of verbs are irregular in the preterite tense. Study the following lists of most commonly used irregular verbs to see the pattern.

ir *(to go)*   **fui, fuiste, fue, fuimos, fuisteis, fueron**

ser *(to be)*   **fui, fuiste, fue, fuimos, fuisteis, fueron**

H If ir and ser have exactly the same forms in the preterite tense, what forms of these verbs would you use to complete these sentences?

El verano pasado (yo) _____ a México. _____ un viaje muy interesante.

Verbs with uv

andar *(to walk)*	**anduve, anduviste, anduvo, anduvimos, anduvisteis, anduvieron**
estar *(to be)*	**estuve, estuviste, estuvo, estuvimos, estuvisteis, estuvieron**
tener *(to have)*	**tuve, tuviste, tuvo, tuvimos, tuvisteis, tuvieron**

Verbs that change the vowel of the stem into u.
Some also change the consonant

caber *(to fit)*	**cupe, cupiste, cupo, cupimos, cupisteis, cupieron**
haber *(to have*)*	**hube, hubiste, hubo, hubimos, hubisteis, hubieron**
poder *(to be able to)*	**pude, pudiste, pudo, pudimos, pudisteis, pudieron**
poner *(to put)*	**puse, pusiste. puso, pusimos, pusisteis, pusieron**
saber *(to know)*	**supe, supiste, supo, supimos, supisteis, supieron**

*Auxiliary verb used in compound tenses.

Verbs with j

conducir *(to drive)*	**conduje, condujiste, condujo, condujimos, condujisteis, condujeron**
decir *(to say, tell)*	**dije, dijiste, dijo, dijimos, dijisteis, dijeron**
traducir *(to translate)*	**traduje, tradujiste, tradujo, tradujimos, tradujisteis, tradujeron**
traer *(to bring)*	**traje, trajiste, traje, trajimos, trajisteis, trajeron**

 To help you learn the irregular preterite forms take note of the following:

▶ *Most of the verbs above have the same endings and no accents: -e, -iste, -o, -imos, -isteis, -ieron (-jeron for those that add a -j, e.g. trajeron they brought).*

▶ *Try to learn the yo form of each of the verbs (e.g. anduve I walked), remove the -e and add the appropriate ending (e.g. anduvieron they walked).*

▶ *Practise giving the different persons of a verb at random until you feel confident that you have learned them.*

Verbs with i

dar *(to give)* **di, diste, dio, dimos, disteis, dieron**

hacer *(to do, make)* **hice, hiciste, hizo, hicimos, hicisteis, hicieron**

querer *(to want)* **quise, quisiste, quiso, quisimos, quisisteis, quisieron**

venir *(to come)* **vine, viniste, vino, vinimos, vinisteis, vinieron**

ver *(to see)* **vi, viste, vio, vimos, visteis, vieron**

See also **decir** *(to say, tell)* above.

I   **In which of the groups above would you place each of the following verbs?**

producir *(to produce)*, **distraerse** *(to get/be distracted)*, **prever** *(to foresee)*, **suponer** *(to suppose)*, **deshacer** *(to undo)*.

J   **Change this account of Elvira and Ramón's night out from the present to the preterite tense.**

Elvira va a la discoteca donde se reúne con sus amigos. Ramón la invita a bailar pero ella no quiere bailar con él. Prefiere bailar con Sebastián pero Ramón no quiere bailar con otra chica. Se siente decepcionado y decide marcharse. Duerme muy mal esa noche y a la mañana siguiente tiene dolor de cabeza.

K   **Read each short conversation carefully, then complete it by putting the verbs in the order given into the correct form of the preterite.**

1 venir estar poder estar tener

– Tú, que eres nuestro mejor amigo, ¿por qué no _____ a vernos la última vez que _____ en Madrid?

– Lo siento mucho pero no _____ . _____ todo el día muy ocupado.
No _____ ni un minuto libre.

2 hacer traer decir dar poner

– María, ¿qué _____ con el florero que nos _____ los Mirales de Venecia?

– Lo que me _____ . Se lo _____ a Mercedes y ella lo _____ en su cuarto.

3 ver estar decir ser hacer

– ¿Ustedes _____ el accidente?

– No, no _____ allí, pero Alberto nos _____ que _____ horrible. Él _____ todo lo que pudo para ayudar a los heridos.

4 ir hacer venir querer poner tomar

– Ayer Silvia y yo _____ al monte a hacer senderismo. _____ un tiempo espléndido. ¿Por qué no _____ tú con nosotros?

– Ayer yo no _____ ir a ningún sitio. Me _____ el bañador* y _____ el sol en la terraza.

*bañador = **traje de baño** in Latin American Spanish

Don't forget that it is always a good idea when you have done an exercise to read aloud what you have written. It helps to fix the patterns of Spanish in your mind and very often if you have made a mistake, you will hear it and can correct it.

Vocabulary

Expressions of time used with the preterite tense

anoche	last night
anteanoche	the night before last
ayer	yesterday
ayer por la mañana/tarde	yesterday morning/afternoon or evening
ayer por la noche	last night
anteayer	the day before yesterday
la semana pasada	last week
el mes/año pasado	last month/year
el lunes/martes pasado	last Monday/Tuesday
hace dos días/un año	two days ago/a year ago
el 30 de abril de 1997	on 30 April 1997

 L   Translate the following sentences into Spanish.

1 We saw Julia the day before yesterday.

2 Gonzalo went to Paris two years ago.

3 Ignacio gave me this necklace on 21 June last year.

4 Why did you (**ustedes**) not come last week?

5 Paloma saw the letter yesterday morning and read it straight away.

6 They couldn't call us last night.

 # Reading

M The narrator of the following passage tells us about a holiday in Buenos Aires. Read the first paragraph to say whether the following statement is true or false. If false, correct it in Spanish.

Cuando llegaron a Buenos Aires, los dos viajeros fueron directamente a su hotel a dormir.

El año pasado fuimos Pedro y yo a Buenos Aires a visitar a nuestro amigo Omar. Fue un viaje muy largo porque tuvimos que hacer transbordo en Madrid y también en São Paulo, pero por fin llegamos. Tomamos un autobús* del aeropuerto que nos dejó a la puerta del hotel. Nos registramos y subimos a la habitación. Nos duchamos y yo llamé a Omar. Él vino a recogernos y nos llevó a cenar. Luego nos presentó a unos amigos suyos y bebimos mate. Para mí fue la primera vez que bebí mate y me gustó mucho.

*autobús = ómnibus in Argentina

N Now read on, then answer the questions that follow in Spanish.

Al día siguiente, como Omar no pudo acompañarnos, salimos a comprar una guía y nos dedicamos a hacer turismo. Ese primer día fuimos a la Recoleta donde Pedro compró un ramo de flores para dejar en la tumba de Eva Perón y de allí seguimos andando hasta la Casa Rosada donde ella vivió cuando era la Primera Dama de Argentina. Durante nuestra estancia* anduvimos mucho y así llegamos a conocer bastante bien el centro de esta ciudad tan grande y bulliciosa. Lo que más me gustó fue el barrio de San Telmo donde dicen que nació el tango. Allí entramos en un local donde intentaron enseñarnos a bailarlo pero fue muy difícil, dificilísimo. A Pedro lo que más le gustó fue ir a ver un partido de fútbol con Omar. Dijo que no podía estar en Buenos Aires sin ir al fútbol. Ese día yo me quedé en el centro a comprar regalos para la familia y también para darle las gracias a Omar. Demasiado pronto tuvimos que hacer las maletas para volver a casa. Cuando nos despedimos de Omar, él nos dio un mate como recuerdo de Argentina.

*estancia = estadía in Latin American Spanish

1 ¿Qué hizo Pedro en la Recoleta?

2 ¿Cómo se desplazaron los dos viajeros en la ciudad?

3 ¿Qué hicieron en San Telmo?

4 ¿Qué hizo la narradora el día que Omar y Pedro fueron al fútbol?

5 ¿Qué les dio Omar como recuerdo de Argentina?

O Find in the text a phrase with similar meaning to:

1 tuvimos que cambiar de avión

2 no pudo ir con nosotros

3 ver los sitios de interés turístico

4 trataron de instruirnos

5 le dijimos adiós a Omar

> 🍎 The word **mate** is used to refer to an infusion made from the leaves of a shrub, **la yerba mate**, and to the gourd-shaped receptacle from which mate is drunk using a **bombilla**, a straw-like tube. The shrub is considered to be native to Paraguay and it was the Jesuit missionaries who were responsible for spreading its cultivation to Argentina, Uruguay, the south of Chile and south of Brazil.

P Find the Spanish equivalents in the text to the English phrases:

1 he came to pick us up

2 he introduced us to some friends of his

3 a bunch of flowers

4 we got to know the centre quite well

5 what Pedro liked most

6 to say thank you to Omar

Q **Find in the text verbs and adjectives which mean the opposite of:**

1 corto

2 bajar

3 tranquilo

4 fácil

5 saludar

 Writing

R **Where did you last go to on holiday or for a short break? As the narrator has done here, write a few lines in Spanish saying where you went and outlining some of the things you did (50–80 words).**

Self-check

Tick the box which matches your level of confidence.

1 = very confident   *2 = need more practice*   *3 = not too confident*

Marque la casilla que corresponde según su nivel de conocimiento y seguridad.

1 = **muy seguro**   **2** = **necesito practicar más**   **3** = **no muy seguro**

	1	2	3
Using the preterite tense to talk about actions which are past and complete			
Using time phrases associated with the preterite			
Describing a holiday or short break, outlining some of the things you did			

For more information on the preterite tense refer to *Complete Spanish,* Units 15–16; *Get Started in Latin American Spanish,* Unit 9; *Complete Latin American Spanish*, Unit 9.

For comparing the preterite and the imperfect tenses see Unit 14.

Todas las noches mi madre me leía

Every night my mother read to me

In this unit you will learn to:

✓ Use the imperfect tense to describe what someone or something was like.

✓ Talk about actions that continued over a time in the past.

✓ Say what you or others used to do.

✓ Use the imperfect tense as a polite form in place of the present tense.

✓ Describe a childhood memory.

CEFR: Can identify specific information in a short, simple text (A2); Can write a short, simple text on a familiar matter (A2).

Spanish past tenses

IMPERFECT	PRETERITE	PERFECT	PLUPERFECT
Vivían en Sevilla.	Viví un año allí.	Han vivido siempre aquí.	Nunca había vivido sola.
↓	↓	↓	↓
They lived / used to live / were living in Seville.	I lived there for a year.	They have always lived here.	She had never lived alone.

Meaning and usage

The imperfect tense is a past tense which in Spanish is used:

1 to describe people, places and things in relation to an unspecified time in the past (name, age, physical and psychological characteristics, location, weather, time of day):

   Se llamaba Carmen, tenía veinte años y era alta y delgada. Su casa estaba enfrente de la mía. *(Her name was Carmen, she was twenty years old and she was tall and slim. Her house was opposite mine.)*

A In an email your Spanish friend Rebeca describes a hotel where she stayed. What was it like?

De:	Rebeca García Díaz
Para:	Alex Baker
Asunto:	Hotel Bellavista

Era un hotel de cuatro estrellas, **estaba** a cinco minutos de la playa y **tenía** un buen restaurante. No **había** mucha gente en el hotel y **era** tranquilo …

2 to refer to actions that continued over an unspecified period in the past:

En aquel tiempo <u>vivíamos</u> y <u>trabajábamos</u> en Madrid. *(At that time we lived and worked in Madrid.)*

 If the action referred to relates to a specific period of time in the past use the past simple (preterite) instead of the imperfect tense: **<u>Vivimos</u> y <u>trabajamos</u> en Madrid durante dos años.** *(We lived and worked in Madrid for two years.)*

3 to refer to actions that occurred regularly in the past (past habits):

Me <u>levantaba</u> a las siete, <u>salía</u> de casa a las ocho y no <u>volvía</u> hasta la hora de la cena. *(I used to get up at seven, would leave the house at eight and not come back until dinner time.)*

4 actions which occurred frequently in the past (but not all the time) may be expressed with the imperfect of **soler** *(to be in the habit of)* followed by the infinitive form of the verb:

David <u>solía</u> salir los fines de semana con sus amigos, pero a veces se quedaba en casa. *(David usually went out with his friends at the weekends but sometimes he stayed at home.)*

5 to say what you or others were doing when something else happened:

<u>Iba</u> al supermercado cuando le vi. *(I was going to the supermarket when I saw him.)*

 B   What tense is the second verb in the above sentence?

6 for two ongoing actions occurring simultaneously, use the imperfect for both:

Mientras él <u>preparaba</u> la cena yo <u>hacía</u> la limpieza. *(While he prepared dinner I did/was doing the cleaning.)*

 Usually the imperfect tense translates in English with the past simple, but depending on the context, other translations are possible:

Ana estudiaba español *(Ana studied / was studying / used to study Spanish).*

Después de trabajar, Paco pasaba por casa de los abuelos. *(After work, Paco dropped by / would drop by / used to drop by his grandparents' house).*

7 as a polite form, instead of the present tense (restricted to certain verbs):

Queríamos una habitación para dos noches. *(We'd like a room for two nights.)*

 C Señora Fernández, your Spanish boss, has called you to her office. What does she want?

Quería hablar con usted un momento. **Necesitaba** pedirle un favor.

How to form the imperfect

Most imperfect forms are regular and there are two sets of endings, one for **-ar** verbs and another for **-er** and **-ir** verbs.

Subject pronoun	habl-ar *(to speak)*	com-er *(to eat)*	viv-ir *(to live)*
yo	habl-aba	com-ía	viv-ía
tú	habl-abas	com-ías	viv-ías
usted, él, ella	habl-aba	com-ía	viv-ía
nosotros/as	habl-ábamos	com-íamos	viv-íamos
vosotros/as	habl-abais	com-íais	viv-íais
ustedes, ellos, ellas	habl-aban	com-ían	viv-ían

 D Your friend Marta asks you about someone you used to know. What does she want to know?

 Note that the first and third person singular **(yo, él, ella, usted)** *share the same forms.*

1 ¿Cómo se **llamaba**?

2 ¿Cuántos años **tenía**?

3 ¿**Hablaba** español?

4 ¿Qué **hacía**?

5 ¿Dónde **vivía**?

E Put the verb in brackets into the correct form of the imperfect tense to complete the sentences.

1 Yo _____ todos los días de ocho a ocho. (trabajar)

2 _____ a casa tarde pero ahora vuelvo pronto. (volver)

3 Tú _____ en un coro ¿no? (cantar)

4 ¿Por qué no le _____ más a menudo a tu tío? (escribir)

5 Remedios _____ la fruta en el mercado. (comprar)

6 Mi abuela _____ tartas* deliciosas, riquísimas para nuestros cumpleaños. (hacer)

7 En el colegio, nosotras las chicas _____ al hockey en invierno y al tenis en verano. (jugar)

8 _____ mucho en casa de nuestros abuelos. (divertirse, nosotros)

9 ¿Vosotros _____ uniforme en el colegio? (llevar)

10 ¿Cómo tenéis tanto dinero si antes no _____ un céntimo? (tener)

11 Los fines de semana los chicos _____ tarde. (levantarse)

12 Los Ruíz _____ en un pisito** en el centro de la ciudad. (vivir)

   *tarta = pastel, torta in some Latin American countries

   **pisito = departamentito (from departamento), apartamentito (from apartamento) in Latin American Spanish

F   Use the imperfect instead of the present tense to express these requests and enquiries.

   1 ¿Qué desea?

   2 Quiero una habitación doble con baño.

   3 Vengo a pedirte un favor.

   4 ¿Espera usted a alguien, señor?

   5 ¿Puedo hablar un momentito con la señorita Méndez?

   6 ¿Necesitan algo?

Irregular verbs in the imperfect

The following are the only irregular verbs in the imperfect.

Subject pronoun	ir *(to go)*	ser *(to be)*	ver *(to see)*
yo	iba	era	veía
tú	ibas	eras	veías
usted, él, ella	iba	era	veía
nosotros/as	íbamos	éramos	veíamos
vosotros/as	ibais	erais	veíais
ustedes, ellos, ellas	iban	eran	veían

G   On your way to work you come across your friend Álvaro:

   1 Ask him where he was going.

   2 Say you were going to the office.

H   Put the verbs in the order given into the correct form of the imperfect tense.

   1 haber   vestirse   tener   llevar   ser

   _____ dos ladrones. Los dos _____ de negro. Uno _____ el pelo largo y el otro _____ gafas*. _____ altos y delgados.

   2 quedar   ir   decir   ver   gustar

   La casa de Pedro _____ lejos del centro pero él siempre _____ a pie. _____ que así _____ a la gente y eso le _____.

3 ser   ir   ser   ir   relajarse

Nosotros _____ cuatro y todos los años _____ a la casa del campo. _____ una casa bonita con un pequeño jardín. Los chicos _____ al río a pescar mientras nosotras _____ en el jardín.

4 ir   tener   dar   ver   estar

En el verano, mi hermano y yo _____ a casa de los abuelos en el pueblo. Allí _____ las bicicletas y todos los días _____ largos paseos en bicicleta. No _____ nuestros programas favoritos en la tele pero _____ contentos.

*__gafas__ = **anteojos, lentes** in Latin American Spanish

Vocabulary

Expressions of time used with the imperfect

The following time expressions are sometimes found with the imperfect tense.

aquel día	*on that day*
en ese/aquel tiempo	*at that time*
en esos/aquellos años	*in those years*
entonces	*then, at that time*
antes	*before, in the past*
a veces	*sometimes*
siempre	*always*
nunca	*never*
generalmente	*usually*
normalmente	*normally*
a menudo	*often*
todos (los días/meses/años)	*every (day/month/year)*
todas (las semanas/mañanas/noches)	*every (week/morning/night)*
todo el tiempo	*all the time*

 I   **Put the following sentences into Spanish using the imperfect tense.**

1 My father was always very strict.

2 Every day they went to school by taxi.

3 I often saw Julia on the bus.

4 I used to go to Fuerteventura every year.

5 In those days the houses were small and dark.

6 In the evening they usually watched television.

 # Reading

J The narrator of this passage tells us about her early reading days. Read the first paragraph to answer the question in Spanish:

¿Cómo era el libro con el que aprendió a leer la narradora?

grueso	*thick*	**un dibujo**	*a drawing*
tapar	*to cover*	**intentar**	*to try, attempt*

Cuando era pequeña, me encantaba la hora de acostarme. Todas las noches cuando ya estaba en la cama, mi madre me leía. Recuerdo que mi primer libro era muy grueso con las páginas de cartón. Era un libro para aprender el alfabeto. En cada página había una letra del alfabeto en mayúscula y en minúscula, un dibujo de un objeto que empezaba con esa letra y la palabra que le correspondía. Yo escuchaba con atención cuando mi madre decía la letra y la palabra. Por la mañana al despertarme, abría el libro y me ponía a leer. Tapaba con las manos el dibujo e intentaba recordar la palabra. Así aprendí a leer.

K Now read on, then answer the questions that follow in Spanish.

escoger	*to choose*	**la Cenicienta**	*Cinderella*
la madrastra	*stepmother*	**disfrutar de**	*to enjoy*
el hada madrina	*fairy godmother*	**la desdicha**	*misfortune*

Cuando ya sabía leer, mi madre me llevaba a la biblioteca pública y me dejaba escoger y sacar un par de libros. En aquel entonces los libros infantiles no tenían muchos dibujos y los cuentos siempre tenían alguna moraleja. No me gustaban los finales tristes ni las moralejas. Creo que por eso uno de mis cuentos preferidos era la Cenicienta.

Todos conocemos la historia de la Cenicienta ¿no? Era una pobre chica que tenía una madrastra y dos hermanastras feas. Mientras ellas disfrutaban de la vida, la Cenicienta vivía como una esclava trabajando en la cocina. Fregaba los platos, barría el suelo, lavaba y planchaba la ropa, preparaba las comidas. Incluso tuvo que ayudar a sus hermanastras a arreglarse para ir al gran baile de etiqueta que se celebraba en el palacio en honor del príncipe. La Cenicienta también quería ir pero sabía muy bien que eso no se lo iban a permitir. Todas las ilusiones que tenía las rompían sus terribles hermanastras. Lo que no sabía era que tenía un hada madrina que esa noche cuando ya estaba sola llorando su desdicha, apareció y le solucionó todo.

1 ¿Qué hacía su madre cuando la narradora ya sabía leer?

2 ¿Cómo describe la narradora los libros infantiles de su niñez?

3 ¿Qué hacía la Cenicienta mientras sus hermanastras se divertían?

4 ¿Adónde quería ir la Cenicienta?

5 ¿Qué hacía la Cenicienta cuando apareció su hada madrina?

L **Find the Spanish equivalents to these English phrases in the text.**

1 In the morning when I woke up

2 I covered the picture with my hands

3 (she) let me choose

4 she wasn't going to be allowed

5 what she didn't know

M **Find a word or phrase in the text with similar meaning to:**

1 (yo) empezaba a leer

2 cubrir

3 elegir

4 los libros para niños

5 tenía lugar

N **Give the words in Spanish that describe family connections.**

madrastra = *stepmother*; **madrina** = *godmother*.

1 What word is used for *stepsisters* in the text?

2 How would you say: *stepfather; stepbrother* in Spanish?

3 How would you say: *godfather* in Spanish?

O **Match the domestic chore with the relevant appliance or utensil.**

TAREA DOMÉSTICA	ELECTRODOMÉSTICO/UTENSILIO
lavar la ropa	lavaplatos
planchar la ropa	trapo o plumero
fregar los platos	cocina
barrer el suelo	lavadora
quitar el polvo	fregona*
preparar las comidas	plancha
hacer el pan	escoba y cogedor**
fregar el suelo	horno

*fregona = mopa in some Latin American countries

**cogedor = recogedor in some Latin American countries

 # Writing

P **Write a short account in Spanish about a childhood memory. You could describe your friends, what you did with them; your school, where you lived, or what you did during the summer holidays (50–80 words).**

Self-check

Tick the box which matches your level of confidence.

1 = very confident   2 = need more practice   3 = not too confident

Marque la casilla que corresponde según su nivel de conocimiento y seguridad.

1 = muy seguro/a   2 = necesito practicar más   3 = no muy seguro/a

	1	2	3
Using the imperfect tense to describe what someone or something was like			
Talking about actions that continued over a time in the past			
Saying what you or others used to do			
Saying what you or others were doing			
Using the imperfect as a polite form in place of the present tense			
Describing a childhood memory			

For more information on the imperfect refer to *Complete Spanish,* Units 17–18; *Complete Latin American Spanish,* Unit 10.

For comparing the preterite and the imperfect tenses see Unit 14.

14 Eran las diez cuando sonó el teléfono

It was ten when the phone rang

In this unit you will learn to:

✔ Understand the difference between the preterite and the imperfect tenses.

✔ Use the preterite and the imperfect correctly.

✔ Read and write an account of a robbery.

CEFR: Can identify specific information in a newspaper article describing events (A2); Can write a description of an event, real or imaginary (B1).

Meaning and usage

The preterite and the imperfect both refer to the past, a fact which may cause some difficulty to English speakers. The following simple rules may help you decide which one to use:

1 for a single action that took place and was completed at a specific time in the past, even when the action occurred over a prolonged period, use the preterite:

Entré en la universidad en el año 2006. *(I started university in 2006.)*

Estudié en Salamanca desde el 2006 hasta el 2010. *(I studied in Salamanca from 2006 to 2010.)*

2 if the focus is on what one *was doing* at a certain time in the past, even when that time is specified, use the imperfect and not the preterite:

A las dos de la tarde yo estaba en casa. ¿Por qué me lo preguntas? *(At two o'clock I was at home. Why do you ask?)*

 A Preterite or imperfect? Choose the correct verb:

1 Aquella noche Juan estaba cansado y **se dormía/se durmió** muy pronto.

2 A las once de la noche Juan **durmió/dormía** profundamente.

3 it is often the context which determines the choice between the preterite and the imperfect, as in the Spanish for *On Saturday I was at my mother's house:* **El sábado estuve en casa de mi madre** (the focus is on what I actually did on Saturday); **El sábado estaba en casa de mi madre** (the focus is on the fact that I was at my mother´s house when, for example, someone phoned me).

4 if the action relates to something that occurred regularly in the past or to what one *used to do*, use the imperfect:

Note that in the sentence opposite English may use the past simple or the construction with used to. *Given the context,* **todos los sábados**, *in Spanish the only option is the imperfect tense.*

<u>Salíamos</u> todos los sábados a bailar. *(We went/used to go dancing every Saturday.)*

B Explain the use of the imperfect and the preterite in these two sentences. How do they affect meaning?

1 Pasábamos todos los veranos en San Sebastián.

2 Pasamos todo el verano en San Sebastián.

C Choose the correct tense of the verb.

1 Cada verano Fátima **dio/daba** clases de portugués en la escuela de idiomas.

2 Ayer **hablaba/hablé** con Juanita por teléfono; no la **vi/veía**.

3 Estábamos/Estuvimos dos años en Roma.

4 Margarita siempre **puso/ponía** el despertador a las siete aunque **se levantaba/se levantó** a las ocho.

5 Normalmente Francisca **salía/salió** a pasear con su perro pero ese día lo **dejó/dejaba** en casa.

6 En 2012, Luis **trabajaba/trabajó** en el Instituto Cervantes.

D Put the verb in brackets into the correct form of the preterite or imperfect.

1 Todas las noches Antonio _____ antes de acostarse. (ducharse)

2 ¿_____ el programa sobre los Juegos Olímpicos anoche en la tele? (ver, vosotros)

3 Isabel ___ terminar de trabajar a las dos pero a veces _____ a las tres. (soler; terminar)

4 Ese año Manuel _____ tomar las vacaciones en septiembre. (decidir)

5 La semana pasada Pepe y yo _____ en Palma de Mallorca en la boda de su primo. (estar)

6 Mi abuela _____ como nadie; _____ la mejor cocinera del mundo. (cocinar; ser)

E Which of the two verbs in this sentence would translate with the preterite and which with the imperfect?

It **was raining** heavily when Pablo **arrived**.

5 for two actions occurring simultaneously in the past, one an ongoing one, the other a short one happening at a specific moment, the first one uses the imperfect or the imperfect progressive, the other the preterite:

<u>Dormíamos/Estábamos durmiendo</u> cuando <u>llamaron</u> a la puerta. *(We were sleeping when they knocked at the door.)*

6 for two actions occurring consecutively at a specific point in the past, one as a result of the other, use the preterite for both:

La vi y me enamoré de ella. *(I saw her and I fell in love with her.)*

7 to describe someone or something in relation to the past, use the imperfect:

Natalia era una persona encantadora y tenía un gran sentido del humor. *(Natalia was a charming person and had a great sense of humour.)*

Hacía frío y había niebla aquella mañana. *(It was cold and foggy that morning.)*

F **Match a phrase in column A with one in column B to make meaningful sentences.**

	A		B
1	Hacía un sol espléndido	a	pudimos tomar una decisión.
2	Estaba tan cansado	b	cuando de repente se apagaron las luces.
3	Cuando decidieron volver a casa	c	y todo el mundo la quería.
4	Todo el mundo estaba bailando	d	que se durmió en seguida.
5	Cuando supimos la noticia	e	ya era tarde.
6	Era una persona honrada	f	cuando salimos de casa.

G **Preterite or imperfect? Give the correct form for each of the verbs:**

Nuria (levantarse) pronto aquella mañana. (Ser) su primer día de trabajo y no (querer) llegar tarde. (Ducharse) rápidamente y luego (vestirse) y (tomar) un café. No (tener) hambre …

8 in a narrative context the preterite and the imperfect often appear together, the preterite providing the actions, the imperfect giving the description:

Eran las siete cuando Nicolás salió de casa. Llovía intensamente y abrió su paraguas. Había mucha gente en la parada del autobús y este tardó en llegar.

(It was seven o´clock when Nicolás left home. It was raining heavily and he opened his umbrella. There were a lot of people at the bus stop and this took some time to come.)

H **For each text put the given verbs in their correct places.**

1 me di   salí   iba   era   llevaba   preguntó

Como todas las mañanas, _____ de mi casa a las ocho en punto. ___ por la calle Teruel cuando un chico me _____ qué hora _____ y entonces _____ cuenta de que no _____ reloj.

2 tenían   se dieron   se casaron   vivían   estaba   conoció

Marisa _____ a Vicente en un bar cuando _____ de vacaciones en Marbella. _____ cuenta de que _____ en la misma calle en Madrid y que _____ mucho en común. Al cabo de un año _____.

 # Reading

I **Read a journalist's report of an incident to answer the question in Spanish:**

¿Quién era la mujer que llamó a la comisaría?

Eran las cuatro y diez de la tarde cuando sonó el teléfono en la comisaría. El sargento que estaba de turno, lo contestó y en seguida mandó un coche patrulla a la farmacia en la calle Mayor. A mitad de la calle los policías vieron a una mujer que agitaba la mano. La mujer se presentó. Era doña Josefina García Laforet, farmacéutica y dueña del local. Les explicó a los guardias lo que sucedió justo después de abrir la farmacia por la tarde.

J **Now read the transcription of his recording at the scene. Then correct, in Spanish, the false statements that follow.**

la receta	*prescription*	**la trastienda**	*back (room) of the shop*
asustado	*frightened*	**por suerte**	*fortunately*
arrebatar	*to snatch (from)*	**amenazar**	*to threaten*

– Yo acababa de abrir por la tarde. Mi ayudante llegó unos minutos después. Entró el señor Ramírez con una receta y fui a la trastienda a prepararla. De repente oí un grito de '¡manos arriba!' y el disparo de una pistola. Estaba asustadísima pero por suerte tenía el móvil en mi bolsillo. Lo saqué, marqué el número pero, claro, no podía hablar en voz alta porque no quería llamar la atención de los atracadores*. A lo mejor no sabían que estaba allí en la trastienda. Pero uno de ellos apareció y me exigió todas las drogas que tenía. Yo – bueno, empecé a llenar una bolsa de plástico de cajas de aspirinas y otros analgésicos. Después de, no sé, parecía una eternidad, oímos la sirena de la policía. El atracador me arrebató la bolsa y él y su compañero salieron corriendo y yo detrás de ellos. Al pasar por la tienda vi que la caja estaba abierta y vacía. No sé si los puedo describir. No eran ni altos ni bajos. No recuerdo lo que llevaban ni como hablaban. Seguro que mi ayudante o este señor son mejores testigos que yo.

Sin embargo, el señor Ramírez estaba temblando de disgusto.

– ¡Ay! ¡Ay! No recuerdo nada. Hoy día nadie está seguro. Vas por la calle y un ratero te roba la cartera**. Un ladrón te roba el coche. Y ahora, como no existe la pena de muerte, nos amenazan con armas. Y si ustedes detienen a estos delincuentes, ¿qué castigo reciben? ¡Un año en la cárcel!

*__atracador__ = __asaltante__ in some Latin American countries

**__cartera__ = __billetera__ in some Latin American countries

1 Doña Josefina acababa de cerrar la tienda.

2 Cuando estaba en la trastienda oyó un grito y un disparo.

3 No sabía dónde estaba su móvil.

4 Empezó a vaciar una bolsa de plástico de cajas de aspirinas y analgésicos.

5 Doña Josefina se quedó en la farmacia después del robo.

K **Reread the first paragraph to find the Spanish equivalents to:**

1 (he) was on duty

2 halfway along the street

3 (she) was waving her hand

4 owner of the premises

5 she explained to the policemen

L **Match the five verbs with their associated nouns and English meanings in this word cloud.**

punishment

disparo

robo castigo **shot**

gritar **castigar** grito

theft **happen**

punish shout robar

suceso **disparar** **steal**

incident

suceder

M **The Spanish equivalents to these words appear in the text. Can you unjumble them?**

1 armed thief	DACTORARA	_____
2 thief	RÓLDAN	_____
3 petty thief	ORTERA	_____
4 punishment	TOSCIGA	_____
5 prison	CRÁLEC	_____
6 witness	GESTITO	_____

N **The word caja is used twice in the account with different meanings. Can you say what the two meanings are?**

Writing

O **You were the assistant in the chemist's. Give an account in Spanish of what you saw (50–80 words).**

Self-check

Tick the box which matches your level of confidence.

1 = very confident   2 = need more practice   3 = not confident

Marque la casilla que corresponde según su nivel de conocimiento y seguridad.

1 = muy seguro/a   **2** = necesito practicar más   **3** = no muy seguro/a

	1	2	3
Understanding the difference between the preterite and imperfect tenses			
Using the preterite and the imperfect correctly			
Reading and writing an account of a robbery			

For more information on the preterite tense refer to *Complete Spanish,* Units 15–16; *Get Started in Latin American Spanish,* Unit 9; *Complete Latin American Spanish,* Unit 9. See also Unit 12 in this book.

For more information on the imperfect tense refer to *Complete Spanish,* Units 17–18; *Complete Latin American Spanish,* Unit 10. See also Unit 13 in this book.

15 El curso ha sido un éxito. Nunca había aprendido tanto.

The course has been a success. I had never learned so much.

CEFR: The perfect tense (A2); The pluperfect tense (B1); Can understand a text containing some international vocabulary (A2); Can follow the description of events, feelings and wishes in a letter (B1); Can write a thank you letter, highlighting the personal significance of events and experiences (A2).

Meaning and usage

The perfect tense

1   to talk about what has or has not happened, as in *It has rained all day* or *It hasn't stopped raining*, English uses the perfect tense. Spanish also has a *perfect tense* and there are similarities in the way it is used in both languages, but there are also some differences.

2   generally, the perfect is used for talking about past events that bear some relationship with the present or which are still in progress; this link between the past and the present is sometimes made explicit with a time phrase:

Tu padre no ha salido. Ha estado en casa todo el día. *(Your father hasn't gone out. He's been at home all day.)*

No he dado de comer al perro. Debe de tener hambre. *(I haven't fed the dog. He must be hungry.)*

Ya ha dejado de llover. *(It has stopped raining now.)*

¿Habéis estado en Estambul alguna vez? *(Have you ever been to Istanbul?)*

 A   Here are some more words and phrases that may be found with the perfect, and which can serve to establish a link between the past and the present. Complete the meanings.

hasta ahora		muchas veces	
hasta el momento		siempre	
una vez	*once*	toda la vida	*throughout (my) life*
dos veces		todavía/aún no	*not yet, still … not*

3 events that have or have not taken place in the recent past are normally expressed with the perfect tense in Peninsular Spanish, where we would use either the perfect or the past simple in English. The proximity to the past may become more evident with time phrases such as **esta noche** *(tonight)*, **esta tarde/semana** *(this afternoon/week)*, **hace poco/un rato/un momento** *(a short while/moment ago)*, **hoy** *(today)*, **recientemente** *(recently)*, **últimamente** *(lately)*:

Esta mañana ha llamado Daniel.
(Daniel phoned/has phoned this morning.)

Paloma no ha venido últimamente.
(Paloma hasn't come lately.)

Se han marchado hace un rato.
(They left/have left a short while ago.)

 With time phrases which point to a specific time in the past, such as **anteayer** *(the day before yesterday),* **la semana pasada** *(last week),* **hace dos años** *(two years ago),* **en 1980** *(in 1980), use the preterite tense, not the perfect:*

El fin de semana pasado salí con Manuel. *(Last weekend I went out with Manuel.)*

 B Use the correct form of the verbs in brackets.

1 El año pasado (pasar) nuestras vacaciones en Canarias, pero este verano las (pasar) en Mallorca.

2 Los Rodríguez (llegar) aquí en 1998, pero (mudarse) hace poco a un piso nuevo.

4 regional differences exist in the way the perfect is used in Spain and Latin America; in the Spanish regions of Asturias, León, Galicia and Canary Islands, and generally in Latin American Spanish, usage favours the preterite over the perfect, with the perfect being little used in some areas:

No traje dinero. *(I didn't bring any money.)* for **No he traído dinero.** *(I haven't brought any money.)*

Nunca estuve allí. *(I was never there.)* for **Nunca he estado allí.** *(I've never been there.)*

 Regional differences such as the above will in no way be an obstacle to communication, in the same way as they do not constitute a problem for native speakers, who are generally unaware of such variations as they tend not to affect meaning.

The perfect tense forms

1 the perfect is formed with the present tense forms of **haber** *(to have)* followed by the past participle (e.g. **salido** *gone out*), which is the same for all persons of the verb.

 C Look at the infinitives and their past participles. Then explain how to form the past participle from each type of infinitive.

Infinitive	Past participle
hablar *(to speak)*	**hablado** *(spoken)*
comer *(to eat)*	**comido** *(eaten)*
vivir *(to live)*	**vivido** *(lived)*

Subject pronoun	Haber	Past participle
yo	he	
tú	has	hablado
Vd., él, ella	ha	comido
nosotros/as	hemos	vivido
vosotros/as	habéis	
Vds., ellos, ellas	han	

¿Habéis hablado con Fernando? *(Have you spoken to Fernando?)*

Hoy hemos comido en casa. *(Today we ate/have eaten at home.)*

Matías ha vivido siempre con sus padres. *(Matías has always lived with his parents.)*

D Change the verb from the present to the perfect tense.

1 Esta semana tengo mucho que hacer.

2 ¿Qué comes?

3 El avión llega ya.

4 Hoy es un día estupendo.

5 Esta tarde no salimos.

6 ¿Qué sitios de interés visitáis hoy?

7 ¿Qué compran ustedes?

8 Los señores Ruiz van a Cádiz.

You should not confuse the auxiliary verb **haber***, to have, which is used with compound tenses like the perfect, with* **tener***, to have, used for expressing possession and a range of other meanings.*

E Put the verb in brackets into the correct form of the perfect tense.

1 ¿_____ alguna vez en helicóptero? (subir, tú)

2 En mi vida _____ comida japonesa. (probar)

3 ¿Ustedes _____ bien? (dormir)

4 _____ todo el día con los tíos. (estar, nosotros)

5 La señora Ortiz no _____ por aquí últimamente. (pasar)

6 Hasta ahora no _____ ningún libro de este autor. (leer, yo)

2 the following verbs, among a few others, form the past participle in an irregular way:

abrir – abierto	*open*	**morir – muerto**	*dead*
decir – dicho	*said*	**poner – puesto**	*put*
escribir – escrito	*written*	**romper – roto**	*broken*
freír – frito	*fried*	**ver – visto**	*seen*
hacer – hecho	*done, made*	**volver – vuelto**	*come back, returned*

¿Qué has dicho? *(What did you say?)*

Me ha escrito Ángel. *(Ángel has written to me.)*

¿Qué película habéis visto? *(What film have you seen/did you see?)*

 F Complete these sentences by adding a verb in the perfect tense. You can find the verbs in the list in point 2 (above).

1 ¿Dónde _____ yo mis llaves? Nunca las encuentro.

2 El supermercado _____ tarde esta mañana por problemas con los ordenadores.*

3 ¿Por qué no _____ a tu tía para darle las gracias por tu regalo?

4 Todavía no _____ los vecinos de su crucero por el Caribe.

5 Vosotros le _____ a Miguel que _____ la película ¿verdad?

6 Hoy _____ todo lo que queríamos hacer.

*el ordenador = **la computadora/el computador** in Latin America

Word order

 G What is the position of object and reflexive pronouns with the perfect in these Spanish sentences? How does it differ from English? Explain the rule.

Julio me ha hecho un gran favor. *(Julio has done me a great favour.)*

 *In Spanish, pronouns always come before the auxiliary verb **haber**.*

Se han levantado muy tarde esta mañana.
(They got up/have got up very late this morning.)

H Compare Spanish and English word order in the following sentences. In what way is it different?

Francisco siempre ha llegado a la hora.   *Francisco has always arrived on time.*

Nunca han vuelto a casa.   *They have never returned home.*

Ya he bajado este programa de Internet.   *I've already downloaded this program from the Internet.*

 I Rearrange the words in these sentences to make them meaningful.

 *In Spanish, the auxiliary verb **haber** and the past participle should never be split up.*

1 Llamado Pepe ha me no.

2 Pronto mañana hemos esta despertado nos.

3 Marisol ya dado la he dirección de te.

4 Nada traído te no he.

5 Hemos ayudar os no podido.

6 Hecho no todavía hemos lo.

The verb is the most important part of the sentence; it tells you who the subject is. Once you have identified this, the rest of the sentence becomes easier. Read the sentences out loud to make sure they sound OK.

The pluperfect tense

Meaning and usage

1 to say what *had* or *had not* happened, as in *Gloria hadn't phoned us because she had lost our number,* Spanish uses the *pluperfect tense,* which is used in a similar way to the past perfect in English:

Gloria <u>no</u> nos <u>había llamado</u> por teléfono porque <u>había perdido</u> nuestro número. *(Gloria hadn't phoned us because she had lost our number.)*

2 the pluperfect is used for referring to past events or actions which took place before another past event or situation, which is often understood:

Yo <u>había terminado</u> la universidad cuando nos conocimos. *(I had finished university when we met.)*

 Word order with the pluperfect is the same as for the perfect tense:

Todavía no nos <u>habíamos levantado</u> cuando oímos la noticia. *(We still hadn't got up when we heard the news.)*

The pluperfect forms

1 the pluperfect is formed with the imperfect of **haber** *(to have)* followed by the past participle:

Subject pronoun	Haber	Past participle
yo	había	
tú	habías	hablado
Vd., él, ella	había	comido
nosotros/as	habíamos	vivido
vosotros/as	habíais	
Vds., ellos, ellas	habían	

Emilia dijo que ya <u>había hablado</u> con su jefe. *(Emilia said she had already talked to her boss.)*

Joaquín <u>había comido</u> tanto que se enfermó. *(Joaquín had eaten so much that he became ill.)*

<u>Habían vivido</u> juntos toda la vida. *(They had lived together their whole life.)*

 J **Complete the sentences with the correct form of haber:**

Cuando llegó Eduardo yo ya _____ empezado a cenar.
Él no quiso comer nada porque ya _____ cenado.

 *The forms of **haber** for first and third person singular are the same.*

K **Put the verb in brackets into the correct form of the pluperfect.**

1 Vimos que los ladrones _____ por la ventana. (entrar)

2 Cuando me llamó Rafa, yo ya _____ de casa. (salir)

3 En todo el día no _____ a nadie, cosa que nos extrañó bastante. (ver, nosotros)

4 Una vez que los niños _____ los deberes, salieron a jugar. (terminar)

5 Algo _____ pero no sabían qué. (suceder)

6 Vi que Pedro _____ todo y no me _____ nada. (llevarse, dejar)

Reading

L **Read the first part of this email to answer in Spanish the question:**

¿Cómo saben los padres que han elegido bien?

De:	Joaquín Castro Rodríguez
Para:	Ángel Rivas Pascual (y 17 otros)
Asunto:	FIN DE LOS CURSOS DE VERANO

Estimados colegas:

Acaban de terminar los cursos de verano que este año han sido todo un éxito con un mayor número de participantes y una gran variedad de actividades. Hemos recibido cartas, emails y tuits de unos padres e hijos muy contentos. Los hijos han vuelto a casa con nuevos intereses, nuevas experiencias y muchas veces con nuevos amigos, y cuando los padres ven que sus hijos están contentos saben que han elegido bien.

M **Now read on to answer in Spanish the questions that follow.**

ampliar	*to extend, enlarge*	**adecuado**	*appropriate, suitable*
el piragüismo	*canoeing*	**incorporarse a**	*to join*
el senderismo	*hillwalking*	**el equipo**	*team, equipment*
el/la encargado/a	*person in charge*	**el/la monitor/a**	*instructor*

Como muchos de nuestros padres clientes nos habían dicho que querían poder mandar a sus hijos al mismo campamento de verano, decidimos ampliar nuestras instalaciones y ofrecer actividades más adecuadas para los de dieciséis años y arriba. Este año por primera vez hemos colaborado con una escuela de piragüismo y de rafting de la zona y los cursos que hemos ofrecido han estado completos. También les hemos ofrecido a los chicos mayores la oportunidad de hacer senderismo y camping. Pascual Rico, que antes de incorporarse a nuestro equipo había pasado varios años de guía en los Alpes, ha sido el encargado de estas actividades.

Los que no han querido tanta aventura han tenido la oportunidad este año de aprender a montar a caballo o a hacer kárting. Todos, como todos los años, han tenido la oportunidad de hacer natación y otros deportes como el tenis, el balonmano y el fútbol con sus respectivas competiciones.

Quisiera agradeceros a todos vuestra colaboración. Todos los días he visto lo mucho que los chicos han apreciado vuestro trabajo. Los siguientes son algunos de los comentarios que he recibido:

'Me alegro de haber venido al Campamento Cerro de los Rosales. He aprendido muchas cosas nuevas. Muchas gracias a todos los monitores que han sido estupendos.'

'Mis hijos estuvieron encantados con todo, sobre todo mi hijo mayor que no había querido pasar el verano en un campamento por considerarse demasiado mayor. Ahora habla de volver el año que viene.'

A todos vosotros, muchas gracias por todo y espero veros en la cena de despedida mañana.

Cordialmente

Joaquín Castro

Director

---

1 Los padres habían dicho que querían hacer ¿qué?

2 ¿Qué actividades de aventura han ofrecido en el campamento por primera vez este año?

3 ¿Dónde había trabajado de guía Pascual Rico?

4 ¿Por qué no había querido pasar el verano en el campamento uno de los chicos?

5 ¿Joaquín Castro ha escrito este email para:

   a anunciar las nuevas actividades   **b** dar las gracias al personal del campamento?

N Identify in the email the sentences which have a verb in the pluperfect tense.

O List in English all the sporting and outdoor activities mentioned in the email. Think of other sports to add to this list. Notice that several sport words are similar to English.

When you want to say you play golf, tennis, football, for example, there is a difference between Peninsular and Latin American Spanish: **jugar al golf, al tenis, al fútbol** *(Peninsular Spanish);* **jugar golf, tenis, fútbol** *(Latin American Spanish).*

P Match the equipment with its sport.

EQUIPO	DEPORTE
la piragua	el golf
los patines	la pesca
el balón	el piragüismo
los palos y unas pelotas	el ciclismo
la bicicleta	el patinaje
la caña de pescar	el voleibol

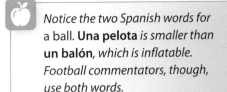

Notice the two Spanish words for a ball. **Una pelota** *is smaller than* **un balón**, *which is inflatable. Football commentators, though, use both words.*

Writing

Q You have spent the summer at the Campamento Cerro de los Rosales. Write an email in Spanish to señor Castro to say thank you for a marvellous summer, mentioning some of the activities that you have taken part in (50–80 words).

Self-check

Tick the box which matches your level of confidence.

   1 = very confident   *2 = need more practice*   *3 = not too confident*

Marque la casilla que corresponde según su nivel de conocimiento y seguridad.

1 = muy seguro/a   **2 = necesito practicar más**   **3 = no muy seguro/a**

	1	2	3
Using the perfect tense			
Using the pluperfect tense			
Writing about sports and outdoor activities			

For more information on the perfect and pluperfect tenses refer to *Complete Spanish,* Unit 19 (perfect tense), Unit 22 (pluperfect tense); *Complete Latin American Spanish,* Unit 12 (perfect tense).

For information on the preterite tense see Unit 12. For information on the difference between **haber** and **tener** see Unit 8.

16 ¿Me acompañarás? ¡Me encantaría!

Will you come with me?
I would love to!

In this unit you will learn to:

- Talk about the future, using:

  the future tense; **ir a** + infinitive;
  the present tense.

- Use the conditional tense.

- Read and write about holiday plans
  and sightseeing itineraries.

CEFR: The future (A2); Conditions (B1); Can find specific information in simple everyday material (A2); Can write a clear, detailed text on a subject related to personal interests (B2).

The future tense

Talking about the future

El festival **empieza** mañana.	**Voy a ir** con Irene.	La **llamaré** esta noche.
The festival begins tomorrow.	I'm going with Irene.	I'll call her tonight.

Meaning and usage

1   to talk about the future in English you can do so in more than one way, for example: *I will sell the car, I'm selling the car, I'm going to sell the car*; Spanish also has different ways of referring to the future, one of which is the future tense, which translates with *will* or *shall* in English:

Venderé el coche y compraré uno nuevo. *(I will sell the car and will buy a new one.)*

Mañana a esta hora estaremos en Santiago. *(At this time tomorrow we shall be in Santiago.)*

2 the future tense is common in writing, especially in formal registers such as the press, for referring to future events and states, including predictions:

El nuevo Museo de Arte Contemporáneo abrirá sus puertas al público el día 24 de junio. *(The new Contemporary Art Museum will open its doors to the public on 24 June.)*

El número de parados* sin duda aumentará.
(The number of people out of work will undoubtedly increase.)

***parados** = **desempleados** in Latin American Spanish

 *In spoken language, future actions, including plans and prearranged events, are usually expressed with forms other than the future tense (see **Other ways of talking about the future** below), with the future being increasingly restricted to specific uses like those outlined below.*

3 to express uncertainty or probability with regard to something in the future:

No sabemos si vendrán. *(We don't know whether they´ll come.)*

Me imagino que nos invitará. *(I expect he/she will invite us.)*

4 to convey supposition or probability in relation to the present:

Llaman a la puerta. Será tu madre, supongo. *(There's somebody knocking at the door. It'll be your mother, I guess.)*

Héctor tendrá cuarenta años. *(Héctor must be about forty years old.)*

 A **Julio, your Spanish colleague, has been asked to meet a foreign visitor. What does he mean by:**

¿Hablará español?

5 with questions denoting uncertainty:

¿Quién llamará a esta hora de la noche? *(Who could be calling at this time of night?)*

¿Se acordarán de lo que les pedí? *(Will they remember what I asked them to do? / I wonder if they'll remember …)*

 B **What does your Spanish-speaking friend mean by:**

Te llamaré el sábado por la mañana.

6 to express promises and strong determination:

Te prometo que lo cuidaré.
(I promise you I will look after it.)

Por supuesto que pediré un aumento.
(Of course I will ask for a pay rise.)

 Will and shall translate in Spanish with the present tense and not with the future in sentences like Will you help me? (¿Me ayudas?), Shall we go? (¿Vamos?), What shall I do? (¿Qué hago?), He's very stubborn. He won't do it. (Es muy testarudo. No quiere hacerlo.)

The future tense forms

Regular verbs

 C **The following are the future tense forms of three regular verbs. Can you say:**

1 How the future tense is formed?

2 Whether you see any difference in the endings for each of the three verbs?

Subject pronoun	llamar (to call)	ver (to see, watch)	escribir (to write)
yo	llamaré	veré	escribiré
tú	llamarás	verás	escribirás
usted, él, ella	llamará	verá	escribirá
nosotros/as	llamaremos	veremos	escribiremos
vosotros/as	llamaréis	veréis	escribiréis
ustedes, ellos, ellas	llamarán	verán	escribirán

Te llamaré a tu móvil*. *(I´ll call you on your mobile.)*

¿Qué programa veremos esta noche? *(What programme shall we watch tonight?)*

Me escribiréis, ¿verdad? *(You will write to me, won't you?)*

***móvil** = **celular** in Latin American Spanish

 *Note that the **nosotros** form of the verb does not carry an accent.*

 D **Rewrite these sentences using the future tense.**

1 No te llamo hasta el viernes.

2 ¿Me traes el dinero?

3 Luis os explica todo.

4 ¿Dónde se aloja usted?

5 Vamos de vacaciones en mayo.

6 Llegamos el día ocho.

7 ¿Qué día viajáis?

8 Nos acompañan al parque nacional.

Irregular verbs

2 a number of verbs have irregular future forms, but their endings are the same as those of regular ones. The following are the most common:

haber *(to have, auxiliary)*   habré, habrás, habrá, habremos, habréis, habrán

poder *(to be able to, can)*   podré, podrás, podrá, podremos, podréis, podrán

querer *(to want, love)*   querré, querrás, querrá, querremos, querréis, querrán

saber *(to know)*   sabré, sabrás, sabrá, sabremos, sabréis, sabrán

poner *(to put)*   pondré, pondrás, pondrá, pondremos, pondréis, pondrán

tener *(to have)*   tendré, tendrás, tendrá, tendremos, tendréis, tendrán

salir *(to go out)*   saldré, saldrás, saldrá, saldremos, saldréis, saldrán

venir *(to come)*   vendré, vendrás, vendrá, vendremos, vendréis, vendrán

decir *(to say, tell)*   diré, dirás, dirá, diremos, diréis, dirán

hacer *(to do, make)*   haré, harás, hará, haremos, haréis, harán

Le diré al jefe que no vendré mañana. *(I'll tell the boss I won't come tomorrow.)*

¿Podrás venir con nosotros? Saldremos de madrugada. *(Will you be able to come with us? We'll leave at dawn.)*

 E **Look at the irregular verbs listed in 2 above and answer these questions:**

1 which verbs drop the **-e** from the infinitive?

2 which of them drop the **-e** or **-i** from the infinitive and add a **-d**?

3 which are completely irregular?

 All verbs derived from those above, like **proponer** *(to propose),* **obtener** *(to obtain),* **deshacer** *(to undo), will form the future in the same way.*

 F **Choose the correct verb from the box to complete the sentence.**

tendrá	pondrás	habrá	dirán
querrán	saldremos	hará	vendré

1 No os puedo decir exactamente a qué hora _____.

2 Mañana _____ buen tiempo.

3 Los niños _____ ir a la playa.

4 La señora Galván no _____ tiempo para visitar todas las instalaciones.

5 Ellos _____ que se lo han pasado bien aunque yo no lo creo.

6 _____ a primera hora porque queremos almorzar en Trujillo.

7 ¿Qué dices? ¿Que _____ la cerveza en el garaje?

8 Según el primer ministro, _____ elecciones generales dentro de seis meses.

Other ways of talking about the future

 G **Explain what your Spanish-speaking friend means by:**

El viernes próximo salgo de vacaciones. Voy con mi novia a Florencia.

1 the present tense is often used with future meaning, especially in informal language, when reference is to the immediate future or to prearranged events; verbs of movement are normally used in this way:

Diego <u>llega la semana que viene</u>. (Diego is arriving next week.)

¿A qué hora <u>vuelve</u> Sofía <u>esta noche</u>? (What time is Sofía coming back tonight?)

2 a much used way of talking about the future in Spanish, especially in spoken language when reference is to intentions and prearranged events, is with **ir a** followed by the infinitive:

¿Qué <u>vas a hacer</u> esta tarde? (What are you going to do this afternoon?)

<u>Voy a tomar</u> un café con Miguel y después <u>voy a hacer</u> la compra. (I'm having a coffee with Miguel and then I'm going to do the shopping.)

 H **Match the Spanish time phrases with their English translation.**

1	**pasado mañana**	**a**	*within two months*
2	**la semana que viene**	**b**	*next Saturday*
3	**en seguida***	**c**	*the day after tomorrow*
4	**dentro de dos meses**	**d**	*next week*
5	**el próximo fin de semana**	**e**	*right away*
6	**el sábado próximo**	**f**	*next weekend*

***en seguida** may be written as one word: **enseguida**

3 future meaning is often supported by some time phrase like **mañana** (tomorrow), **el próximo mes/el mes próximo** (next month), **el lunes que viene** (next Monday), **dentro de una hora** (within an hour/in an hour's time), **dentro de dos meses** (within two months/in two months' time)

El tren llega <u>dentro de una hora</u>. (The train is arriving in an hour's time.)

El curso termina <u>la próxima semana</u>/<u>la semana que viene</u>. (The course ends next week.)

I   Put the following sentences into English.

1 Lo podrán hacer ¿no?

2 ¿Qué edad tendrá Marcelino ahora?

3 Usted sabrá que Alberto trabaja para el gobierno.

4 ¿Cuánto costará un viaje por todo el mundo?

5 Te veo mañana.

6 Si viene Manolo ¿qué le digo?

Meaning and usage

The conditional tense

1   the Spanish conditional translates *would* + infinitive in English in sentences which express an implied condition:

Sería importante saber lo que piensan.
(It would be important to know what they think.)

¿Qué ganarías con decírselo?
(What would you gain by telling him/her?)

> *The idiomatic expression* **yo que tú** *(if I were you) may be followed by any suitable verb, normally in the conditional.*

Yo que tú no iría.   *(If I were you I wouldn't go.)*

2   it is used as a polite equivalent of *would you …?, could you …?* in sentences like the following:

¿Le importaría bajar el volumen de la música? *(Would you mind turning the music down?)*

¿Podría ayudarme, por favor? Estoy perdido/a. *(Could you help me, please? I'm lost.)*

 J   What is the person sitting next to you on the bus asking you to do?
Perdone, ¿le importaría cerrar la ventana? Entra mucho aire.

3   used with **deber** *(to have to, must)* it translates in English as *should*:

Deberías darte prisa. Es tarde.   *(You should hurry. It's late.)*

No deberíais comer tanto.   *(You shouldn't eat so much.)*

4   just like the future tense is used to express supposition in the present (see **Future tense, Meaning and usage**, paragraph 4), the conditional is used to express supposition in the past:

Rosario tendría unos noventa años cuando murió.   *(Rosario must have been about ninety when she died.)*

Serían las tres de la mañana cuando Jorge llegó a casa.   *(It must have been about three o'clock in the morning when Jorge came home.)*

5 it is frequently used with **gustar** *(to like)* and other verbs with similar meaning to express wish:

Me gustaría conocer Dublín. *(I'd like to visit Dublin.)*

Nos encantaría hacer un crucero por el Mediterráneo. *(We'd love to go on a Mediterranean cruise.)*

6 it is used in indirect speech to report something originally expressed in the future:

Te escribiré. *(I will write to you.)* → **Aurora dijo que me escribiría.** *(Aurora said she would write to me.)*

Llegaremos a mediodía. *(We'll arrive at midday.)* → **Dijeron que llegarían a mediodía.** *(They said they would arrive at midday.)*

The conditional tense forms

1 the endings of the conditional are the same as those of the imperfect of **-er** and **-ir** verbs and as with the future you add those endings to the infinitive in the case of regular verbs:

 K **Complete the missing endings in the following table.**

Subject pronoun	llamar *(to call)*	ver *(to see, watch)*	escribir *(to write)*
yo	llamaría	vería	escribir
tú	llamar	verías	escribirías
usted, él, ella	llamaría	ver	escribiría
nosotros/as	llamar	veríamos	escribiríamos
vosotros/as	llamaríais	veríais	escribir
ustedes, ellos, ellas	llamarían	ver	escribirían

2 irregular verbs are the same as for the future and to form the conditional you can add the endings above to the stem of the future, for example **tendrás** *(you will have)* → **tendrías** *(you would have)*; **sabremos** *(we will know)* → **sabríamos** *(we would know)*:

 Note that the endings are the same for -ar, -er, and -ir verbs and that the first and third person singular have the same forms.

¿Qué harías tú en mi caso? ¿Se lo dirías? *(What would you do in my case? Would you tell him/her?)*

Si el vuelo sale a las seis, habría que estar allí a las cuatro. *(If the flight leaves at six, we would have to be there at four.)*

 L **Express these requests using the conditional form of the verb.**

1 ¿Me puedes ayudar?

2 ¿Tiene una habitación doble?

3 ¿Me permite decir una cosa?

4 ¿Nos acompañáis a la estación?

5 Quiero hablar con el director.

M Put the verbs in brackets into the conditional tense to complete these short texts.

  1 ¿Adónde (ir, yo) _____ con tiempo y dinero? Me (gustar) _____ viajar, por supuesto. (Sacar) _____ dos billetes de avión, uno para mí y el otro para mi novia para ir a Nueva York. (Pasar, nosotros) _____ unos días allí y después (hacer) _____ un recorrido del país de este a oeste.

  2 Yo que tú, no (esperar) _____ más. Lorenzo dijo que (venir, él) _____ a las dos y ya son las tres y media. Le (mandar, yo) ____ un texto y le (decir) _____ dónde (poder, él) _____ encontrarme. Eso es lo que (deber, tú) _____ hacer.

📖 Reading

N Read the first part of Flor's account of an upcoming trip to answer the following question in Spanish:

¿Cuántos días se quedarán Flor y su pareja en San Juan?

pareja	*partner*	**trasladar**	*to transfer*

Este verano voy a realizar un sueño. Mi madre es puertorriqueña* y por eso siempre he querido visitar su tierra natal. Mi pareja y yo saldremos en avión el 20 de abril sobre las diez de la noche y llegaremos a la capital, San Juan, a casi la misma hora. La compañía Cariberia, que nos ha arreglado todo, nos trasladará al hotel donde nos alojaremos por dos días. Mi tío me escribió que deberíamos llevar ropa de verano pero también un impermeable o paraguas.

*Portorriqueño/a is also used to refer to someone from Puerto Rico

O Now read on, then answer the questions that follow in Spanish.

la cueva	*cave*	**disfrutar de**	*to enjoy*
el encaje	*lace*	**un par de**	*a couple of*
atravesar	*to cross*	**los parientes**	*relations*

El primer día un guía vendrá al hotel y con él daremos un paseo por la antigua ciudad. Nos explicará toda la historia de la fundación de San Juan y veremos la catedral, el ayuntamiento y la Plaza de Armas. Continuaremos hacia La Fortaleza que es donde vivía el gobernador. Al día siguiente, visitaremos la destilería Bacardí.

El tercer día tendremos un coche a nuestra disposición para hacer un recorrido por la isla. Primero, iremos por la carretera que va paralela a la costa norte de la isla y pasaremos por plantaciones de piña hasta el Parque de las Cuevas del río Camuy. Almorzaremos allí y seguiremos hasta el Parador Guajataca. Pasaremos una noche allí en una habitación que tendrá unas vistas maravillosas del océano Atlántico.

Al día siguiente continuaremos hasta Aguadilla donde haremos una parada. Aguadilla es famosa por su artesanía de encaje y sin duda compraré algo para mi madre. Esa noche nos alojaremos en el Holiday Inn y nos quedaremos un par de días para descansar, disfrutar de las playas y tomar el sol.

El próximo día atravesaremos la Cordillera Central para volver a San Juan. Los últimos dos días los tendremos libres. Yo visitaré a todos mis parientes puertorriqueños. Mi pareja me acompañará si quiere y si no, hará otra cosa, pero la última noche cenaremos todos juntos.

1 ¿Quién les acompañará a Flor y su pareja en su paseo por la ciudad y qué hará?

2 ¿Dónde pasarán la noche el tercer día de su visita a Puerto Rico?

3 ¿Qué comprará Flor en Aguadilla?

4 ¿Qué harán los días que estarán en el Holiday Inn?

5 ¿Qué hará Flor los últimos días que estará en Puerto Rico?

P **From which verbs do these nouns derive and what do they mean?**

1 la salida   **2** la llegada   **3** el traslado   **4** el recorrido

5 la parada   **6** la visita   **7** la entrada   **8** la vuelta

Writing

Q **You are in Madrid and find this excursion advertised in a leaflet. Write an email in Spanish to a friend with whom you'd like to go on the excursion, giving details of the itinerary: the departure time, the sights that you'll visit, where you'll have lunch, etc. (50–80 words).**

Segovia – La Granja

día completo

09.00	**Salida** en autocar de la Terminal Madritours, Plaza de Oriente hacia **SEGOVIA**.
mañana	Paseo desde la clásica silueta del Acueducto romano pasando por la elegante 'Dama de las Catedrales' hasta el impresionante Alcázar.
14.00–16.00	**Almuerzo** en La Oficina, un típico restaurante segoviano.
tarde	Salida hacia LA GRANJA. **Visita** del Palacio Real y **tiempo libre** para apreciar la maravilla de sus jardines y fuentes.
20.30	**Llegada** a Madrid y **fin de nuestros servicios**.

El precio incluye transporte, guía, entradas y almuerzo.

Self-check

Tick the box which matches your level of confidence.

    1 = very confident   *2 = need more practice*   *3 = not too confident*

Marque la casilla que corresponde según su nivel de conocimiento y seguridad.

    1 = muy seguro/a   **2 = necesito practicar más**   **3 = no muy seguro/a**

	1	2	3
Talking about the future (future tense; **ir a** + infinitive; present tense)			
Expressing conditions (conditional tense)			
Reading and writing about sightseeing plans and holiday itineraries			

For more information on how to talk about the future and how to express conditions refer to *Complete Spanish*, Units 20 (future tense), 13 (**ir a** + infinitive), 21 (conditional tense); *Complete Latin American Spanish*, Units 7 (future tense), 11 (conditional tense); *Get Started in Latin American Spanish*, Unit 10 (**ir a** + infinitive).

For information on the use of the present tense to express future time see Unit 6.

17 La tecnología está cambiando todo

Technology is changing everything

In this unit you will learn to:

- ✓ Use the gerund.
- ✓ Use the continuous forms of the verb: present, past and future forms.
- ✓ Read and write about Information and Communications Technology (ICT).

CEFR: The gerund (A1, A2); The continuous forms of the verb (A1, A2, B1): Can understand information in a text containing some international vocabulary (A2); Can understand information in an article concerned with a contemporary matter (B2).

The gerund

Forms

1 the *gerund* corresponds to the *-ing* form of the verb in English, as in *studying, living*. The Spanish gerund is formed by adding **-ando** to the stem of **-ar** verbs and **-iendo** to those in **-er** and **-ir**:

trabajar	→	traba<u>jando</u> *(working)*
beber	→	be<u>biendo</u> *(drinking)*
vivir	→	vi<u>viendo</u> *(living)*

 A Give the gerund of the following verbs:

   1 hablar *(to speak)*   **2 comer** *(to eat)*   **3 salir** *(to go out)*

2 a few verbs form the gerund in an irregular way:

   -er and **-ir** verbs with a stem ending in a vowel form the gerund with **-yendo**:

| creer | → | cre<u>yendo</u> *(believing)* | ir | → | <u>yendo</u> *(going)* |
| leer | → | le<u>yendo</u> *(reading)* | oír | → | o<u>yendo</u> *(hearing)* |

B   Give the gerund forms for the following:

1 caer *(to fall)*

2 traer *(to bring)*

3 construir *(to build)*

4 huir *(to escape)*

3   some -**ir** verbs change their stem from -**e** to -**i** or from -**o** to -**u** before adding -**iendo**:

decir → diciendo *(saying)*	**dormir → durmiendo** *(sleeping)*
pedir → pidiendo *(asking)*	**morir → muriendo** *(dying)*
venir → viniendo *(coming)*	**poder → pudiendo** *(being able to)*

-**ir** *verbs which change their stem in the third person singular or plural of the preterite tense will form the gerund following the pattern of the* -**ir** *verbs in 3 above:*

sentir *(to feel)* → **sintió** *(you, he, she felt)* → **sintiendo** *(feeling)*

C   Match the gerund with the corresponding infinitive form of the verb.

1	durmiendo		**a**	bailar
2	repitiendo		**b**	llover
3	pudiendo		**c**	salir
4	siguiendo		**d**	oír
5	bailando		**e**	repetir
6	saliendo		**f**	dormir
7	oyendo		**g**	seguir
8	lloviendo		**h**	poder

Position of pronouns with the gerund

1   pronouns are attached to the gerund when this is not part of a verb phrase:

Pensándolo bien, creo que no aceptaré la invitación.   *(On second thoughts, I think I won't accept the invitation.)*

Les escribiré agradeciéndoles el regalo.   *(I will write to them thanking them for the present.)*

D **What change occurs in the gerunds pensando** *(thinking)* **and** agradeciendo *(thanking)* **when a pronoun is added?**

2 when used in a construction with **estar** *(to be)* and a few other verbs, pronouns may be added to the gerund, as in 1 above, or they may precede the main verb:

Antonio está duchándose. *(Antonio is taking a shower.)* Or:

Antonio se está duchando. *(Antonio is taking a shower.)*

 E **Change the position of the pronoun in the underlined text.**

1 Maruja <u>se está arreglando</u> para salir.

2 <u>Nos estamos informando</u> sobre todas las posibilidades.

3 ¿Las entradas? María <u>las está sacando</u> ahora mismo.

4 Los niños <u>se están divirtiendo</u> un montón.

5 <u>Te iré pagando</u> poco a poco.

6 ¿<u>Le sigues mandando</u> a Ricardo tarjetas postales?

 In Spain, an admission ticket *is* **una entrada,** *and* a travel ticket *is* **un billete.**

Using the gerund

Other than in a construction with **estar** (see **Continuous tenses** below), the gerund is used:

1 to qualify a main verb:

Cristóbal salió <u>corriendo</u> y <u>dando</u> un portazo. *(Cristóbal ran out slamming the door.)*

Ganaron mucho dinero <u>comprando</u> y <u>vendiendo</u> propiedades. *(They earned a lot of money buying and selling property.)*

Inma envió un email <u>anunciándonos</u> su llegada. *(Inma sent us an email announcing her arrival.)*

2 with **seguir** and **continuar** *(to continue, go on)*:

<u>Sigue lloviendo</u>. *(It's still raining.)*

<u>Continuaron discutiendo</u>. *(They continued arguing.)*

3 with **pasar** *(to spend time)* and **andar** *(to go round)*:

Blanca <u>pasa</u> horas <u>charlando</u> por teléfono. *(Blanca spends hours talking on the phone.)*

Miguel <u>anda diciendo</u> que tú le dejaste. *(Miguel is going round saying that you left him.)*

4 with **acabar** and **terminar** *(to end up)*:

<u>Acabaron divorciándose</u>. *(They ended up getting divorced.)*

Rebeca <u>terminó reconociendo</u> su culpa. *(Rebeca ended up admitting her guilt.)*

5 with **ir** and **venir** to imply that an action is occurring or has occurred gradually:

Tu español va mejorando poco a poco. *(Your Spanish is improving little by little.)*

Esto viene sucediendo desde hace mucho tiempo. *(This has been happening for a long time.)*

6 with the present or imperfect tense of **llevar** and an expression of time to say how long you have or had been doing something:

Llevo seis meses viviendo en Buenos Aires. *(I have been living in Buenos Aires for six months.)*

Carmen llevaba un año saliendo con Agustín cuando se casaron. *(Carmen had been going out with Agustín for a year when they got married.)*

 F   How would you reply to these questions from a Spanish-speaking acquaintance?

1 ¿Dónde vives?

2 ¿Cuánto tiempo llevas viviendo allí?

 G   Change the sentence using the verb in brackets and the gerund.

Example: **Carmen mira el escaparate. (estar) Carmen está mirando el escaparate.**

1 Matías prepara la cena. (estar)

2 Los policías buscan al ladrón. (seguir)

3 La situación económica mejora. (ir)

4 Te espero más de media hora. (llevar)

5 Dicen mentiras sobre lo que ha pasado. (andar)

6 Martín pide ayuda. (venir)

7 Pensamos que usted está equivocado. (seguir)

8 Aunque no quería, consultó a un abogado. (acabar)

 Notice how the verb in brackets with the gerund can give a change of meaning to the sentence.

H   Complete each sentence using the gerund of a verb from the box.

ser	llamar	llorar	ir	correr	volar

1 Entró _____ disculpándose por llegar tarde.

2 Ahorraréis tiempo _____ por ese camino.

3 Los días pasaron _____ .

4 Puedes contactarme _____ a este número.

5 _____ estudiante, tienes derecho a un descuento.

6 Al oír la noticia, salió de la habitación _____ .

English *-ing* form and the Spanish gerund contrasted

Spanish usage of the gerund differs from English usage of the *-ing* form in a few ways:

1   after a preposition Spanish uses the infinitive, not the gerund:

Domingo salió <u>sin decir</u> nada.
(Domingo left without saying anything.)

No sabía que habías dejado <u>de fumar</u>.
(I didn't know you had given up smoking.)

Ver <u>para creer</u>.   *(Seeing is believing.)*

The English construction on + -ing translates in Spanish with **al** *+ the infinitive:*

On arriving at your destination you will be met by our representative. (**Al llegar a su destino será recibido por nuestro representante.**)

2   the *-ing* form used as a subject of a verb is translated in Spanish by an infinitive, which may be preceded by the masculine form of the definite article:

(El) <u>fumar</u> y <u>beber</u> en exceso es malo para la salud.
(Smoking and drinking in excess is bad for your health.)

<u>Estudiar</u> regularmente es fundamental para aprender una lengua. *(Studying regularly is essential for learning a language.)*

3   the *-ing* form used as an object of the verb is also translated in Spanish by an infinitive:

Me gusta <u>nadar</u>.   *(I like swimming.)*

Gonzalo detesta <u>levantarse</u> temprano.
(Gonzalo hates getting up early.)

English use of the gerund as an adjective is conveyed in Spanish in more than one way: driving licence (**carné/permiso de conducir**), travelling companion (**compañero/a de viaje**), the following day (**el día siguiente**), a refreshing drink (**una bebida refrescante**), a walking stick (**un bastón**).

I   **Here are some useful telephone phrases in which English use of the gerund differs from Spanish usage. Match the English with the Spanish meanings.**

1 Who's calling?   a ¿Quién la llama?

2 Who's calling her?   b John Williamson al habla. / Habla John Williamson.

3 I'm calling to …   c ¿De parte de quién? / ¿Quién habla/llama?

4 John Williamson speaking.   d Llamo para …

Meaning and usage

Estar + gerund and the continuous forms of the verb

 J   You are trying to make contact with your friend Jorge García at his office in Valencia. What do you think the switchboard operator is saying?

El señor García está hablando por otra línea en este momento.

1   to talk about actions in progress, whether in the present, the past or the future, as in *They are working, She was singing,* Spanish like English has a range of forms known as the continuous or progressive forms of the verb. Continuous tenses in Spanish are made up of the appropriate tense of **estar** *(to be)* and the gerund. Usage is particularly frequent with the present and past tenses, especially the imperfect.

 The construction with **estar** *and the gerund is restricted to actions in progress. It is not a substitute for the future as in the English* We are not working tomorrow, *for which Spanish uses the present tense:* **Mañana no trabajamos.**

2   to talk about actions occurring at the moment of speaking you may use the present tense of **estar** and the gerund:

¿Qué estás haciendo?   *(What are you doing?)*

Estoy enviando un mensaje de texto a Isabel. *(I'm sending a text message to Isabel.)*

3   to say what you were doing at some point in the past use the imperfect of **estar** and the gerund:

¿Qué estabais haciendo? *(What were you doing?)*

Estábamos preparando una tortilla de patatas. *(We were preparing a Spanish omelette.)*

4   to say that you were doing something for a specific period of time use the preterite of **estar** and the gerund:

Julián estuvo trabajando toda la noche. *(Julián was working the whole night.)*

Estuvieron bailando más de dos horas. *(They were dancing for more than two hours.)*

5 uncertainty and supposition with reference to the present may be expressed with the future of **estar** and the gerund:

¿Qué estará haciendo Leticia en este momento? *(I wonder what Leticia is doing at this moment.)*

Supongo que estaréis haciendo los deberes*. *(I suppose you are doing your homework.)*

***los deberes** = **la tarea/las tareas** in most Latin American countries

> *With certain verbs, the continuous and non-continuous forms may be used with exactly the same meaning, the difference being that the continuous form lays more emphasis on the action in progress than the non-continuous one:*
>
> **¿Qué haces?** = **¿Qué estás haciendo?** *(What are you doing?)*
>
> **¿Con quién hablabas?** = **¿Con quién estabas hablando?** *(Who were you talking to?)*

6 compound tenses like the perfect and the pluperfect tenses also have their corresponding continuous forms:

Han estado celebrando toda la noche. *(They've been celebrating the whole night.)*

Cuando entré en la habitación noté que Clara había estado llorando. *(When I came into the room I noticed that Clara had been crying.)*

 K   Use the correct continuous form of the verb to make new sentences.

1 Pepe lee el periódico en la cocina.

2 Charlé mucho tiempo con el director.

3 Los niños duermen.

4 Han estudiado toda la tarde.

5 A las dos, comíamos en la cantina.

6 Los abuelos pasean por el parque.

Reading

L   Read the first part of this article on the digital revolution and correct the following statement in Spanish:

A principios del siglo XXI, el uso del ordenador se limitaba al ámbito laboral.

desarrollar	*to develop*	almacenar	*to store*
las entrañas	*the bowels*	**imprescindible**	*essential*

En la última década del siglo XX y la primera del siglo XXI, iban introduciéndose en el lenguaje del individuo nuevas palabras conforme iban desarrollándose la informática y la tecnología digital. El ordenador, una máquina enorme que se almacenaba en las entrañas de un edificio, de pronto se convirtió en un aparato de pocas dimensiones que formaba parte imprescindible de la mesa de trabajo. En el trabajo, la gente empezaba a hablar del procesamiento de textos, de bases de datos y hojas de cálculo, de ratones, de conexiones a la Red y del correo electrónico. En casa, llegó a ser tan importante tener un ordenador de sobremesa y saber manejarlo como tener un televisor o una lavadora.

M **Now read the rest of the article. Some of the statements that follow are incorrect. Correct them in Spanish.**

la factura	*bill, invoice*	cargarse	*to charge*
el dispositivo	*device*	los auriculares	*headphones*
descargar	*to download*	las prestaciones	*features*

Como en todas las revoluciones de este tipo, los avances tecnológicos han sido rápidos e impresionantes, y a cada paso hemos ido acostumbrándonos, cambiando nuestros hábitos casi sin darnos cuenta. ¿Cuánto tiempo pasamos navegando por Internet, informándonos de cualquier cosa, pagando facturas, arreglando viajes, comprando o vendiendo cosas, tecleando y haciendo clic? Incluso podemos hacer amistades simplemente conectándonos a una red social.

Cuando salimos, ni pensar hacerlo sin el teléfono móvil que pusimos a cargarse antes de acostarnos la noche anterior. Hoy vamos por la calle con el dispositivo pegado al oído, haciendo y recibiendo llamadas, o andamos con los auriculares puestos escuchando la música que hemos descargado de la Red.

La tecnología digital continúa desarrollándose sin parar, reemplazando los ordenadores de sobremesa por ordenadores portátiles que ahora están cediendo paso a las tabletas y a los teléfonos inteligentes o *Smartphones*. Estos últimos a su vez están revolucionando nuestros hábitos ya que con todas sus prestaciones están reemplazando no solo el ordenador sino el televisor también. Y todo cabe en un bolsillo. ¡Qué comodidad! No cabe duda de que seguiremos comprando y utilizando la tecnología punta que viene y que seguirá haciéndonos la vida más fácil y más cómoda.

1 Hasta ahora hemos estado resistiendo los avances tecnológicos.

2 Se puede pagar una factura por Internet.

3 El acceso a una red social nos permite hacer amistades.

4 Dejamos el teléfono móvil en casa cuando salimos.

5 Según el articulista, la revolución digital nos está haciendo la vida más difícil.

 Notice the two contexts in which the verb **caber** *(to fit) occurs:* **Y todo cabe en el bolsillo.** *(And it all fits in your pocket.);* **No cabe duda de que …** *(There is no doubt that …; i.e. there is no room for doubt).*

N **Find the Spanish equivalents in the text for these phrases:**

  1 People began talking about …

  2 In the home, having a PC became as important …

  3 … almost without our realising it.

  4 … before going to bed the previous night.

Notice that these phrases are all examples of -ing in English translated in Spanish by an infinitive. See the section in this unit entitled **English -ing form and the Spanish gerund contrasted.**

O **Search the text to find the Spanish for:**

  1 word processing

  2 database

  3 spreadsheet

  4 mouse

  5 to surf the Net

  6 a PC

  7 a laptop

  8 the Net

  9 the latest technology

In Latin American countries, and increasingly in Spain, you will find English terms used rather than the Spanish, for example: **el PC** *or* **el computador / la computadora, un mouse, el laptop** *or* **el notebook, la tablet, un email (un correo electrónico).**

✎ Writing

P **How do you keep in touch with other people? Write a brief account to answer the question in Spanish (50–80 words):**

¿En qué circunstancias usas los siguientes tipos de comunicación, y cuál utilizas más?

la carta escrita a mano	una charla cara a cara	un email	el móvil

Self-check

Tick the box which matches your level of confidence.

1 = very confident   2 = need more practice   3 = not too confident

Marque la casilla que corresponde según su nivel de conocimiento y seguridad.

1 = muy seguro/a   2 = necesito practicar más   3 = no muy seguro/a

	1	2	3
Using the gerund			
Using the continuous forms of the verb, including present, past and future forms			
Reading and writing about Information and Communications Technology (ICT)			

For more information on the gerund and the continuous form of the verb refer to *Complete Spanish*, Units 15 (gerund formation and present continuous), 16 (use of the gerund with **llevar**); *Complete Latin American Spanish*, Unit 10 (gerund formation and present continuous).

For information on object pronouns and their position see Unit 10. For reflexive pronouns see Unit 11. For more information on the use of the infinitive see Unit 18.

18 No puedo dormir la siesta; estoy demasiado ocupado

I can't have a siesta – I'm too busy

In this unit you will learn to:

✓ Use the infinitive.

✓ Use the past participle.

✓ Read and write about people's lunchtime habits and activities.

CEFR: The infinitive (A1, A2, B1, B2); The past participle (A2); Can understand information in an article concerned with a contemporary matter (B2); Can write a simple connected text on a familiar topic (B1).

Meaning and usage

The infinitive

1   the infinitive is the form of the verb you find in a dictionary, consisting of two words in English and a single word in Spanish, ending in **-ar**, **-er** or **-ir**:

hab<u>lar</u>	to speak
com<u>er</u>	to eat
viv<u>ir</u>	to live

2   Spanish and English usage of the infinitive share certain similarities, but there are also a few differences:

 A   Explain the differences between Spanish and English use of the infinitive in the following sentences:

 *If you look up verbs in a Spanish dictionary you will see that the majority of them end in **-ar**.*

1   **Gracias por <u>llamar</u>.** *(Thank you for* **calling***.)*

2   **El <u>nadar</u> es un buen ejercicio.** *(***Swimming** *is a good exercise.)*

3   **Al <u>llegar</u> no encontré a nadie en casa.** *(When* **I arrived** *I did not find anyone at home.)*

3   after prepositions (words like **de, sin, para**) and prepositional phrases Spanish uses the infinitive:

Después <u>de cenar</u> salieron a pasear. *(After having dinner they went out for a walk.)*

Ana se fue <u>sin despedirse</u>. *(Ana left without saying goodbye.)*

<u>Para escuchar</u> tienes que pulsar este botón. *(To listen you have to press this button.)*

B Use the preposition in brackets to turn two sentences into one.

Example: Diego tomó su bolígrafo. Rellenó el formulario. (para)

Diego tomó su bolígrafo para rellenar el formulario.

1 Teresa fue a Toluca. Vio a sus tíos. (para)

2 Gloria se compró un vestido. Fue a la fiesta. (para)

3 La anciana cruzó la calle. No miró. (sin)

4 Los niños se sentaron a la mesa. No se lavaron las manos. (sin)

5 Todas las noches Fernando llama a su madre. Se acuesta. (antes de)

6 Simón apagó la luz. Leyó un rato. (después de)

4 **al** is used with the infinitive to convey the meaning *when …* or *on* + gerund:

Al llegar al aeropuerto Maite se dio cuenta de que no llevaba el pasaporte. *(When Maite arrived at the airport she realized she did not have her passport.)*

Lo primero que hice al entrar en mi despacho fue mirar mi correo. *(The first thing I did on entering my office was to check my mail.)*

 C Replace the underlined phrases with al + infinitive to make new sentences.

1 <u>Cuando salió a la calle</u>, Carmen vio que llovía.

2 <u>Cuando leyó la carta</u>, Soledad se puso a llorar.

3 <u>Cuando la profesora entra en el aula</u>, los alumnos se levantan.

4 <u>Cuando vio que no había nadie</u>, se fue.

5 <u>Cuando entró en la cocina</u>, Diana vio un ratón.

5 the infinitive can function as a noun, sometimes preceded by **el**, the singular masculine form of the definite article:

Viajar en avión ya no es un placer. *(Travelling by plane is no longer a pleasure.)*

(El) ir y venir entre mi casa y el trabajo significa un gasto considerable. *(Getting from home to work and back entails considerable expense.)*

 D On the breakfast table you find the following note from your flatmate Camilo. What does he say?

Hola: Lo siento, pero no podré ir contigo al concierto de esta noche porque tendré que trabajar hasta tarde. Puedes invitar a Sandra, pero hay que llamarla a la oficina. Aquí está mi entrada. Camilo

6 the infinitive is used after modal auxiliary verbs like **deber** *(must, ought to, should)*, **haber que** *(to be necessary)*, **poder** *(to be able to, can)*, **querer** *(to want)*, **saber** *(to know how to)*, **soler** *(to be accustomed to)*, **tener que** *(to have to)*:

No deberías ir. *(You shouldn't go.)*

Hay que trabajar muchísimo. *(You have to work a lot.)*

No puedo entenderlo. *(I can't understand it.)*

¿Quieres venir conmigo? *(Do you want to come with me?)*

¿Sabes tocar el piano? *(Do you know how to/Can you play the piano?)*

No suelo dormir la siesta. *(I don´t usually have a siesta.)*

Tienes que ayudarle. *(You have to help him.)*

7 instructions and commands are sometimes conveyed with the infinitive:

No fumar. *(Do not smoke.)*

Cortar la cebolla en juliana. *(Cut the onion into thin shreds.)*

8 a number of verbs, among them verbs of perception and others which are used with a preposition, are followed by the infinitive:

Le vi/oí entrar hace un momento. *(I saw/heard him come in a moment ago.)* (verbs of perception)

Empezó a llover. *(It started to rain.)*

Tu tía no ha dejado de toser. *(Your aunt hasn´t stopped coughing.)*

Mario no piensa más que en volver. *(Mario can't stop thinking about coming back.)*

Acaban de salir. *(They have just gone out.)*

 Note the different meanings of **acabar** *(to end) in the following sentences:*

> **El espectáculo acabó después de las once.** *(The show ended after eleven.)*
>
> **Víctor y Gloria acaban de casarse.** *(Víctor and Gloria have just got married.)*
>
> **Al cabo de tres años acabaron divorciándose.** *(After three years they ended up getting divorced.)*

9 verbs denoting some kind of feeling are used with an infinitive only when the subject of both verbs is the same:

Siento/Temo no poder asistir a la reunión. *(I am sorry/afraid I can't attend the meeting.)*

10 the infinitive is used after adjectives in impersonal phrases like **es importante** *(it is important)*, **es fácil/difícil** *(it is easy/difficult)*, **es posible/imposible** *(it is possible/impossible)*:

Es importante hacerlo con cuidado. *(It is important to do it carefully.)*

No es fácil encontrar un buen empleo. *(It is not easy to find a good job.)*

Es imposible verlo desde aquí. *(It is impossible to see it from here.)*

 E Choose an infinitive from the box to complete each sentence.

conducir	hacer	ir	fumar	encontrar	traer

1 Todo el mundo sabe ya que _____ es malo para la salud.

2 Es imposible _____ trabajo en este pueblo; no hay empleo.

3 Mercedes no sabe _____; por eso no tiene coche.

4 Vamos a comer esta tarta* que Rosario acaba de _____.

5 ¿Por qué no quieres _____ al concierto con tus amigos?

6 Queremos _____ muchas cosas mientras estamos aquí.

   *tarta = torta, pastel in some Latin American countries

F Say why the infinitive is used in each of these sentences.

1 Antes de marcharse, hablaron con el señor Gil.

2 Hay que salir del edificio al oír la alarma de incendios.

3 No utilizar productos abrasivos.

4 Esto no es nada fácil de hacer.

5 Pienso ir a España en octubre porque quiero pasar unos días en Granada.

6 No vi salir a Margarita.

7 Es conveniente llegar pronto a la actuación.

8 Vivir en el campo tiene sus ventajas y sus desventajas tanto como vivir en la ciudad.

Meaning and usage

The past participle

1 verb forms like **hablado** *(spoken)*, **comido** *(eaten)*, **vivido** *(lived)*, as found in compound tenses, are known as past participles:

¿Has hablado con Javier? *(Have you spoken to Javier?)*

No he comido nada. *(I haven't eaten anything.)*

Antes de llegar a España habían vivido en Venezuela. *(Before they arrived in Spain they had lived in Venezuela.)*

2 used with **estar** *(to be)*, the Spanish past participle conveys the idea of a completed action which is the result of a process, in which case, functioning as an adjective, it must agree in gender and number with the noun it refers to:

El trabajo está terminado. *(The job is finished.)*

Las entradas están agotadas. *(The tickets are sold out.)*

3   used with **ser** *(to be)*, the past participle serves to form *passive* sentences, that is, sentences in which the subject of the verb is shown to be affected by the action of the verb; as in **2** above, the past participle must agree in gender and number with the noun it refers to:

El nuevo museo fue inaugurado por el alcalde. *(The new museum was opened by the mayor.)*

Las casas serán demolidas por orden de un tribunal. *(The houses will be demolished by order of a court.)*

> The choice between **ser** and **estar** with the past participle will be determined by whether you are referring to an action, *in which case you need to use* **ser**, *or a* state or condition, *which requires the use of* **estar**:
>
> **La casa fue rodeada por la policía.** *(The house was surrounded by the police.) (an action)*
>
> **La casa está rodeada por la policía.** *(The house is surrounded by the police.) (a state)*

4   like other adjectives, the past participle may be used on its own:

'¿Asustada?' – 'No, en absoluto' *(Scared? – No, not at all.)*

Cansado de tanto andar, Rodolfo se sentó a la sombra de un árbol. *(Tired of so much walking, Rodolfo sat in the shade of a tree.)*

 G   Here are some useful phrases containing past participles. Give their meanings.

1   la semana pasada   _____

2   pasado el mediodía   _____

3   pasada la farmacia   _____

4   un billete de ida y vuelta _____

5   su reserva está confirmada _____

6   Querida Cecilia: _____

5   a large number of past participles are used as nouns, among them:

la parada *(stop)*, from **parar** *(to stop)*; **la llegada** *(arrival)*, from **llegar** *(to arrive)*; **la salida** *(departure, exit)*, from **salir** *(to depart, go out)*

H Complete the following table.

Verb	Meaning	Noun	Meaning
ver		la vista	
		la pérdida	
		la vuelta	
		la caída	
		el pedido	order
		el/la empleado/a	
	to say	el dicho	
		el hecho	

6 the past participle may also provide more information about a verb, in which case it functions as an adverb:

Ignacio miró a su mujer muy <u>sorprendido</u>. *(Ignacio looked at his wife, very surprised.)*

Las chicas le respondieron <u>indignadas</u>. *(The girls answered him indignantly.)*

7 actions occurring before another action may be conveyed by the past participle, placed at the beginning of the sentence or following the phrase **una vez** *(once)*:

<u>Terminada</u> la función fueron a cenar. *(Once the performance finished they went for dinner.)*

<u>Una vez firmados</u> los acuerdos celebraron con una botella de champaña. *(Once the agreements were signed they celebrated with a bottle of champagne.)*

 I Work out the English meaning for the following Spanish saying.

Dicho y hecho

(For regular and irregular past participles see the **Irregular verbs table** at the end of the book.)

J Put the verb in brackets into the correct form of the past participle to complete these sentences.

1 Los museos están _____ los lunes. (cerrar)

2 Las habitaciones están _____. (arreglar)

3 La reina fue _____ por el primer ministro. (acompañar)

4 Está _____ fumar en los espacios públicos. (prohibir)

5 Paloma está _____; su perro está _____. (desolar; morir)

6 ¿Por qué no entráis? La puerta está _____. (abrir)

7 Esta novela todavía no ha sido _____ al inglés. (traducir)

8 _____ sus estudios, Sofía hizo un viaje por todo el mundo. (terminar)

# Reading

K Read the first part of this magazine article to answer the question in Spanish:

¿Por qué se duerme la siesta?

Dormir la siesta después de comer es una costumbre sana y placentera. Es un reposo, acompañado o no de sueño, que sigue al almuerzo. Se debe hacer en un lugar tranquilo durante unos 15 minutos para no pasar del sueño superficial, ya que es para recuperar la energía y levantarse descansado. Se asocia sobre todo con los países mediterráneos donde el calor del mediodía quita motivación a las personas para moverse.

L Now read the rest of the article to answer in Spanish the questions that follow.

Sin embargo, son cada vez más las personas que aprovechan la hora de comer para hacer cualquier actividad menos dormir la siesta. Hemos salido a la calle a las dos de la tarde para descubrir en qué otras cosas ocupan su tiempo los hombres y las mujeres que prefieren comer rápido y destinar a sí mismos el tiempo que les sobra antes de volver a sus puestos de trabajo. Estas son algunas de las respuestas a nuestra pregunta: ¿qué haces en tu hora de comida?

Ana y Pilar son dos amigas que se juntan al mediodía para comer en una hamburguesería y luego ir de compras antes de regresar a sus respectivos trabajos. Octavio, que no quiere comer en casa, va a un restaurante con sus colegas para disfrutar de un menú del día. Tienen la costumbre de tomar el café en un bar y pasar un rato charlando antes de volver a trabajar.

Marisún es otra trabajadora que no puede volver a casa a comer. Ella come rápido y va al gimnasio para practicar aeróbic o *step*, una modalidad aeróbica basada en subir y bajar un 'escalón'. Alfredo también acude al gimnasio. Dice que cada vez hay más gente que hace lo mismo porque 'es un tiempo muerto que puedes usar para hacer deporte'.

Javier tampoco duerme la siesta. Este joven dedica una hora todos los jueves a aprender a tocar la guitarra junto con otros que quieren saber tocar este instrumento. Los otros días, después de comer, suele ir al parque, ponerse los patines y patinar sobre ruedas antes de reincorporarse al trabajo. Patricia también va al parque a la hora de comer. 'Me gusta mucho montar en bici*, sobre todo a esta hora porque el paseo está más libre' nos cuenta.

*montar en bici = andar en bicicleta in some Latin American countries

1 ¿Qué hacen Ana y Pilar después de comer?

2 ¿Qué costumbre tienen Octavio y sus colegas?

3 ¿Por qué va Marisún al gimnasio?

4 ¿Qué hace Javier los jueves al mediodía?

5 ¿Adónde va Patricia a la hora de comer?

 *Notice that in Spanish to play an instrument you use the verb **tocar** (to touch) not **jugar**: **tocar el piano; tocar la flauta; tocar la batería** (the drums).*

M Identify the examples of a preposition followed by the infinitive in the first part of the article.

N Make a list of the activities mentioned in the second part of the article. Add some leisure activities of your own to the list.

 # Writing

O **Write a short paragraph to answer the following question in Spanish (50–80 words):**

Y tú ¿qué haces en tu hora de comer?

Self-check

Tick the box which matches your level of confidence.

1 = very confident   *2 = need more practice*   *3 = not confident*

Marque la casilla que corresponde según su nivel de conocimiento y seguridad.

1 = muy seguro/a   **2 = necesito practicar más**   **3 = no muy seguro/a**

	1	2	3
Using the infinitive			
Using the past participle			
Reading and writing about people's lunchtime habits and activities			

For more information on the use of the infinitive refer to *Get Started in Spanish,* Unit 6; *Complete Spanish,* Units 1, 13, 18; *Get Started in Latin American Spanish,* Units 1–3, 10; *Complete Latin American Spanish,* Units 3–4. For more information on the use of the past participle refer to *Complete Spanish,* Units 19, 22; *Complete Latin American Spanish,* Unit 12.

For regular and irregular past participles and compound tenses see Unit 15. For more information on how to express instructions and commands see Unit 24.

> **In this unit you will learn to:**
> ✓ Use **hacer** in time phrases.
> ✓ Use **llevar** in time phrases.
> ✓ Read and write about travel experiences.

CEFR: Prepositions and prepositional phrases in expressions of time (A1, A2); Can understand the description of events, feelings and wishes in a personal letter (B1); Can write a personal letter describing experiences and impressions (B1).

Meaning and usage

Spanish, like English, has a number of expressions which relate specifically to time. The following are the main ones:

Hacer in time phrases

One of the most common expressions of time in Spanish is the one with **hacer** and a time phrase, which is used as follows:

1   to say how long *you have been doing something* use **hace** + time phrase + **que** + present tense verb, or the alternative construction in paragraph 2 below:

   Hace ocho años que vivo aquí. *(I have been living here for eight years.)*

   Hace mucho tiempo que Luis no me escribe. *(Luis hasn't written to me for a long time.)*

2   an alternative and equally frequent way of expressing the above is to use the pattern present tense verb + **desde hace** + time phrase:

   Vivo aquí desde hace ocho años. *(I have been living here for eight years.)*

   Luis no me escribe desde hace mucho tiempo. *(Luis hasn't written to me for a long time.)*

3   to ask someone how long they have been doing something use **cuánto tiempo hace que** + present tense verb:

   ¿Cuánto tiempo hace que trabajas aquí?
   (How long have you been working here?)

> *A short answer to the question opposite might be:*
>
> **Hace seis meses** *(For six months)* *(Short for* **Hace seis meses que trabajo aquí.***)*
>
> *See also* **desde** *(since) below.*

A   What does the following question mean and how would you reply?

¿Cuánto tiempo hace que estudias español?

4   to say how long someone *had been doing* something before another past situation or event, use **hacía** + time phrase + **que** + imperfect tense verb:

Hacía dos años **que** Luis **trabajaba** en la empresa cuando esta cerró. *(Luis had been working at the company for two years when it closed down.)*

Or use the alternative pattern imperfect tense verb + **desde hacía** + time phrase:

Luis **trabajaba** en la empresa **desde hacía** dos años cuando esta cerró. *(Luis had been working at the company for two years when it closed down.)*

5   to say *how long ago* something happened use **hace** + time phrase + **que** + preterite tense verb, or the alternative construction preterite tense verb + **hace** + time phrase:

Hace tres años **que llegué** a España. *(I arrived in Spain three years ago.)*

Llegué a España **hace** tres años. *(I arrived in Spain three years ago.)*

 *Choice of word order will depend on what element you want to highlight: the time (**Hace tres años …**) or the actual event (**Llegué a España …**); in brief statements such as the above it is usual to start your sentence with the word or phrase you wish to emphasize.*

6   to ask someone how long ago something happened use **cuánto tiempo hace que** with a preterite tense verb:

¿Cuánto tiempo hace que llegaste?
(How long ago did you arrive?)

7   to ask when exactly something happened use **cuándo** with a verb in the preterite:

¿Cuándo ocurrió? *(When did it happen?)* Replies can be:

*Short answers to the question opposite might be **hace un año** (a year ago), **hace una hora** (an hour ago). (Short for **Hace un año/una hora que llegué**; or **Llegué hace un año/una hora**.)*

(Ocurrió) a las 10 de la mañana. *(It happened at ten o'clock in the morning.)*

Or:

(Ocurrió) **hace** solo dos horas. *(It happened just two hours ago.)*

B   Read these sentences then put them into English.

1   ¿Cuánto tiempo hace que usted vive en la República Dominicana?

2   Vivo allí desde hace seis años.

3   Hace muchos años que no hablo francés.

4   Fuimos a San Sebastián hace un par de años.

5   Hacía más de tres años que Carlos y Liliana no nos visitaban.

6   Estaban deseando casarse desde hacía un año.

C   Complete the sentences with the appropriate missing word.

1   _____ tres años que Guillermo trabaja en Telefónica.

2   ¿_____ tiempo hace que conoces a José?

3   Mario sale con Silvia _____ hace un año.

4   Llamé a Ernesto _____ dos días.

5   Hacía siglos _____ no se hablaban.

6   No nos veíamos desde _____ diez años.

7   Juego al golf desde _____ varios años.

8   _____ trece años que no viajaba en avión.

Llevar in time phrases

Llevar is used in the following contexts:

1   to ask and say how long someone *has been doing* something, you may use the present tense of **llevar** followed by a gerund:

¿Cuánto tiempo lleváis estudiando español?
(How long have you been studying Spanish?)

Llevamos solo nueve meses aprendiéndolo.
(We've been learning it for only nine months.)

 *The difference between this construction with **llevar** and the one with **hacer** above is often one of perspective, with **llevar** + gerund focusing more on the action in progress; both constructions translate in the same way:*

Hace mucho tiempo que espero una respuesta. *Or* **Llevo mucho tiempo esperando una respuesta.** *(I've been waiting for an answer for a long time.)*

 D   What is your new Spanish-speaking acquaintance asking you and how would you reply?

1   ¿Dónde trabajas?

2   ¿Cuánto tiempo llevas trabajando allí?

2   to ask and say how long someone *had been doing* something when something else happened, you may use the imperfect tense of **llevar** followed by the gerund:

¿Cuánto tiempo llevabas esperando una solución? *(How long had you been waiting for a solution?)*

Llevaba años esperándola. *(I had been waiting for it for years.)*

3 to say how long you have or had been somewhere you can use **llevar** without the gerund:

¿Cuánto tiempo llevas en Londres? *(How long have you been in London?)* (**viviendo** is understood)

Llevaba dos años en esa empresa. *(I had been with that company for two years.)* (**trabajando** is understood)

4 to say for how long you have not done something or for how long an action has not taken place use **llevar + sin** + infinitive:

Llevo casi un año sin ver a Alfonso. *(I haven't seen Alfonso for almost a year.)*

Emilia lleva ocho meses sin trabajar. *(Emilia has been out of work for eight months.)*

 E   Make sentences with the following elements using the verb llevar.

Example: **Marta – diez años – trabajar en el banco.**

Marta lleva diez años trabajando en el banco.

1 Javier – seis meses – tocar la guitarra.

2 Los señores Gómez – cincuenta años – vivir en la misma casa.

3 Los niños – demasiado tiempo – ver la tele.

4 (Tú y yo) – toda la tarde – preparar la cena.

5 (Yo) – bastante tiempo – no veo a Consuelo.

6 Sofía – más de tres meses – no fuma.

De, de … a , desde … hasta

 F   Give the missing meanings in the following phrases with de.

1 las siete de la mañana   _____

2 las tres de la tarde   _____

3 de día   *during the day(time)*

4 de noche   _____

1 to say *from … to* you can use **de … a**:

Trabajo de lunes a viernes. *(I work Monday to Friday.)*

Trabajaron de sol a sol por más de una semana. *(They worked from dawn to dusk for more than a week.)*

2 a less frequent construction, used with more precise dates, is **desde … hasta**, meaning *from … until*:

Estuvieron en Bogotá <u>desde</u> el 15 de octubre <u>hasta</u> el 20 de diciembre. *(They were in Bogotá from 15 October until 20 December.)* (**<u>del</u> 15 de octubre <u>al</u> 20 de diciembre** is also possible)

3 **desde** also translates as *since* and it is used with a present tense verb to ask and say when an action began:

¿<u>Desde cuándo</u> tienes este coche? *(Since when have you had this car?)*

Lo tengo <u>desde el año pasado</u>. *(I've had it since last year.)*

Alicia está a cargo de la empresa <u>desde el 1 de octubre de 2012</u>. *(Alicia has been in charge of the company since 1 October 2012.)*

Durante

durante, meaning *during, for*, is used for talking about the period of time in the past during which an action went on:

¿Qué hicisteis <u>durante</u> las vacaciones de verano? *(What did you do during/in the summer holidays?)*

Trabajaron <u>durante varias horas</u>. *(They worked for several hours.)*

Ha llovido <u>durante toda la noche</u>/<u>todo el día</u>. *(It has rained all night/day long.)*

---

*With some common verbs like **vivir** (to live), **trabajar** (to work), **estar** (to be) the word **durante** is left out, just as* for *is sometimes left out in English:*

Ana María <u>vivió cinco años</u> en Ecuador. *(Ana María lived (for) five years in Ecuador.)*

<u>Estuvieron dos años y medio</u> en Chile. *(They were in Chile (for) two and a half years.)*

Para

Para is used with expressions of time related to the future, meaning *for, by, till*:

Quiero una habitación <u>para* tres noches</u>. *(I want a room for three nights.)*

Estará listo <u>para finales de agosto</u>. *(It will be ready for/by the end of August.)*

<u>Para entonces</u> será muy tarde. *(By then it will be too late.)*

Se marcharán <u>para siempre</u>. *(They will leave for good.)*

Lo dejaremos <u>para mañana</u>/<u>después</u>. *(We'll leave it till/for tomorrow/later.)*

***para tres noches** = **por tres noches** in Latin American Spanish

Por

Por means *for* in time expressions expressing duration:

Te lo prestaré, pero solo por dos días. *(I'll lend it to you, but only for two days.)*

Nicolás se quedará con nosotros solamente por una semana. *(Nicolás will only stay with us for a week.)*

Lo han aplazado por un mes. *(They have put it off for a month.)*

 G Match the Spanish and the English in the following expressions with por.

1	por la mañana*	**a**	for the time being
2	por la noche**	**b**	per week
3	por ahora	**c**	in the morning
4	por aquellos días	**d**	at Christmas (time)
5	por semana	**e**	in those days
6	por Navidades	**f**	in the evening/at night

*por la mañana = en la mañana in most of Latin America

**por la noche = en la noche in most of Latin America

Hasta

hasta is found in a number of expressions of time, including some leave-taking phrases:

hasta luego *(bye, see you later)*, **hasta mañana** *(see you tomorrow)*, **hasta el lunes** *(until/till Monday)*, **hasta ahora** *(see you in a minute, so far)*, **hasta pronto** *(see you soon)*, **hasta la vista** *(see you)*.

(See also **desde … hasta** above.)

 Hasta *means as far as in phrases like the following:* **hasta la próxima esquina** *(as far as the next corner),* **hasta la plaza** *(as far as the square).*

Sobre, hacia, a eso de, alrededor de, unos/unas

to express approximation in time use any of the expressions above:

Empezaremos sobre las seis de la tarde. *(We'll start about six in the evening.)*

Hacia las diez de la noche no quedaba nadie. *(Towards ten o'clock at night there was no one left.)*

Salieron a eso del mediodía. *(They left about midday.)*

El atraco ocurrió alrededor de la medianoche. *(The robbery occurred around midnight.)*

Fue hace unos tres o cuatro días/unas dos semanas. *(It was about three or four days/about two weeks ago.)*

Dentro de

to say *within* with reference to future time use the phrase **dentro de**:

Volveremos <u>dentro de una semana</u>. *(We'll come back within a week/in a week's time.)*

El resultado del examen se sabrá <u>dentro de poco</u>. *(The result of the exam will be known shortly.)*

 H Choose the most appropriate word to complete the sentence.

1 Está lloviendo (**durante/de/desde**) las nueve.

2 Voy a Costa Rica (**para/por/durante**) un mes.

3 El autobús saldrá (**a/hacia/dentro de**) diez minutos.

4 Estaremos en Sanlúcar (**para/por/alrededor de**) el día 18 de septiembre.

5 Estuvimos allí (**durante/hasta/a**) las dos de la mañana.

6 Ha dicho que vendrá (**por/dentro de/sobre**) las cinco de la tarde.

7 El museo estuvo cerrado (**desde/durante/a eso de**) el verano.

8 Si lo quieren ustedes (**para/por/hasta**) mañana, tendrán que pagar un suplemento.

I Make meaningful sentences using a phrase or word from each column once only.

Estamos aquí	desde	mañana
Hay que tenerlo hecho	durante	la noche
Te veo	para	marzo de 2010
Vive en Toledo	por	media hora
Estuvo en el hospital	hasta	un mes
Me invita a su casa	dentro de	mucho tiempo

 # Reading

J Read the first part of this email to answer the question in Spanish:

¿Cuánto tiempo estuvo Margarita en Perú?

De:	Margarita Villanueva Torres
Para:	Cristina Vargas Sánchez
Asunto:	¡Hola!

Hola Cristina:

Siento mucho no haberte escrito desde hace tanto tiempo. Es que he estado fuera hasta hace poco. Llevaba seis años haciendo de todo en la oficina y ya me cansaba. Quería hacer algo distinto, cambiar de rutina. Por eso hablé con mi jefe y decidí tomarme un año sabático para trabajar como voluntaria. Desde ese momento todo empezó a ocurrir muy rápido y de un día a otro me encontré en la selva peruana.

K Now read the rest of the email, then correct the statements that follow in Spanish.

Pero no te escribo para contarte mis aventuras en Perú. Eso lo dejo para otro día. Quiero contarte otra cosa que acabo de hacer. Al volver del Perú, fui a la peluquería y allí leí un artículo sobre el Transcantábrico, un tren de lujo que recorre el norte de España. Después de estar en la selva durante tanto tiempo, me parecía bien mimarme por unos días y al mismo tiempo, hacer un poco de turismo en una parte de España que apenas conozco.

Y durante una semana, de sábado a sábado, me lo pasé fenomenal. Lo único malo fue que tuve que levantarme alrededor de las cinco de la madrugada para estar en el Parador de León, el punto de partida, sobre la media mañana. De ahí nos llevaron al tren. ¡No esperaba tanto lujo! Hasta había una ducha de hidromasaje, algo que me venía muy bien antes de acostarme. Por la noche dormía como un tronco. El tren permanecía parado durante las horas de sueño. De día estábamos muy ocupados. O estábamos en el tren viajando por unos paisajes preciosos, o nos llevaban en un autocar que nos acompañaba durante toda la semana, a sitios de interés.

El viaje fue estupendo, inolvidable. Estoy muy contenta de haberlo hecho a pesar de lo que me costó. He hecho un recorrido por toda la España Verde, desde Bilbao hasta Santiago, por los Picos de Europa y por la costa, con gente amabilísima. Te lo recomiendo. Ahora voy por unos días a casa de mis tíos y dentro de dos semanas vuelvo a trabajar.
Bueno, Cristina, te dejo. Escríbeme pronto contándome cosas de tu vida. ¿Cuándo piensas venir a visitarme en Madrid?

Besos de tu amiga

Margarita

1 Cuando estuvo en Perú, Margarita leyó un artículo sobre el Transcantábrico.

2 El Transcantábrico es un ferry que cruza el mar Cantábrico.

3 Margarita tuvo que estar en el Parador de León a las diez de la mañana.

4 Por la noche Margarita no dormía bien.

5 Margarita va a casa de sus abuelos por un mes.

6 Margarita vuelve a trabajar dentro de unos días.

L Search the email to find the Spanish equivalents to:

1 until recently

2 from one day to the next

3 I'll leave that for another day

4 I thought it a good idea to spoil myself for a few days

5 a coach that was with us for the whole week

M Match the Spanish with its English equivalent.

1	**he estado fuera**	a	*at the same time*
2	**un tren de lujo**	b	*I slept like a log*
3	**al mismo tiempo**	c	*I hardly know*
4	**apenas conozco**	d	*I've been away*
5	**dormía como un tronco**	e	*in spite of what it cost me*
6	**a pesar de lo que me costó**	f	*a luxury train*

 # Writing

N Write an account in Spanish recounting a journey (train, bus, car ...) that you have made: when it was, how long for, where to ... (50–80 words).

Self-check

Marque la casilla que corresponde según su nivel de conocimiento y seguridad.

1 = muy seguro/a   **2** = necesito practicar más   **3** = no muy seguro/a

	1	2	3
Using **hacer** in time phrases			
Using **llevar** in time phrases			
Reading and writing about travel experiences			

For more information on the use of **hacer** and **llevar** in time phrases refer to *Complete Spanish*, Units 11 and 15; *Complete Latin American Spanish*, Units 8–9.

For information on **llevar** with the gerund see also Unit 17. For more information on prepositions in expressions of time see Unit 22.

20 Me gusta el color naranja

I like the colour orange

In this unit you will learn to:

- ✓ Use **gustar** to express likes and dislikes.
- ✓ Use other verbs like **gustar**.
- ✓ Read and write about colour preferences and personality traits.
- ✓ Write about what you like to do in your spare time.

CEFR: Can understand information in a text with high frequency everyday language (B2); Can write a simple connected text on a topic of personal interest (B1).

Meaning and usage

Gustar

1 to express liking you may use **gustar** *(to like)*, a verb which occurs in a construction not unlike that of the English *It pleases me* or *That hairstyle suits you*, but with a different word order; if you think of **gustar** as meaning *to be pleasing to*, then the English *I like Spanish* and *I like languages* will be expressed in the following way:

Indirect object pronoun	Verb	Subject
Me *To me*	**gusta** *is pleasing*	**el español** *Spanish*
Me *To me*	**gustan** *are pleasing*	**los idiomas** *languages*

In **Me gusta el español** *(I like Spanish) and* **Me gustan los idiomas** *(I like languages),* **me** *stands for the person experiencing the liking, followed by the verb,* **gusta** *(third person singular) or* **gustan** *(third person plural), depending on whether the subject is singular or plural.*

A   What does your new friend Álvaro like to do in his spare time?

En mi tiempo libre me gusta tocar la guitarra y cantar. También me gusta cocinar …

2 if what you like is *doing something*, as in *I like dancing*, use the same construction as in 1 above, with the singular form of the verb followed by the infinitive:

Indirect object pronoun	Verb	Subject
Me	gusta	bailar
To me	*is pleasing*	*dancing*

3 which indirect object pronoun to use in this construction with **gustar** will depend on who experiences the liking:

me te le nos os les	gusta	el ajedrez jugar al tenis
	gustan	los deportes

Me gusta el ajedrez y también me gustan los deportes. *(I like chess and I also like sports.)*

Carlos es un buen nadador. Le gusta mucho la natación. *(Carlos is a good swimmer. He likes swimming very much.)*

Nos gusta jugar al tenis*. *(We like playing tennis.)*

*****jugar al tenis/fútbol = jugar tenis/fútbol** in many parts of Latin America

B Complete the sentences with the correct form of the verb gustar.

1 Me _____ leer las novelas de Gabriel García Márquez.

2 ¿Te _____ estos zapatos?

3 A Marisol le _____ la tortilla* y también le _____ los huevos fritos.

4 Nos _____ el hotel, es muy cómodo, pero no nos _____ las comidas.

5 ¿Os _____ estas postales u os _____ más este póster?

6 No les _____ fumar porque no les _____ el humo de los cigarrillos.

7 ¿Cuál de los dos te _____ más?

8 Me _____ más los espaguetis que los raviolis.

*****tortilla** = *omelette* (in Mexico and Central America, **tortilla** is used to refer to a thin flatbread made from maize)

4 to say you or others do *not* like something or doing something, place the word **no** before the pronoun; and to indicate stronger dislike you can add the word **nada** in a double negative construction:

No nos gusta tener que esperar. *(We don't like having to wait.)*

No me gustan nada. *(I don't like them at all.)*

5 questions with **gustar** are no different from other questions in Spanish:

¿Os gusta Nueva York? *(Do you like New York?)*

¿Qué ciudad te gusta más? *(Which city do you like best?)*

Te gusta viajar, ¿verdad/no? *(You like travelling, don't you?)*

 The words it *and* them, *as in* I like it, We like them *do not translate in Spanish:* **Me gusta, Nos gustan.**

6 to show emphasis or contrast **gustar** may be used in a construction introduced by the preposition **a**, followed by two pronouns, a prepositional pronoun (e.g. **mí**) and the appropriate indirect object pronoun (e.g. **me**), for example **a mí me …, a él le …:**

A mí me gusta mucho Edimburgo. *(I like Edinburgh very much.)*

A ti te gusta también, ¿verdad/no? *(You like it too, don't you?)*

A ella no le gusta nada. *(She doesn't like it at all.)*

A nosotros nos gustan los sitios tranquilos. *(We like quiet places.)*

A ellos les gusta hacer deportes de montaña. *(They like to do mountain sports.)*

 C   The sentence Le gusta leer **can have three different translations. What are they?**

7 the ambiguity of **le** or **les**, as in **Le gusta esta cerámica** *(You like, He/She likes this piece of pottery)* may be avoided by using the pattern with two pronouns, for example **a él le …, a ellos les …:**

A él le gusta esta cerámica. *(He likes this piece of pottery.)*

A ella no le gusta. *(She doesn't like it.)*

¿A ustedes les gusta? *(Do you like it?)*

In a real-life context ambiguity may not occur, therefore the construction with **a** + prepositional pronoun may be unnecessary; the indirect object pronoun, though, may never be omitted.

D   Complete the sentences with the missing indirect object pronoun.

1 A ti _____ gustan las óperas de Verdi ¿verdad?

2 ¿A usted _____ gusta el pescado?

3 ¿Qué _____ gusta a ella?

4 A mí, no _____ gustan nada los mariscos pero a Manolo sí que _____ gustan.

5 A nosotros no _____ gusta el fútbol. A vosotros tampoco _____ gusta ¿verdad?

6 A Julia y a Antonio _____ gusta mucho ir al teatro y a sus padres también _____ gusta.

8 to avoid the repetition of **gustar** in short questions and answers, use **a** with the corresponding prepositional pronoun:

– **Me gustan** sus novelas. **¿Y a ti?** *(I like his novels. Do you?)*

– **A mí también,** pero la última **no me gusta** mucho. *(So do I, but I don´t like the last one very much.)*

– **A mí tampoco.** *(Neither do I.)*

 E Read each conversation to identify when the speakers are agreeing or disagreeing in their likes/dislikes.

1 – Me gusta mucho viajar.

   – A mí también.

2 – Me gusta bastante este vino.

   – A mí no.

3 – No me gusta bailar.

   – A mí tampoco.

4 – No me gustan mucho las fresas*.

   – A mí sí.

5 – No me gustan nada las películas de terror.

   – Pues a mí me gustan mucho, muchísimo.

> *Read these short conversations out loud so that you can hear the expressions of agreement and disagreement. Then have a go at making up your own short conversations to express agreement or disagreement about likes and dislikes.*

*****fresas** = **frutillas** in some Latin American countries

9 to ask who likes something use **a** + **quién**; and if a name is specified, the name of the person will be preceded by **a**:

¿A quién le gusta la salsa? *(Who likes salsa?)*

A Carmen le gusta. *(Carmen likes it.)*

A mis amigos no les gusta ese tipo de música. *(My friends don't like that kind of music.)*

> *Like other verbs,* **gustar** *may be used with any of the tenses:*
>
> **Me gustó mucho la película.** *(I liked the film very much.)*
>
> **Cuando éramos pequeños nos gustaba visitar a los abuelos.** *(When we were little we liked visiting our grandparents.)*
>
> **Te gustarán mis invitados. Son muy divertidos.** *(You'll like my guests. They're great fun.)*

F Use the person(s) in brackets to complete the sentences.

1 (Rafael) _____ le gusta el vino tinto.

2 (Inma) _____ le gusta montar* en bici.

3 (David) _____ también le gusta.

4 (Los niños) _____ les gustan los caramelos.

5 (Mis padres) _____ no les gustó el espectáculo.

6 (A mi pareja) _____ no le gustaron las visitas que hicimos.

> **montar en bici* = **andar en bicicleta** in some parts of Latin America

G Use the elements given to write sentences as in the example.

Example: **Susana – el queso – el yogur.**

A Susana le gusta el queso pero no le gusta el yogur.

1 Vicente – Sevilla – Córdoba.

2 Paloma – leer – ver la tele.

3 Cecilia – las aceitunas negras – las verdes.

4 Rafa y Miguel – el fútbol – el rugby.

5 A mis amigos – los langostinos – la langosta.

6 A los turistas – ir de tapas – los precios.

 H What do you think your Spanish-speaking dinner guest meant by the following comment?

Me encantó la paella. Estaba deliciosa.

10 to express strong liking you may use **encantar** *(to love, like very much)*, or for even stronger liking, the less frequent **fascinar** *(to love, adore)*, in a construction just like that with **gustar**:

 To express strong dislike use verbs like **no soportar** *(not to stand, hate),* **detestar** *(to hate, detest, loathe), or the less frequent* **odiar** *(to hate) for even stronger dislike, which follow the same pattern as* **hablar:**

No <u>soporto</u> **a mi jefe. Es muy antipático.** *(I can't stand my boss. He's very unpleasant.)*

Alfonso no <u>soporta</u> **tener que levantarse temprano.** *(Alfonso hates having to get up early.)*

Detesto tener que decírtelo, pero es la verdad. *(I hate having to tell you, but it's the truth.)*

Beatriz <u>odiaba</u> **su trabajo.** *(Beatriz hated her job.)*

Me encanta el nuevo restaurante de comida india*. Es estupendo. *(I love the new Indian restaurant. It's great.)*

A Marta <u>le encanta</u> **ir de copas con sus amigas.** *(Marta loves going out for drinks with her friends.)*

Me fascinan las fresas con nata**. ¿<u>Y a ti?</u> *(I love strawberries and cream. Do you?)*

*comida india = also, **comida hindú**

fresas con nata = **fresas or **frutillas con crema** in some Latin American countries

Meaning and usage

Other verbs like gustar

A number of other Spanish verbs are used in the same way as **gustar**. The following are the most common:

1 **alegrar** *(to be glad, be pleased)*:

Me alegra saber que vendrás a pasar unos días con nosotros. *(I'm glad to know that you'll be coming to spend a few days with us.)*

Nos alegra mucho tener noticias tuyas. *(We're very pleased to hear from you.)*

2 **apetecer** *(to feel like, fancy)*, a verb which is common in Peninsular Spanish but rarely used in Latin America:

Me apetece un helado de chocolate. *(I feel like a chocolate ice cream.)*

¿Qué os apetece cenar? *(What do you fancy for dinner?)*

 I **What is your friend Amalia asking you?**

¿Te apetece salir esta noche?

3 **doler** *(to ache, hurt)*, a verb which in the present tense changes the **-o** of the stem into **-ue**:

La música está muy alta y a tu madre le duele la cabeza. *(The music is too loud and your mother has a headache.)* (lit. *the head aches her*)

Hemos andado demasiado. Me duelen los pies. *(We've walked too much. My feet ache.)*

 J **Your friend Rodrigo says Me duele el estómago. What does he mean?**

 To feel like *or* to fancy *may also be* expressed with **tener ganas de** *or* **gustaría** *followed by the infinitive in Peninsular and Latin American Spanish:*

Tengo ganas de tomar un helado de chocolate. *(I feel like having a chocolate ice cream.)*

¿Qué les gustaría cenar? *(What would you like for dinner?)*

4 **parecer** *(to seem, think)*, used frequently when asking someone's opinion or to seek agreement:

¿Te parece bien? *(Is it all right with you?/Does it seem all right to you?)*

Vamos a tomar una copa. ¿Qué os parece? *(Let's go and have a drink. What do you think?)*

¿Qué le parece este/esta? *(What about this one?/What do you think of this one?)*

5 here are some more verbs which follow the pattern of **gustar: extrañar** *(to surprise, be surprised)*, **faltar** *(to be lacking, not have enough)*, **hacer falta** *(to be necessary, need)*, **importar** *(to matter to)*, **interesar** *(to interest)*, **molestar** *(to bother)*.

K Give the English meanings that are missing for the following sentences.

1 ¿Le importa esperar?   _____

2 ¿Te molesta la música?   _____

3 Nos faltó tiempo.   _____

4 Me extraña la actitud de Raúl.   *I'm surprised by Raúl's attitude.*

5 Nos queda poco dinero.   _____

6 ¿Te hace falta algo?   *Do you need anything?*

7 Me interesa tu opinión.   _____

L Complete the sentences using the verb(s) in brackets appropriately.

1 No _____ un helado; prefiero un café con leche. (apetecer)

2 Y a ti ¿qué _____ esto? (importar)

3 Tengo que ir a la farmacia; _____ aspirinas porque _____ la espalda una barbaridad. (hacer falta; doler)

4 Los vecinos nos han dicho que _____ el ruido que hacemos. (molestar)

5 A Santiago ___ mucho la historia; por eso _____ visitar sitios de interés histórico. (interesar; encantar)

6 Tenemos todo lo que necesitamos; no _____ nada. (faltar)

7 A Rosario no _____ bien los planes. (parecer)

8 Si _____ tanto la ventana abierta, ¿por qué no la cierras? (molestar)

📖 Reading

M Read the first part of this magazine article. Is the following statement true or false?

Es conveniente saber qué color le gusta a tu novio/a antes de casarte.

el comportamiento	*behaviour*	el estado de ánimo	*state of mind*
la salud	*health*	señalar	*to point out, show*

Todo el mundo sabe ya que el color influye en nuestro comportamiento, en el estado de ánimo y hasta en nuestra salud. Pero ¿quién piensa en la relación que existe entre el color que más le gusta y la personalidad, y que esta incluso puede señalar con quién debe casarse una persona?

N   Now read on, then answer the questions that follow in Spanish.

los juegos de azar	*games of chance*	**disfrutar de**	*to enjoy*

El rojo simboliza la energía y la pasión. Si es tu color, te gusta la aventura, y hay que decirlo, te encanta ser el centro de atención. Como lo tuyo es la pasión, te interesan los juegos de azar. Debes casarte con alguien a quien le guste este mismo color o el naranja.

Si estás bajo de ánimo, el amarillo te alegrará. Este color estimula la actividad mental. Si a ti te gusta, eres intelectual e idealista. A tu pareja ideal también le gustará el amarillo.

Si el azul te parece el color más bonito del mundo, eres una persona de carácter sólido y conservador. No te hacen falta muchos amigos porque eres capaz de disfrutar de tu soledad. La mejor pareja para ti es alguien con preferencia por el rosa.

Se relaciona el verde con la primavera, la juventud y la esperanza. Si es el color que más te gusta, eres la sal de la tierra. Te importa lo que pasa en el mundo y te interesa todo. Te gustan todos y todo. ¿Para el matrimonio? Los que se apasionan por el rojo o el naranja.

Si te gusta el púrpura, esto quiere decir que eres una persona enigmática porque el púrpura representa la magia y el misterio. Es el color de los aristócratas y se asocia con la sabiduría, la creatividad, la independencia y la dignidad. Puedes casarte con cualquier color aunque el que te va mejor es el amarillo.

1   Si te gusta este color, te importa lo que pasa en el mundo. ¿Cuál es?

2   ¿Qué color les gusta a los intelectuales e idealistas?

3   ¿Qué tipo de persona eres si te gusta el púrpura?

4   Si te interesan los juegos de azar, ¿cuál es tu color preferido?

5   A los amantes de este color no les hacen falta muchos amigos. ¿Qué color es?

When the word for a colour is derived from an object, e.g. an orange, *then the word* **color** *may be added,* **el color naranja, el color rosa,** *though increasingly in Spain* **color** *is understood. In Latin America,* **el rosa = el rosado.**

O   Find the nouns in the text which are related to these adjectives.

apasionado	aventurero	mágico	solo
misterioso	independiente	sabio	joven

✏️ Writing

P **Answer the following questions in Spanish elaborating your answers so that in total you write 50–80 words.**

1 ¿Cuál es el color que más te gusta y cuál te gusta menos?

2 ¿Qué te gusta hacer en tu tiempo libre?

3 ¿Hay algo que te encanta hacer?

Self-check

Tick the box which matches your level of confidence.

   1 = very confident   *2 = need more practice*   *3 = not confident*

Marque la casilla que corresponde según su nivel de conocimiento y seguridad.

   1 = muy seguro/a   **2** = necesito practicar más   **3** = no muy seguro/a

	1	2	3
Using **gustar** to express likes and dislikes			
Using other verbs like **gustar**, including **alegrar, apetecer, doler, importar, interesar, molestar, parecer.**			
Reading and writing about colour preferences and personality traits			
Writing about what you like to do in your spare time			

For more information on **gustar** refer to *Get Started in Spanish*, Unit 9; *Complete Spanish*, Unit 13; *Complete Latin American Spanish*, Units 6, 11. See also *Complete Spanish,* Unit 16 (**parecer**) and Unit 24 (**doler**).

For indirect object pronouns and pronouns after prepositions see Unit 10.

21

Queremos vivir saludablemente

We want to live healthily

In this unit you will learn to:

✔ Use adverbs and adverbial phrases.

✔ Use the comparative and superlative form of adverbs.

✔ Read and write about steps you can take to ensure a long and healthy life.

CEFR: Adverbs (A1) and adverbial phrases (A2); The comparative and superlative form of adverbs (B1); Can read articles concerned with contemporary matters (B2); Can write short, simple essays on topics of interest (B2).

Meaning and usage

Adverbs

1 adverbs are invariable words normally used for providing more information about verbs:

Elena nos habló claramente. *(Elena spoke to us clearly.)*

Ricardo está dentro. *(Ricardo is inside.)*

 Many Spanish adverbs end in -mente (e.g. claramente), the Spanish equivalent of -ly in English, as in clear → clearly; for the formation of adverbs in -mente see Forms below.

2 adverbs may also provide more information on adjectives:

La noticia era totalmente falsa. *(The news was totally false.)*

El alquiler del coche es demasiado caro. *(The car hire is too expensive.)*

3 adverbs may qualify other adverbs:

Elisa actuó muy bien. *(Elisa acted very well.)*

El museo está bastante lejos. *(The museum is quite far.)*

4 adverbs may also qualify a complete sentence:

Afortunadamente, Jaime estaba allí para ayudarnos. *(Fortunately, Jaime was there to help us.)*

5 adverbs in Spanish function much as they do in English; they have fixed forms and their position with regard to the words they qualify is generally the same as in English, preceding adjectives and other adverbs and normally following the verb:

Es menos interesante. *(It is less interesting.)*

Victoria reaccionó extremadamente bien.
(Victoria reacted extremely well.)

Tomás comió rápidamente y salió.
(Tomás ate quickly and went out.)

6 a large number of adverbs fall into four main categories according to the additional information that they provide, but there are many others, single words and adverbial phrases, which fall outside this classification:

▶ *time*, answering the question **¿cuándo?**
El vuelo llega hoy, después del mediodía.
(The flight arrives today, after midday.)

▶ *degree or quantity*, answering the question **¿cuánto?**
¡La quiero tanto! Es tan tierna. *(I love her so much! She's so sweet.)*

▶ *manner*, answering the question **¿cómo?**
Julia condujo lentamente. *(Julia drove slowly.)*

▶ *place*, answering the question **¿dónde?**
Hugo no está aquí. Está arriba. *(Hugo is not here. He's upstairs.)*

Adverbs may be placed before the verb for emphasis:

Fácilmente puedes perderte.
(You can easily get lost.)

Tanto *means* so much *or as* much as *in the construction* **tanto como**; **tan** *translates to* so, *or as … as in* **tan … como**:

Julio gana tanto como su hermana Silvia. *(Julio earns as much as his sister Silvia.)*

Para mí, el francés no es tan difícil como el alemán. *(For me, French is not as difficult as German.)*

A **Give the meanings of the following adverbs and classify them according to the *time*, *degree*, *manner*, *place* categories.**

ayer			*time*	rápidamente		
detrás				pronto		
mal				debajo		*place*
demasiado				a veces		

Forms

Single word adverbs and adverbial phrases

1 the majority of adverbs are single words not ending in **-mente**, for example **mañana** *(tomorrow)*, **abajo** *(down, below)*; others are phrases (adverbial phrases) like **de esta manera** *(in this way)*, **en todas partes** *(everywhere)*; the adverbs given for each category below are some of the most common ones.

2 *adverbs of time*:

antes *(before)*, **después** *(later, afterwards)*, **entonces** *(then, at that time)*, **a menudo** *(often)*, **a veces** *(sometimes)*, **nunca** *(never)*, **siempre** *(always)*, **luego** *(then, later)*, **mientras (tanto)** *(in the meantime)*, **pronto** *(soon)*, **temprano** *(early)*, **tarde** *(late)*, **todavía** *(still)*, **todavía no** *(not yet)*, **ya** *(already)*:

Todavía no lo he terminado, pero estará listo pronto. *(I haven't finished it yet, but it will be ready soon.)*

Tomamos un café y después/luego dimos un paseo. *(We had a coffee and then we went for a walk.)*

 B On a visit to Madrid you try to contact your friend Pablo. What does the person at the other end of the line say?

Pablo ya no vive aquí, pero tengo su dirección. En seguida se la doy.

 C Put these sentences into Spanish.

enviar un mensaje a alguien *to text someone*

1 Domingo never arrives late.

2 He arrives first; then the others arrive.

3 Lorenzo always goes to bed early; yesterday he went to bed at ten.

4 I often go out Friday nights; sometimes I go to the theatre, other times I go to the cinema.

5 Are you still waiting for Diego? He'll be coming soon.

6 I have already texted Esteban; now I am going to call Pedro.

3 *adverbs of degree or quantity:*

bastante *(enough)*, **casi** *(almost)*, **mucho** *(very much)*, **muy** *(very)*, **más** *(more)*, **menos** *(less)*, **tan** *(so)*, **tanto** *(so much, as much)*:

Cecilia habla <u>tan</u> bien el español. <u>Casi</u> nunca comete errores. *(Cecilia speaks Spanish so well. She almost never makes mistakes.)*

Le conozco <u>bastante</u> y le aprecio <u>mucho</u>. *(I know him quite well and I think highly of him.)*

 D What does your flatmate say to your invitation to go out?

Es un <u>poco</u> tarde y estoy <u>demasiado</u> cansado.

 E Choose the most appropriate adverb to make meaningful sentences.

1 Guillermo lee (**mucho/más/poco**) pero no (**tan/más/tanto**) como yo.

2 Ya no hago senderismo con Paulina; camina (**demasiado/más/menos**) lentamente.

3 (**Poco/Casi/Solo**) sé lo que me han contado.

4 Entonces no sabes (**bastante/casi/poco**) nada de lo que ha ocurrido.

5 Octavio duerme (**poco/apenas/bastante**); es (**tanto/mucho/muy**) dormilón.

6 África había cambiado (**demasiado/bastante/tanto**) que (**poco/casi/apenas**) la reconocí.

7 Los niños estaban (**muy/medio/mucho**) muertos de miedo después de ver la película.

8 A Liliana le interesa (**poco/bastante/mucho**) la historia; le parece muy aburrida.

4 *adverbs of manner:*

así *(in this way, thus),* **mal** *(badly),* **despacio** *(slowly),* **duro** *(hard),* **rápido** *(quickly),* **a mano** *(by hand),* **de memoria** *(by heart):*

Está hecho a mano por artesanos mexicanos. *(It is handmade by Mexican craftsmen.)*

Es un largo poema, pero Laura se lo sabe de memoria. *(It's a long poem but Laura knows it by heart.)*

 F What does your Spanish-speaking friend say about your driving?

Tú conduces muy bien, pero creo que conduces muy deprisa.

Can you find the opposites of **bien** and **deprisa** in the list in 4 above?

 A very small number of adjectives, like **rápido** *(quick),* **lento** *(slow),* **duro** *(hard),* **alto** *(loud), may be used as adverbs:*

Él habla muy rápido. *(He speaks very fast.)*

Trabajaron muy duro. *(They worked very hard.)*

 G Choose the most appropriate adverb from the box to complete each sentence.

de repente	así	difícilmente	en vano
locamente	a pie	de memoria	perfectamente

1 Patricia sabía muy bien lo que tenía que hacer y lo hizo todo _____.

2 Mario está _____ enamorado de Rosario.

3 _____ tendremos terminado este trabajo para mañana.

4 _____ se apagaron las luces y no se oía nada.

5 Llamas a esa puerta _____; nadie vive allí.

6 ¿Quién no se sabe _____ el himno nacional?

7 Las cosas no pueden seguir _____; algo tenemos que hacer.

8 Volvimos a casa _____ porque la cola en la parada de taxis era muy larga.

5 *adverbs of place:*

a few adverbs of place, among them **dónde** *(where)* and **fuera** *(outside)* take the preposition **a** in front of them to indicate movement towards:

¿**Adónde** vas? *(Where are you going to?)*

Vamos **afuera**. *(Let's go outside.)*

H Match each adverb of place with its opposite and give their meanings:

detrás   fuera   allí*   encima   cerca   abajo

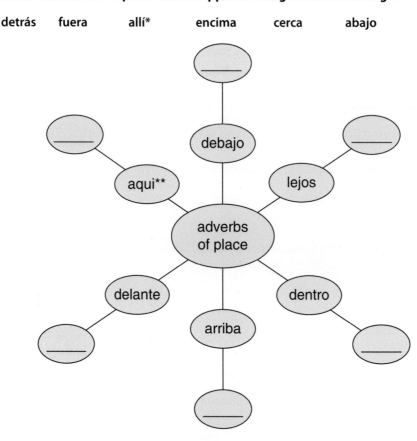

adverbs of place

debajo

aqui**

lejos

delante

dentro

arriba

*allí = **allá** more frequent in Latin American Spanish

****aquí** = **acá** more frequent in Latin American Spanish

Adverbs ending in -mente

I   Can you give the English for the following adverbs?

1 fácilmente

2 correctamente

3 tranquilamente

4 normalmente

5 posiblemente

1   adverbs can be formed by adding the suffix -**mente**, the Spanish equivalent of -*ly*, as in *easily*, to the feminine singular form of the adjective, or directly to the adjective if this has no special feminine form: **lento** → **lenta** → **lentamente** *(slowly)*; **increíble** → **increíblemente** *(incredibly)*; **general** → **generalmente** *(generally)*; **regular** → **regularmente** *(regularly)*.

Note the following two simple rules for the use of adverbs in **-mente**:

▸ If the adjective has an accent, this must be kept in the adverb:
fácil (*easy*) → **fácilmente** (*easily*).

▸ In a sequence of two or more adverbs in **-mente** joined by a conjunction (e.g. **y**), only the last one carries the ending **-mente**: <u>**clara**</u> **y** <u>**categóricamente**</u> (*clearly and categorically*).

2 to avoid overuse of adverbs in **-mente**, which may appear clumsy, use the following construction with **con** + noun:

con cuidado for **cuidadosamente** *(with care, carefully)*

con discreción for **discretamente** *(with discretion, discreetly)*

3 a more formal alternative to the above is to use an adverbial phrase like **de manera** or **de forma** + feminine adjective, or **de modo** + masculine adjective:

de forma/manera inmediata for **inmediatamente** *(immediately)*

de modo perfecto for **perfectamente** *(perfectly, in a perfect way)*

 J **Replace the adverbial phrase in each sentence with an adverb ending in -mente.**

1 Por desgracia, no pudimos asistir al concierto.

2 Por lo general, acuden unas veinte personas a las reuniones.

3 Esto no es difícil; se hace con facilidad.

4 Al divorciarse, Ana empezó a vivir con más intensidad su vida.

5 Con frecuencia nos hacen promesas sin la menor intención de cumplirlas.

6 El recepcionista nos trató con mucha amabilidad.

7 Álvaro conduce de una manera peligrosa.

8 Ángeles trabaja lento y con cuidado.

 *Don't forget to check in your dictionary if you are not sure of the form of the corresponding adverb ending in **-mente**. Looking up a word in the dictionary helps you to learn it.*

Comparative, superlative and diminutive forms of adverbs

1 the comparison of adverbs is no different from that of adjectives

más + adverb + **que** for comparisons of superiority:

Rosa conduce <u>**más rápido que**</u> **su padre.** *(Rosa drives faster than her father.)*

menos + adverb + **que** for comparisons of inferiority:

Lorenzo nos llama <u>**menos a menudo que**</u> **Sofía.** *(Lorenzo phones us less often than Sofía.)*

tan + adverb + **como** for comparisons of equality:

El abuelo reaccionó <u>tan serenamente como</u> nosotros. *(Grandfather reacted as calmly as we did.)*

2 the following adverbs have irregular comparative forms:

bien *(well)* → **mejor** *(better)*

mal *(badly)* → **peor** *(worse)*

Mi madre cocina <u>bien</u>, pero tú cocinas <u>mejor</u>.
(My mother cooks well, but you cook better.)

Se comportaron <u>peor que</u> nunca.
(They behaved worse than ever.)

 *Note that **mejor** and **peor** are also the irregular comparative forms for the adjectives **bueno** (good) and **malo** (bad):*

El Hotel Albaicín es <u>bueno</u>, pero el Hotel Alhambra es <u>mejor</u>. (The Hotel Albaicín is good but the Hotel Alhambra is better.)

3 some adverbs of manner, place, and degree or quantity may take the suffix **-ísimo** to form the superlative:

mal → **Esto sabe <u>malísimo</u>.** *(This tastes very bad.)*

lejos → **Vive <u>lejísimos</u>*.** *(They live very far.)*

mucho → **Se quieren <u>muchísimo</u>.** *(They love each other very much.)*

***lejísimos** = **lejísimo** in parts of Latin America

4 diminutive forms with **-ito/-ita** to lend more force to the meaning are not uncommon with a few adverbs:

cerca → **Joaquín vive <u>cerquita</u> de aquí.** *(Joaquín lives very near here.)*

poco → **Está muy viejo y sale <u>poquito</u>.** *(He's very old and goes out very little.)*

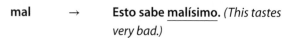 **K   Put the English in brackets into Spanish.**

1 Luisa no trabaja *(as well as)* **Elvira.**

2 Elvira se pone a trabajar *(as soon as)* **llega.**

3 Jorge habla inglés *(better than)* **habla alemán; habla alemán** *(very badly).*

4 Bartolomé corre *(faster than)* **Alberto.**

5 Sé *(less than)* **tú sobre el asunto.**

6 No vamos a León *(as often as)* **antes.**

7 ¡Cuánto tráfico hay! Avanzamos *(slower than)* **una tortuga.**

8 Álvaro cree que su esposa conduce *(much worse than)* **él.**

 Reading

L   Read the first part of this article to answer the question in Spanish:

¿Qué es lo que debemos hacer si queremos envejecer saludablemente?

Alargar la vida ha sido siempre un deseo humano, pero ¿cuál es el secreto para pasar de 100 años, para envejecer saludablemente? ¿Para combatir las enfermedades de la edad: el cáncer, la diabetes, las dolencias cardiovasculares, el Alzheimer? Ya sabemos que no hay que fumar, que una dieta sana es una dieta baja en calorías pero, tomar todos los días un vaso de vino tinto, de cerveza o de whisky ¿es bueno o es malo? Como los científicos no siempre coinciden, hablamos con cuatro personas que ya son centenarias.

M   Now read on, then answer the questions that follow in Spanish.

disfrutar de	*to enjoy*	**rodear**	*to surround*
el lujo	*luxury*		

Benito Rodríguez empezó a trabajar a los 12 años y se ganó la vida haciendo de todo hasta pasados los 70. Nunca hizo excesos con la comida y la bebida, pero dos dedos de vino para comer, eso sí. Según él, para llegar a su edad hay que levantarse a las seis y ducharse con agua fría, escuchar las noticias, hacer un poco de gimnasia todos los días y vestirse bien.

El intelectual Pepe García, que aún vive solo en el centro de Madrid, fumó 10 cigarrillos al día y bebió con moderación whisky hasta los 70 años. Se viste impecablemente, le encanta hacer comentarios sobre lo que pasa en el mundo y disfruta de su independencia y libertad.

Josefina Lozano aprendió muy bien lo que significaba pasar hambre durante la guerra y posguerra. Según ella, cuando más se trabaja, más se vive. Nunca hay que decir 'ay, que no puedo'.

Mercedes Ruiz, sin embargo, nunca tuvo que trabajar, no le faltó nada, fue muy feliz en la vida y sigue rodeada de lujos. Vive con su hija y la visitan a menudo sus nietos y bisnietos. Lo importante, según ella, es saber enfrentarse con buen espíritu a las desgracias y no dar importancia a las cosas que no la tienen.

   1 ¿Cuántos años tenía Benito Rodríguez cuando se jubiló?

   2 ¿Qué dejó de hacer Pepe García a los 70 años?

   3 ¿Qué no hay que decir según Josefina Lozano?

   4 ¿En qué se diferencia Mercedes Ruiz de los otros centenarias?

N   Identify in the text:

   1 an adverb qualifying another adverb

   2 an adverb qualifying an adjective

   3 an adverb ending in **-mente**

   4 an adverb of manner

O Give the meaning of each verb and the adjective to which it is related.

1 envejecer

2 alargar

3 rejuvenecer

4 diferenciar

5 enriquecer

6 acortar

 *Notice the suffix -**ecer** on the verb with the idea of becoming, and the prefix **en-**. A number of verbs are formed this way, for example **empobrecer** (to impoverish, become poor), **ensuciar** (to dirty, get dirty). You will find more in your dictionary by looking under **emp-** and **en-**.*

 # Writing

P Write your tips on how to lead a long and healthy life in Spanish, answering the question below (50–80 words).

¿Qué se debe hacer para vivir 100 años?

Self-check

Marque la casilla que corresponde según su nivel de conocimiento y seguridad.

1 = muy seguro/a　　　**2 = necesito practicar más**　　　**3 = no muy seguro/a**

	1	2	3
Using adverbs and adverbial phrases			
Using the comparative and superlative form of adverbs			
Reading and writing about steps you can take to ensure a long and healthy life			

For more information on the use of adverbs refer to *Get Started in Spanish*, Unit 14; *Complete Spanish*, Unit 18; *Get Started in Latin American Spanish*, Unit 8; *Complete Latin American Spanish*, Unit 4.

For the comparative and superlative form of adjectives see Unit 4.

22

De mi piso al centro de la ciudad

From my flat to the city centre

In this unit you will learn to:

✓ Use the most common prepositions.

✓ Use **por** and **para**.

✓ Use personal **a**.

✓ Discuss the advantages and disadvantages of living in a city or in the country.

CEFR: Common prepositions (A1, A2); Can understand a short, simple text on a familiar matter (A2); Can write a simple connected text on a topic of personal interest (B1).

Meaning and usage

Prepositions

1 words like *in, for, between,* are called prepositions; prepositions serve to establish a link between a noun, a noun phrase or a pronoun and the rest of the sentence:

The bike is **in** *the garage.* (**La bici está en el garaje.**)

I have bought this **for** *you.* (**He comprado esto para ti.**)

2 prepositions have many different functions: they can indicate *direction* (e.g. **a la estación** *to the station*); they can tell us *where* something is (e.g. **en casa** *at home*); *when* something occurred (e.g. **durante la noche** *during the night*); they can be used figuratively (e.g. **bajo su gobierno** *under his/her government*); or they can be part of grammatical constructions. The notes below cover the main uses of single-word prepositions arranged in alphabetical order:

Single-word prepositions

A is used as follows:

1 Personal **a**: used before a direct object referring to people, including proper names, pronouns (e.g. **alguien** *someone*), collective nouns, pets; personal **a** does not translate in English:

Conozco muy bien a María y a su familia. (*I know María and her family very well.*)

Perdone, ¿busca usted a alguien? (*Excuse me, are you looking for someone?*)

A Use personal a where appropriate in the following sentences:

1 El fin de semana pasado visité mis padres.

2 Perdone, ¿busca usted algo?

3 Conozco muy bien la ciudad. Aquí conocí mi novio.

4 Invité Esteban y su mujer Raquel a cenar. Tú no conoces Raquel, ¿verdad?

2 before an indirect object:

Le di el libro a Rafa. *(I gave the book to Rafa.)*

A Isabel le encanta Andalucía. *(Isabel loves Andalusia.)*

3 in the construction **al** + infinitive:

Al llegar a casa encontré la puerta abierta.
(When I arrived home I found the door open.)

 Indirect objects are preceded by a no matter whether they refer to people or to something inanimate:

A la casa le hace falta una buena limpieza. *(The house needs a good clean.)*

4 after certain verbs, such as **empezar** *(to start)*, **jugar** *(to play)*, **asistir** *(to attend)*:

Empezó a llover cuando jugaban al* fútbol. *(It started to rain when they were playing football.)*

Asistió mucha gente a la conferencia. *(The conference was well attended.)*

***jugar al (fútbol)** = **jugar (fútbol)** in some Latin American countries

5 in a number of time phrases like **a las siete** *(at seven)*, **a mediodía/medianoche** *(at midday/midnight)*, **una vez/dos veces a la semana** *(once/twice a week)*, **al día siguiente** *(the following day)*:

El vuelo a Santiago de Chile con escala en Lima saldrá a mediodía. *(The flight to Santiago de Chile with a stopover in Lima will leave at midday.)*

6 to indicate direction or destination and motion:

Este tren va a París. *(This train is going to Paris.)*

Llegó a Sevilla a las seis de la tarde. *(It arrived in Seville at six o'clock in the evening.)*

7 to indicate prices and rates:

Los tomates están a dos euros el kilo. *(The tomatoes are two euros a kilo.)*

¿A qué velocidad circula el AVE* Madrid–Barcelona? *(What speed does the AVE Madrid–Barcelona travel at?)*

***AVE (Alta Velocidad Española)** = *high-speed train* which connects major Spanish cities

8 to indicate position and distance, meaning *on* or *from*:

El banco está a la derecha, a cinco minutos de aquí. *(The bank is on the right, five minutes from here.)*

B You are ordering fish in a restaurant; what does the waiter want to know?

El pescado, ¿lo quiere **a la plancha** o **al vapor**?

What use of **a** do you think is shown in this sentence?

9   to express means and manner, including the way in which something is cooked:

De entrante quiero calamares a la romana.   *(As a starter I would like squid rings fried in batter.)*

No está lejos, así que podemos ir a pie.   *(It's not far, so we can go on foot.)*

Ante is used:

1   with the meaning of *before* or *in front of*, in a literal sense:

El candidato compareció ante la comisión examinadora.
(The candidate appeared before the examining committee.)

2   in a figurative sense, meaning *faced with*:

Ante la falta de trabajo, Andrés tuvo que emigrar.
(Faced with a lack of work, Andrés had to emigrate.)

> *Ante must not be confused with* **antes de,** *which means* before *in relation to time:* **Antes de volver a casa haré la compra.** *(Before going home I'll do the shopping.)*

Bajo is used:

1   in a literal and figurative sense, meaning *under*:

Se protegieron del sol bajo una sombrilla.
(They sheltered from the sun under a beach umbrella.)

Bajo su gobierno el desempleo aumentó considerablemente.   *(Under his/her government unemployment increased considerably.)*

> *The compound preposition* **debajo de** *is more colloquial and frequent than* **bajo:** **Las llaves estaban debajo de la cama.** *(The keys were under the bed.)*

2   with temperatures, meaning *below*:

Hace tres grados bajo cero.   *(It's three degrees below zero.)*

Con is used:

> *The adverbial phrase* **con cuidado** *has the same meaning as* **cuidadosamente** *(carefully).*

3   to convey the meaning *with*:

Salió con su novia.   *(He went out with his girlfriend.)*

Tienes que hacerlo con cuidado.   *(You have to do it with care/carefully.)*

Contra is used:

to express the idea of *against* in a literal and figurative sense:

Estaba apoyada contra la puerta. *(She was leaning against the gate.)*

No sé qué es lo que ella tiene contra mí. *(I don't know what she has against me.)*

C **The preposition de has a number of uses. How would you express the following in English?**

La casa de Isabel es muy bonita.

 De is used:

1 to convey the idea of *belonging to* or as an equivalent of the English *'s* when indicating possession.

Este DVD es de Miguel. Me lo prestó ayer. *(This DVD belongs to Miguel. He lent it to me yesterday.)*

2 to indicate origin, meaning *from:*

Son de Barranquilla, en Colombia. *(They are from Barranquilla, in Colombia.)*

3 to ask and say what material something is made of:

¿Es de piel? *(Is it leather?)*

4 in time phrases, translating *from:*

Estarán aquí de julio a septiembre.
(They'll be here from July to September.)

 In time phrases like the one opposite, **de … a** *and* **desde … hasta** *are interchangeable:* **desde julio hasta septiembre** *(from July until September).*

5 to convey the idea of **about:**

Diego siempre habla de ti. *(Diego always talks about you.)*

6 to say what someone is doing for a living, meaning *as a:*

Es profesora, pero está trabajando de camarera. *(She's a teacher but she's working as a waitress.)*

7 with numbers, in the construction **más/menos de** *(more/less than):*

El abuelo Francisco tiene más de ochenta años. *(Our grandfather Francisco is more than eighty years old.)*

Gasté menos de doscientos euros. *(I spent less than two hundred euros.)*

8 as the equivalent of the English construction noun + noun:

una tienda de deportes *(a sports shop)*

un poema de amor *(a love poem)*

9 with superlatives, meaning *in:*

La Ciudad de México es una de las más grandes del mundo. *(Mexico City is one of the largest in the world.)*

10 after a number of verbs, such as **acabar, terminar, tratar:**

Acabamos de regresar. *(We have just come back.)*

Todavía no han terminado de pintar el piso.
(They still haven't finished painting the flat.)

Trataré de hacerlo lo antes posible.

(I'll try to do it as soon as possible.)

The form of the verb which follows directly after a preposition in Spanish is always the infinitive, which is the case in all three sentences opposite.

Desde is used:

1 in the time phrases **desde hace** or **desde hacía**, meaning *for*:

Viven aquí desde hace muchos años. *(They've been living here for many years.)*

Yo lo sabía desde hacía mucho tiempo. *(I had known about it for a long time.)*

2 with the question word **¿cuándo?**, translating *since*:

¿Desde cuándo enseñas español? *(Since when have you been teaching Spanish?)*

3 to indicate a starting point in time, meaning *since*, or in space, translating *from*:

No le veo desde el día de su cumpleaños. *(I haven't seen him since his birthday.)*

Desde mi ventana se puede ver el campanario. *(From my window you can see the bell tower.)*

4 in the construction **desde … hasta**, meaning *from … until*, for time; and *from … to/as far as*, for space:

Se quedarán conmigo desde hoy hasta el domingo. *(They'll stay with me from today until Sunday.)*

Desde aquí hasta la plaza son solo cinco minutos. *(From here to the square is only five minutes.)*

Durante is used:

1 with reference to time, to convey the idea of *during* or *while*:

Durante su niñez Emilia vivió en Irlanda. *(During her childhood Emilia lived in Ireland.)*

2 to refer to the length of time during which an action took place, meaning *for*:

Cristóbal trabajó para la Unión Europea en Bruselas durante cinco años. *(Cristóbal worked for the European Union in Brussels for five years.)*

 D **The preposition en has more than one meaning in English. How would you translate the following sentences?**

1 Están en casa.

2 Estoy en la cocina.

3 Tu chaqueta está en la cama.

*In the example above, **durante** may be replaced by **por**:*

Cristóbal trabajó para la Unión Europea en Bruselas por cinco años. *(Cristóbal worked in Brussels for five years.)*

En is used:

1 to indicate position, translating *in, on* or *at*:

Mónica está en su habitación. *(Mónica is in her room.)*

Tus llaves están en la mesa del comedor. *(Your keys are on the dining room table.)*

Los chicos todavía están en el colegio. *(The children are still at school.)*

2 with time phrases, meaning *at* or *in*:

En aquel tiempo yo aún estaba en Gales. *(At that time I was still in Wales.)*

En aquellos años alquilaban un piso en el casco antiguo. *(In those years they rented a flat in the old part of the town.)*

En tres o cuatro horas estaremos allí. *(We'll be there in three or four hours.)*

3 with means of transport, meaning *by* or *on*:

¿Vais a viajar en avión o en tren? *(Are you travelling by plane or by train?)*

Juanjo va a la oficina en bici. *(Juanjo goes to the office on his bike.)*

Entre is used:

1 to convey the meaning of *between*:

Es un secreto y debe quedar entre tú y yo. *(It's a secret and it must remain between you and me.)*

El hotel está entre la farmacia y el banco. *(The hotel is between the chemist's and the bank.)*

2 to convey the meaning of *among*:

Este museo está entre los mejores de España.
(This museum is among the best in Spain.)

 Note the use of **yo** *and* **tú** *instead of* **mí** *and* **ti** *in* **entre tú y yo** *(between you and me).*

3 in the expression **entre semana**, translating *on weekdays* or *during the week*:

Para mí es más fácil verte entre semana. *(It's easier for me to see you on weekdays.)*

Hacia is used:

1 to express the idea of movement *towards*:

Los manifestantes marchaban hacia la Plaza de España. *(The protesters were marching towards the Plaza de España.)*

Se dirigen hacia el norte/sur. *(They're going northwards/southwards.)*

2 to express approximation in time, meaning *around*, *about*:

Estarán en casa hacia las diez. *(They'll be at home around ten o'clock.)*

E The preposition hasta **below may relate to time and also to space. What is the meaning of the following two phrases?**

1 hasta las dos de la tarde

2 hasta la próxima esquina

Hasta is used:

1 with time phrases, meaning *until*:

Nos quedaremos aquí hasta el lunes. *(We'll stay here until Monday.)*

2 followed by an infinitive or by **que**, meaning *until*:

El bebé lloró hasta dormirse. *(The baby cried until he went to sleep.)*

(El bebé lloró hasta que se durmió has exactly the same meaning.)

3 in a number of leave-taking expressions like **hasta mañana** *(see you tomorrow),* **hasta luego** *(bye, see you later),* **hasta pronto** *(see you soon).*

4 with reference to places, meaning *as far as, (up) to*:

Todo recto hasta el final de la calle.
(Straight on to the end of the street.)

 As an adverb, **hasta** *means* even:
Hasta un niño puede hacerlo, es muy fácil. *(Even a child can do it, it's very easy.)*

5 with quantities, meaning *up to*:

Durante las vacaciones dormían hasta diez horas.
(During the holidays they slept up to ten hours.)

Gasté hasta el último euro que me quedaba. *(I spent up to my last euro.)*

 F para or por? Complete the following sentences with the correct word:

1 El autobús _____ el aeropuerto pasa _____ la Plaza España.

2 Su ropa estará lista _____ mañana _____ la tarde.

3 _____ ir al mercado tiene que seguir _____ esta calle hasta el final.

Para is used:

1 to indicate destination, meaning *for*:

El vuelo para Dublín saldrá dentro de cinco minutos. *(The flight for Dublin will leave in five minutes.)*

Este regalo es para ti. *(This present is for you.)*

2 to indicate purpose, translating *for, in order to*:

¿Para qué es esto? *(What is this for?)*

Amalia estudia español <u>para entender</u> a su yerno. *(Amalia is studying Spanish in order to understand her son-in-law.)*

3 with time phrases, including duration, meaning *for* or *by*:

Lo necesito <u>para el sábado</u>. *(I need it for Saturday.)*

¿Estará listo <u>para entonces</u>? *(Will it be ready by then?)*

4 with prepositional pronouns, meaning *for*:

<u>Para mí</u>, un café con leche. ¿Y <u>para ti</u>, Gustavo? *(White coffee for me. And for you, Gustavo?)*

Por is used:

1 to indicate cause or reason, meaning *for, because of, on*:

Lo hago <u>por ti</u>. No lo haría <u>por nadie más</u>. *(I'm doing it for you. I wouldn't do it for anyone else.)*

<u>Por la lluvia</u> tuvimos que quedarnos en casa. *(Because of the rain we had to stay at home.)*

¡Enhorabuena <u>por tu nuevo trabajo</u>! *(Congratulations on your new job!)*

2 to convey the idea of movement *along* or *through*:

Tiene que seguir <u>por la calle mayor</u>. *(You have to go along the main street.)*

Pasamos <u>por Barcelona</u>, pero no nos quedamos. *(We went through Barcelona, but we didn't stay.)*

3 to indicate means, meaning *by, in*:

Puedes enviármelo <u>por email/correo electrónico</u>. *(You can send it to me by email.)*

Hay que hacerlo <u>por escrito</u>. *(You have to do it in writing.)*

La llamaré <u>por teléfono</u> ahora mismo. *(I'll phone her right now.)*

4 with parts of the day, translating *in*:

<u>Por la mañana</u>* hace bastante frío. *(In the morning it's quite cold.)*

*por la mañana/tarde/noche = en la mañana/tarde/noche in most of Latin America

5 to convey the idea of something having been/being *by* (passive voice):

El museo fue construido <u>por una arquitecta famosa</u>. *(The museum was designed by a famous architect.)*

6 to indicate rate, meaning *per*:

La inflación es de un cinco <u>por ciento</u>. *(Inflation is five per cent.)*

Alberto conducía a más de cien kilómetros <u>por hora</u>. *(Alberto was driving at more than a hundred kilometres per hour.)*

7 to express cost, translating *for*:

Paca compró un ordenador usado <u>por muy poco dinero</u>. *(Paca bought a second hand computer for very little money.)*

8 to convey the idea of *being in favour of*:

Yo estoy <u>por imponer más restricciones</u> al transporte privado. *(I'm in favour of imposing more restrictions on private transport.)*

> 🍎 *If you are not sure about whether to use **para** or **por**, remember that **para** is usually associated with purpose, destination and future time, while **por** often expresses cause, movement along and manner or means.*

Según is used:

1 with the meaning of *according to*:

<u>Según mi profesora</u>, el español no es tan fácil como dicen. *(According to my teacher, Spanish is not as easy as they say.)*

2 translating *depending on*:

Esperamos pasar el día en el campo, <u>según el tiempo</u>. *(We hope to spend the day in the country, depending on the weather.)*

Sin is used:

1 to mean *without*:

El té, ¿lo quieres con o <u>sin leche</u>? *(Do you want your tea with or without milk?)*

2 followed by the infinitive, in a number of phrases which translate in English with an adjective instead of *without*:

un email <u>sin contestar</u> *(an unanswered email)*, **una habitación <u>sin amueblar</u>** *(an unfurnished room)*

Sobre is used:

1 to indicate position, with or without physical contact, meaning *on* or *over*:

Tus gafas* están <u>sobre la mesita de noche</u>. *(Your glasses are on the bedside table.)*

El helicóptero volaba <u>sobre el centro comercial</u>. *(The helicopter was flying over the shopping centre.)*

*gafas = anteojos, lentes in Latin American Spanish

2 to indicate hierarchy, meaning *above*:

<u>Sobre ella</u> hay dos personas más, el subdirector y el director. *(Above her there are two more people, the assistant manager and the manager.)*

3 to express approximation in time, meaning *around* or *about*, especially in Peninsular Spanish:

Tu hermano dijo que llegaría <u>sobre las ocho</u>.

(Your brother said he'd arrive around eight.)

4 to indicate a subject or theme, translating *about, on*:

Esta tarde habrá una charla <u>sobre el cambio climático</u>.
(This evening there'll be a talk on climate change.)

Tras is used:

1 especially in formal written language, in place of the more colloquial **después de** *(after, following)* and **detrás de** *(behind)*:

<u>**Tras la boda**</u> **hubo una gran celebración.** *(After the wedding there was a big celebration.)*

La policía encontró al ladrón oculto <u>tras las cortinas</u>. *(The police found the thief hidden behind the curtains.)*

2 to translate *after* in expressions like the following:

año tras año *(year after year)*, **día tras día** *(day after day)*, **hora tras hora** *(hour after hour)*, **uno tras otro** *(one after another)*:

<u>**Año tras año**</u> **viene sucediendo la misma cosa.** *(The same thing has been happening year after year.)*

G Use the prepositions a, de, entre or con to complete these sentences.

1 Nos invitó _____ salir _____ tomar algo.

2 _____ tú y yo, no hay secretos.

3 _____ postre, quiero fresas _____ nata*.

4 Mi abuela cocina _____ muy poco aceite.

5 Voy _____ comer un bocadillo** _____ queso.

6 Ella siempre ayuda _____ sus colegas tratándolos _____ amabilidad.

7 No encuentro el documento _____ estos papeles.

8 La farmacia está _____ dos minutos _____ aquí, _____ la panadería y una papelería, _____ la derecha.

When indicating position **sobre** *is less precise than* **encima de**, *which denotes physical contact and translates* on top of *or* over; *in the first example* **encima de la mesita de noche** *is equally valid.*

*****nata** = **crema** in Latin American Spanish

******bocadillo** = **sándwich** in Latin American Spanish

H Complete the short texts with appropriate prepositions.

1 Salimos _____ Sevilla _____ las nueve y media _____ el AVE y llegamos _____ Córdoba _____ muy poco tiempo. Visitamos _____ nuestros amigos y _____ la tarde cenamos _____ ellos. Volvimos _____ Sevilla tarde y fuimos _____ la estación _____ casa _____ taxi.

2 _____ junio _____ finales _____ septiembre Gumersindo estuvo trabajando _____ animador _____ un hotel _____ Cancún. _____ él, fue el trabajo más divertido _____ su vida. Había estado _____ empleo _____ un año.

I **Choose the most appropriate preposition in each sentence.**

1 El viernes fui al cine (**a/para/con**) el hermano de Lola.

2 ¿Te gustan los macarrones (**de/a/por**) la napolitana?

3 Está lloviendo (**hasta/durante/desde**) las ocho.

4 Hicimos la traducción (**con/por/entre**) todos.

5 Los precios varían (**según/entre/con**) la estación del año.

6 Mañana el Real Madrid juega (**a/con/contra**) el Sporting Lisboa.

7 Anduvimos un par de horas (**bajo/en/con**) la lluvia.

8 Dice que va a hablar (**con/a/sobre**) los conquistadores.

J **Complete the sentences with para or por as appropriate.**

1 Este paquete no es _____ mí; es _____ Marcelino.

2 Estamos aquí _____ hablar con la señorita Muñoz.

3 Hemos cambiado nuestro coche _____ uno más pequeño _____ ahorrar dinero.

4 En las últimas elecciones voté _____ los liberales.

5 Al caerse, Angustias quedó sin moverse _____ unos minutos.

6 Hizo lo posible _____ ir a Santiago sin pasar _____ León.

7 _____ la mañana, Aurelio da largos paseos _____ la playa.

8 Todo está listo _____ la fiesta.

K **Complete these sentences with the correct preposition to follow the verb.**

1 No debes enfadarte _____ Mauricio; no está muy bien, el pobre.

2 Aprendieron _____ tocar la guitarra en Málaga.

3 Ha dicho que no se acuerda _____ nada.

4 Hemos votado; ahora todo depende _____ los resultados.

5 Acabo _____ ayudar a ese anciano _____ cruzar la calle.

6 Roberto no dudaba _____ ponerse en contacto cuando necesitaba algo.

7 Emilio no se acostumbró _____ vivir en Alemania; se quejó _____ la comida, _____ no saber hablar alemán, _____ todo.

8 Los niños cerraron los ojos pero casi enseguida volvieron ___ abrirlos.

> Some verbs are always followed by a preposition, so when learning these, learn them together with the preposition. Sometimes a preposition following the verb can change its meaning, for example: **acabar** (to finish), **acabar de** (to have just); **dar** (to give), **dar a** (to overlook).

Compound prepositions

Spanish has a large number of compound prepositions or prepositional phrases consisting of two or more words, the last of which is **de** or, less often, **a**. Here are a few of the most common:

 L   Complete the missing meanings.

a causa de	_____	debajo de	under, beneath
a pesar de	despite, in spite of	delante de	in front of
a través de	across, through	dentro de	inside, within
acerca de	about	después de	_____
además de	besides	detrás de	_____
al final de	_____	encima de	on top of, over
al lado de	_____	enfrente de	_____
alrededor de	around	en vez de	instead of
antes de	_____	fuera de	outside
cerca de	near to	lejos de	_____

A pesar de la lluvia saldremos de excursión.   *(In spite of the rain we'll go on an outing.)*

Además de la familia he invitado a unos compañeros de la oficina.   *(Besides the family I have invited some office colleagues.)*

La comisaría está delante del hospital.   *(The police station is in front of the hospital.)*

En vez de cerveza, ¿por qué no pedimos una botella de vino?   *(Instead of beer, why don't we order a bottle of wine?)*

M   Complete the missing meanings.

conforme a	*in accordance with, according to*	**en cuanto a**	*concerning, as regards*
con relación a	_____	**frente a**	_____
con respecto a	*with regard to, in relation to*	**junto a**	*next to*
debido a	*owing to, due to, because of*	**pese a**	*in spite of*

Todo funcionó conforme a nuestros planes.   *(Everything worked in accordance with our plans.)*

Debido al tráfico, llegamos con media hora de retraso.   *(Due to the traffic, we arrived half an hour late.)*

Él que está junto a la ventana es el novio de Mari Carmen.   *(The person next to the window is Mari Carmen's boyfriend.)*

 # Reading

N **Read the first part of this text. Is the following statement true or false? If it is false, correct it in Spanish.**

El precio de la vivienda es menor en el centro de la ciudad.

Vivir en la ciudad o en el campo, ¿cuál es mejor? Sin pensarlo dos veces, seguramente la mayoría de la gente contestaría tal pregunta con un enfático 'en el campo'. El campo significa respirar el aire puro lejos de la contaminación atmosférica de la ciudad, llevar una vida tranquila lejos de la contaminación acústica, tener espacio y, cosa importante, la vivienda suele ser más barata.

O **Now read on, then correct the statements that follow in Spanish.**

ahorrar	*to save*	**gastar**	*to spend*
imprescindible	*essential*	**aprovechar**	*to use, make the most of*

Pero si hay ventajas también existen inconvenientes de vivir en el campo. Lo que se ahorra en el precio de la vivienda se gasta en el transporte. Todo queda lejos: los centros comerciales, los colegios, el trabajo, y como muchas veces el servicio de transporte público es malísimo, con solamente un par de autobuses al día, es imprescindible tener coche.

Vivir en una de las zonas residenciales que han ido creciendo a las afueras de la ciudad parece tener las ventajas tanto del campo como del centro de la ciudad sin ninguno de los inconvenientes. La gente que vive aquí tiene su propia casa con jardín y la opción de desplazarse, o en tren, o en autobús, para ir a trabajar y aprovechar los servicios y las instalaciones de la ciudad.

Sin embargo, a la gente que puede costearse el piso*, vivir en pleno centro de la ciudad le encanta. Todo lo tiene a mano; el servicio de transporte público suele ser muy bueno y también hay muchos taxis. Y si uno es amante de la naturaleza, hay parques y jardines donde puede pasear, relajarse, disfrutar de los árboles y de las plantas y admirar los adornos florales sin preocuparse de nada.

*piso = **departamento, apartamento** in Latin American Spanish

1 En el campo hay muchos autobuses al día.

2 No es fácil ir al centro desde las afueras de la ciudad.

3 A la gente que vive en pleno centro de la ciudad no le gusta nada.

4 Es difícil vivir sin coche en la ciudad.

P **Find Spanish equivalents in the text to:**

1 right in the centre

2 the public transport service is dire

3 the option of travelling either by train or by bus

4 noise pollution

5 people who can afford a flat

Q **Give the English for the following.**

1 también existen inconvenientes

2 todo queda lejos

3 la contaminación atmosférica

4 todo lo tiene a mano

5 sin preocuparse de nada

R **Make eight words from the groups of letters in this word cloud. They are modes of transport that you may see in a city.**

tran
me   en vía
co   bi   fur
xi to cic au che
gon bús leta
ta   eta   tr
tro

Writing

S **Read this short questionnaire. Then answer the questions in Spanish (50–80 words in total).**

1 ¿Dónde vive: en el centro de la ciudad, en una zona residencial de las afueras o en el campo?

2 ¿Qué medio de transporte utiliza para sus desplazamientos?

3 ¿Le gusta donde vive o preferiría vivir en otro sitio?

Self-check

Marque la casilla que corresponde según su nivel de conocimiento y seguridad.

    1 = muy seguro/a   **2** = necesito practicar más   **3** = no muy seguro/a

	1	2	3
Using the most common prepositions			
Using personal **a**			
Using **por** and **para**			
Discussing the advantages and disadvantages of living in a city or in the country			

For more information on prepositions refer to *Get Started in Spanish,* Unit 15 (prepositions used in directions), *Complete Spanish*, Units 2, 5–6, 11, 15 (personal **a**); *Get Started in Latin American Spanish*, Units 4, 6, 10 (**para**); *Complete Latin American Spanish*, Units 4 (personal **a**), 8 (**para, por**).

For indirect object pronouns and pronouns after prepositions see Unit 10. For verb forms directly after prepositions see Unit 18.

23 Estoy bien, aunque no tengo trabajo

I'm fine although I don't have any work

In this unit you will learn to:

- ✓ Use conjunctions.
- ✓ Read and write emails between friends exchanging personal news.

CEFR: Conjunctions (B1); Can follow the description of events, feelings and wishes in a personal letter (B1); Can write a personal letter describing experiences (B1).

Meaning and usage

Conjunctions

1 words like **y** *(and)*, **pero** *(but)*, **porque** *(because)*, **aunque** *(although)*, which serve to connect two or more words, phrases or clauses (a group of words containing a subject and a verb), are known as conjunctions:

Rocío es guapa y amable. *(Rocío is pretty and friendly.)*

No te llamé, porque no tenía tu número de teléfono. *(I didn't phone you, because I didn't have your telephone number.)*

2 there are two types of conjunctions: those which link words, phrases or clauses of a similar kind or value, like **y** *(and)*, **pero** *(but)*, are called *co-ordinating conjunctions*:

Mi padre y el tuyo están jubilados. *(My father and yours are retired.)*

Es un plato sabroso, pero picante*. *(It's a tasty but spicy dish.)*

*picante = picoso in parts of Latin America

3 conjunctions like **como** *(as)*, **por lo tanto** *(therefore, so)*, which introduce a clause that is dependent on a main clause are known as *subordinating conjunctions*:

Como Raúl tiene tanto dinero, no le importa gastar. *(As Raúl has so much money, he doesn't mind spending it.)*

No has hecho tus deberes, por lo tanto no podrás salir a jugar. *(You haven't done your homework, so you can't go out to play.)*

Co-ordinating conjunctions

 A Change the words in brackets into Spanish:

1 Ignacio *(and)* Eva son primos.

2 Agustín va a viajar a Francia *(and)* Inglaterra.

3 Había setenta *(or)* ochenta invitados en la fiesta.

4 De postre, ¿prefiere flan *(or)* helado?

Y

y means *and*, and before **i-** and **hi-** it changes into **e**:

La Ciudad de México y Buenos Aires son las ciudades más pobladas de Hispanoamérica*. *(Mexico City and Buenos Aires are the most populous cities in Spanish America.)*

Carlos e Inés se conocen desde hace años. *(Carlos and Inés have known each other for years.)*

Del pueblo Felipe nos trajo una cesta con melocotones e higos. *(From the village Felipe brought us a basket of peaches and figs.)*

***Hispanoamérica** is the term used in Spanish to refer to all the Spanish-speaking countries of North, Central and South America

 B Complete the sentences using the Spanish word for *and*.

1 Aquí vienen sobre todo alemanes _____ ingleses.

2 Los Reyes Católicos eran Fernando de Aragón _____ Isabel de Castilla.

3 En el instituto mis asignaturas preferidas eran la geografía _____ la historia.

4 Fuimos primero al teatro romano, _____ después al castillo.

5 El verano que viene Alejandro quiere hacer un viaje a Groenlandia _____ Islandia.

6 Padres _____ hijos se dirigieron a la sala donde el director _____ los profesores les esperaban.

O

1 **o** translates *or*, and before **o-** or **-ho** it changes into **u**:

Se quedarán una o dos semanas con nosotros.
(They'll stay one or two weeks with us.)

Había siete u ocho personas en la reunión.
(There were seven or eight people at the meeting.)

¿Tito es salvadoreño u hondureño? *(Is Tito Salvadoran or Honduran?)*

 Now that you know the rules that require changing y *into* e *and* o *into* u*, go back to the Discovery exercise above and check whether you got them right.*

2 **o … o** translates *either … or*:

O estudias tu lección o te vas a la cama. *(Either you study your lesson or you go to bed.)*

 C **Complete the sentences with the Spanish word for either or or.**

1 ¿Quién te lo ha dicho: Santiago _____ Horacio?

2 ¿Quieres una manzana de postre _____ otra cosa?

3 Las opciones para las vacaciones eran España, Italia _____ Grecia.

4 Doña Prudencia tendrá unos setenta _____ ochenta años.

5 La reunión es a las siete y media _____ las ocho, no estoy seguro.

6 Según mi padre, _____ mandas _____ obedeces.

Ni

1 when **ni** follows a verb that is preceded by **no** or another negative word such as **nunca** it translates to *nor*:

No quiero verle ni oír de él. *(I don't want to see him nor hear about him.)*

Nunca nos llaman ni nos escriben.
(They never phone us nor write to us.)

2 **ni … ni** is the equivalent of *neither … nor*:

Sarah no habla ni español ni francés.
(Sarah speaks neither Spanish nor French.)

Ni trabajan ni estudian. *(They neither work nor study.)*

 La generación nini *(literally, the neither nor generation)* is a new term used in some Spanish-speaking countries to refer to young people who neither work nor study.

 D **Link the following two sentences.**

Laura estudia mucho. Sus notas no son buenas.

Pero

pero means *but* and it is used to connect sentences that contradict each other, either totally or in part; **pero** functions in the same way as English *but*, following a positive or negative statement, restricting its meaning but not excluding:

Gabriel es inteligente, pero perezoso.
(Gabriel is intelligent, but lazy.)

No es una gran casa, pero es muy cómoda.
(It's not a big house, but it's very comfortable.)

(See also **Sino** *but* below.)

 *Less frequent conjunctions like **aunque** (although) and **sin embargo** (however), like **pero**, are also used to connect statements that contradict each other:*

Aunque Laura estudia mucho, sus notas no son buenas. *(Although Laura studies a lot, her marks are not good.)*

Laura estudia mucho, sin embargo sus notas no son buenas. *(Laura studies a lot, however her marks are not good.)*

Sino

sino, also meaning *but*, is used in a construction with two contrasting elements which exclude each other, the first one *negative*, the second one *positive*:

En Brasil <u>no</u> se habla español <u>sino</u> portugués. *(In Brazil they don't speak Spanish but Portuguese.)*

La recesión económica ha afectado <u>no solo</u> a España <u>sino</u> también a otros países de la Unión Europea. *(The economic recession has affected not only Spain but also other countries in the European Union.)*

E   Complete the sentences with ni, pero or sino as appropriate.

1 Es un buen empleado _____ nunca llega a la hora.

2 No viven en el centro _____ en las afueras de la ciudad.

3 La reunión no es a las siete y media _____ a las ocho.

4 No me gusta _____ la geografía _____ la historia, _____ me encantan las ciencias.

5 Patricio es vegetariano; no come _____ carne _____ pescado, _____ come huevos.

6 No solo vienen mis padres a comer el domingo _____ mis suegros también.

Subordinating conjunctions

Spanish has a large number of subordinating conjunctions. The following notes include some of the most common, organized according to function, excluding those that are followed by the subjunctive, a special form of the verb:

F   Here are some of the conjunctions you will encounter in the notes below. Complete the missing meanings.

a pesar de que	*despite the fact that*	**después de que**	_____
así que	_____	**mientras**	_____
aunque	_____	**por lo tanto**	*therefore, so*
como	_____	**porque**	_____
de manera que	*so*	**si**	*if*

1   Que is one of the most common conjunctions or connectors, equivalent to the English *that*, which in Spanish cannot be omitted:

Creí <u>que</u> habías salido.   *(I thought you had gone out.)*

Me dijeron <u>que</u> llegarían sobre las nueve.   *(They told me they'd arrive around nine.)*

G Choose two suitable conjunctions from the box to link the sentences below and place them in the right position:

aunque	que	porque	a pesar de que	como

1 No lo compré. No tenía dinero.

2 No quedaban entradas para el concierto. No pudimos asistir.

2 Conjunctions expressing cause. Of the conjunctions which express cause, **porque** *(because)* is the most common, followed by **como, pues, puesto que, ya que,** all translating *since* or *as*, with the last two more restricted to formal language:

No pudimos viajar <u>porque/pues</u> no había vuelos. *(We couldn't travel because/since there were no flights.)*

<u>Como</u> no había vuelos, no pudimos viajar. *(Since there were no flights, we couldn't travel.)*

<u>Puesto que/Ya que</u> ha llegado el presidente, podemos iniciar la sesión. *(Since the president has arrived, we can start the meeting.)*

 H What does your flatmate Lola mean by?

Estoy resfriada*, así que no podré ir contigo al teatro esta noche.

***estar resfriado** = also, **estar constipado** in Peninsular Spanish

3 Conjunctions expressing consequence. Consequence can be expressed with **así que, conque,** and more formally with **de manera que, de forma que, de modo que, por lo tanto,** all conveying the meaning *so* or *therefore*:

No tenía tu email, <u>así que</u> no pude enviarte el documento. *(I didn't have your email, so I couldn't send you the document.)*

Este cuadro no me gusta nada, <u>conque</u> puedes quedártelo. *(I don't like this picture at all, so you can keep it.)*

No me han confirmado la reserva, <u>de manera que</u> no podemos hacer nada. *(They haven't confirmed the reservation, so we can´t do anything.)* (**de forma que, de modo que** and **por lo tanto** are equally valid)

4 Conjunctions expressing concession. Of the conjunctions expressing concession the most common are **aunque, aun cuando,** translating *although, even though* and **a pesar de que**, meaning *despite the fact that*:

<u>Aunque</u> no es rico, vive bastante holgadamente. *(Although he's not rich, he lives quite comfortably.)*

 Of the conjunctions above **así que** *is the most frequent, while* **conque** *is restricted to informal language and it may be used to start a sentence:*

Conque eso es lo que querías, ¿no? *(So that is what you wanted, isn't it?)*

Aun cuando no era verdad, todos le creyeron. *(Even though it wasn't true, everyone believed him.)*

Amalia consiguió el trabajo, a pesar de que no hablaba bien inglés. *(Amalia got the job, despite the fact that she did not speak English well.)*

 I   Choose a conjunction from the box to insert in the sentences where it is needed.

que	aunque	como	a pesar de que	así que	porque

1 Javier no se pone en contacto, no le invito a la fiesta.

2 Ramón tuvo que madrugar el tren salía a las siete.

3 Begoña cree pronto encontrará trabajo.

4 Ha venido poca gente a la función hemos perdido dinero.

5 Pasamos horas y horas pensando en el problema, no encontramos la solución.

6 Le haré un regalo a Andrés no se lo merece.

5 **Conjunctions of time.** Conjunctions expressing time include **cuando** *(when)*, **después de que** *(after)*, **hasta que** *(until)*, **mientras** *(while)*, **en cuanto** *(as soon as)*, **siempre que** *(whenever)*, **una vez que** *(once)*:

Cuando Elena sale de la oficina, se va directamente a casa. *(When Elena leaves the office, she goes straight home.)*

Después de que se ducha, José toma un café. *(After he showers, José has a coffee.)*

Inma no se duerme hasta que terminan las noticias. *(Inma doesn't go to sleep until the news has finished.)*

Eva hacía las camas mientras Pepe preparaba el desayuno. *(Eva made the beds while Pepe prepared breakfast.)*

Víctor se levanta en cuanto suena el despertador. *(Víctor gets up as soon as the alarm clock rings.)*

Siempre que vienen sus padres, Alicia prepara algo especial. *(Whenever her parents come, Alicia prepares something special.)*

Una vez que empiezan sus vacaciones, Verónica se va a la playa. *(Once her holidays start, Verónica goes to the seaside.)*

 When referring to future time all the conjunctions above will be followed by the subjunctive, a special form of the verb.

6 Expressing conditions with **si** *(if)*. Like other subordinating conjunctions, **si** *(if)* connects a subordinate clause, in this case one expressing a condition, to the main clause. The examples below correspond to conditions that are either real or which may be fulfilled in the future:

Si Julia tiene fiebre, **entonces es mejor llamar a un médico ahora mismo.** *(If Julia has a fever, then we'd better call a doctor right now.)* (a real condition related to the present)

Si vienes a la fiesta mañana, **te presentaré a Cristina.** *(If you come to the party tomorrow, I'll introduce you to Cristina.)* (a condition which may be fulfilled in the future)

J Choose the appropriate conjunction to make meaningful sentences.

1 Pedro escucha música *rock* (**en cuanto/mientras**) estudia.

2 Asunción vivía en un pueblecito en pleno campo (**cuando/siempre que**) era niña.

3 Pepe me ayudaba (**siempre que/hasta que**) podía.

4 Te vas a caer (**si/mientras**) no tienes cuidado.

5 Los vecinos no volvieron a sus casas (**hasta que/después de que**) les dijeron que no había peligro.

6 Luis siempre me traía alguna cosita (**mientras/cuando**) venía a visitarme.

7 Fernando se compró varios trajes (**siempre que/después de que**) lo nombraron ministro.

8 Jesús me saludó (**siempre que/en cuanto**) me vio.

📖 Reading

K Read the first part of this email to Lorenzo to answer the question in Spanish:

¿Cuántos años hace desde que Lorenzo y Agustín se licenciaron?

licenciarse	*to graduate*	**¡Qué tiempos aquellos!**	*Those were the days!*

De: **Agustín García Chacón**

Para: **Lorenzo B. Urquiza**

Asunto: **saludos**

Hola Lorenzo:

No sé si este seguirá siendo tu correo ... de todas formas me gustaría intentar contactar contigo de nuevo porque siempre me acuerdo de ti y de los buenos tiempos que pasamos juntos en la universidad, especialmente del viaje que hicimos a París pensando que podríamos cubrir los gastos tocando la guitarra y cantando en la calle. Sin embargo, descubrimos que ni los parisienses ni los turistas eran muy generosos aun cuando cantábamos en francés. Son cinco años ya desde que nos licenciamos ¿verdad? ¡Qué tiempos aquellos!

L Now read the rest of the email, then answer the questions that follow in Spanish.

la promoción	class, year	la solicitud	application
la entrevista	interview		

A pesar de que los profes me dijeron que encontraría un buen trabajo sin dificultad ya que era uno de los mejores de mi promoción, no me salió nada. Hice un montón de solicitudes, conseguí un par de entrevistas, pero nada, así que decidí volver al pueblo y allí sí conseguí un trabajito. Nada tenía que ver con mis estudios, claro, pero me dije que algo era algo mientras buscaba ese puesto de trabajo con el que soñaba.

Mis padres han sido bastante comprensivos de modo que volver al pueblo no ha sido demasiado traumático y trabajar de camarero en el bar tiene sus recompensas. Llegas a conocer a todo el mundo, puesto que todo el mundo se reúne allí. De este modo conocí al director de la banda musical del pueblo vecino. Aunque hace tiempo que no toco el clarinete, él me dijo que le hacían falta músicos porque o son adolescentes que están aprendiendo o ya son mayorcitos. Además hay unos jóvenes que quieren aprender a tocar la guitarra, así que les doy clase.

Bueno, Lorenzo, ya sabes cómo me va la vida. ¿Cómo te va por allí? Me encantaría tener noticias tuyas. Si tienes un momento, por favor escríbeme.

Un abrazo

Agustín

1 ¿Por qué pensaban los profesores de Agustín que encontraría un buen trabajo?

2 ¿Qué le pasó cuando volvió al pueblo?

3 ¿Dónde conoció Agustín al director de la banda musical?

4 ¿Qué pasó después de que se conocieron?

M Find the Spanish equivalents in the email to:

1 even when we sang in French

2 in spite of the lecturers telling me that

3 while I looked for that dream job

4 as everybody meets up there

5 although I haven't played the clarinet for a while

N Give the infinitive forms and meanings of the verbs in the email related to these nouns:

un intento	un contacto	un sueño
una reunión	una canción	una decisión

O   Match the musical instrument with its definition.

| la batería | las castañuelas | la trompeta |
| el clarinete | el órgano | la guitarra |

1 Instrumento de viento de madera.

2 Instrumento de cuerda.

3 Conjunto de instrumentos de percusión.

4 Acompañan canciones y bailes sobre todo en el sur de España.

5 Instrumento de metal.

6 Tiene teclas y se toca en iglesias y catedrales.

 # Writing

P   Write a short email in Spanish to a friend with whom you have not been in contact for a while, explaining what has been happening in your life since you were last in touch (50–80 words).

Self-check

Tick the box which matches your level of confidence.

1 = very confident   *2 = need more practice*   *3 = not confident*

Marque la casilla que corresponde según su nivel de conocimiento y seguridad.

1 = muy seguro/a   **2** = necesito practicar más   **3** = no muy seguro/a

	1	2	3
Using co-ordinating and subordinating conjunctions			
Reading and writing emails between friends exchanging personal news			

For more information on conjunctions refer to *Complete Spanish,* Units 6, 25 (**que** *that, which, who*), 17 (**porque** *because*), 20 (**si** *if*), 25 (**cuando** *when;* **para que** *so that*); *Complete Latin American Spanish*, Unit 13 (**que** *that, which, who;* **para que** *so that;* **cuando** *when;* **hasta que** *until;* **aunque** *even if, although*).

For information on the subjunctive see Unit 25.

24 Ven conmigo
Come with me

In this unit you will learn to:

✓ Use the imperative formal and informal, positive and negative forms.

✓ Read and write about equipment and safety tips for hikers, and steps they can take to look after the environment.

CEFR: The imperative (A2); Can follow instructions and regulations (A2); Can write short, simple instructions on matters of immediate need (A2).

Meaning and usage

The imperative

1 the imperative is a form of the verb used in instructions, directions, requests and commands:

Tome una pastilla cada ocho horas.
(Take one pill every eight hours.)

Siga todo recto por esta calle.
(Go straight on along this street.)

Beba bastante agua durante el día.
(Drink plenty of water during the day.)

In spoken language, the present tense may replace the imperative:

Sigue usted todo recto y al final de la calle gira a la izquierda.
(You go straight on and at the end of the street you turn left.)

2 unlike English, which uses a single imperative form, the Spanish imperative changes according to the form of address, *formal* and *familiar,* and whether you are talking to one or more than one person, *singular* and *plural*:

Pase por aquí. *(Come this way.)* (formal, singular for **usted**)

Pasad por aquí. *(Come this way.)* (familiar, plural for **vosotros**)

3 the familiar imperative has different positive and negative forms:

Llama mañana, no llames hoy. *(Call tomorrow, don't call today.)*

Dejad vuestro equipaje en la habitación, no lo dejéis en el salón. *(Leave your luggage in the bedroom, don't leave it in the sitting room.)*

A **Here are some formal phrases containing imperative forms used with pronouns. Give their meaning in English.**

1 **Tráigame** más pan, por favor.

2 Por favor, **deme** la cuenta.

3 **Póngame** dos kilos de naranjas.

4 ¡No **me diga!**

4 as a general rule on the **position of pronouns with imperatives**, object and reflexive pronouns are added to positive imperatives but precede negative ones; the following examples are in the familiar singular form:

<u>Llámame</u> mañana. *(Call me tomorrow.)*

<u>No me llames</u> hoy. *(Don't call me today.)*

¡<u>Levántate!</u> *(Get up!)*

¡<u>No te levantes!</u> *(Don't get up!)*

> When pronouns are attached to the positive form you may need to add an accent in order to keep the stress in the same place:
>
> **¿Diga?** *but* **¿Dígame?** *(Can I help you?, Hello, on the phone)*

 B **Match the Spanish imperative with its English equivalent.**

1	No me habléis de eso.	a	*Don't give me any more.*
2	Dime por qué lo has hecho.	b	*Come and see us on Saturday.*
3	Por favor, siéntense.	c	*Don't talk to me about that.*
4	No me dé más.	d	*Don't annoy me.*
5	Venid a vernos el sábado.	e	*Tell me why you have done it.*
6	Pídaselo al recepcionista.	f	*Please sit down.*
7	No me molestes.	g	*Don't make a noise.*
8	No hagáis ruido.	h	*Ask the receptionist for it.*

Forms

Formal imperative: **usted** and **ustedes**

C **During a holiday in a Spanish-speaking country you go and see a doctor. What does he/ she mean by the following?**

1 Pase, por favor.

2 Siéntese.

3 Dígame qué le pasa.

1 the imperative for **usted** is formed with the stem of the first person singular of the present tense **(yo)** to which the endings are added: **-e** for **-ar** verbs, and **-a** for **-er** and **-ir** verbs; for the **ustedes** form add **-n**:

Infinitive	Present tense (yo form)	Imperative (usted/ustedes)
pasar *(to come in)*	pas<u>o</u>	pas<u>e</u>/pas<u>en</u>
beber *(to drink)*	beb<u>o</u>	beb<u>a</u>/beb<u>an</u>
subir *(to go up)*	sub<u>o</u>	sub<u>a</u>/sub<u>an</u>

<u>Pase</u> (usted), por favor. *(Come in, please.)*

No <u>beba</u> si tiene que conducir.
(Don't drink if you have to drive.)

No <u>suban</u> todavía. <u>Espérenme</u> un momentito.
(Don't go up yet. Wait for me just a moment.)

> On its own, the formal imperative may sound a bit abrupt, so you can soften it by using the pronoun **usted** or **ustedes** or any polite formula like **por favor** *(please)*, **si no le importa** *(if you don't mind)*, or the more formal **si es usted tan amable** *(if you would be so kind)*:
>
> <u>Llámele</u> usted después del mediodía, si no le importa. *(Phone him after midday, if you don't mind.)*

 D Complete the following sentences with the appropriate formal imperative forms.

1 Yo solamente hablo inglés; por favor, _____ usted inglés.

2 Yo abro la puerta, _____ ustedes las ventanas.

3 Mientras escribo la carta, _____ usted la dirección en este sobre.

4 Por favor, _____ ustedes los bocadillos mientras yo preparo la sopa.

5 _____ ustedes las instrucciones; no las puedo leer yo sin las gafas.

6 _____ usted su coche; ¿por qué no? Yo vendo el mío.

2 stem-changing and most irregular and spelling-changing verbs follow the present tense **yo** form pattern (see exceptions in paragraph 3 below):

E Complete the missing imperative forms for usted and ustedes:

Infinitive	Present tense (yo form)	Imperative (usted/ustedes)
cerrar *(to close)*	cierro	cierre/cierren
recordar *(to remember)*	recuerdo	_____
volver *(to return)*	vuelvo	_____
seguir *(to go on, follow)*	sigo	siga/sigan
decir *(to tell, say)*	digo	_____
venir *(to come)*	vengo	_____
coger *(to take, catch)*	cojo	coja/cojan
conducir *(to drive)*	conduzco	_____

Por favor cierre la puerta al salir.
(Close the door when going out, please.)

Siga todo recto. *(Go straight on.)*

Cojan el autobús número veinticinco.
(Take bus number twenty-five.)

Latin Americans use **tomar** *(to take, catch) instead of* **coger***, which is a taboo word with sexual connotations in some countries, such as Argentina, Uruguay and Paraguay.*

Tomen un taxi en la esquina. *(Take a taxi at the corner.)*

 F For each imperative form below give the corresponding infinitive and its meaning:

1 busque

2 paguen

3 comience

4 toquen

5 juegue

6 almuercen

3 verbs ending in **-gar** and **-car** change their spelling in the formal imperative in order to keep the same consonant sound as the infinitive; those ending in **-zar** change **-z** into **-c** following a spelling rule that dictates that the letter **-z** change into **-c** when followed by an **-e**:

Infinitive	Imperative (usted/ustedes)
llegar *(to arrive)*	**llegue/lleguen**
marcar *(to dial)*	**marque/marquen**
empezar *(to begin, start)*	**empiece/empiecen**

Para llamar a Inglaterra marque el 00-44. *(To call England dial 00-44.)*

Empiecen sin mí. No llegaré a la hora. *(Start without me. I won't arrive on time.)*

4 some formal imperative forms are irregular:

Infinitive	Imperative (usted/ustedes)
dar *(to give)*	**dé/den**
estar *(to be)*	**esté/estén**
ir *(to go)*	**vaya/vayan**
saber *(to know)*	**sepa/sepan**
ser *(to be)*	**sea/sean**
ver *(to see)*	**vea/vean**

Dé una vuelta por el barrio. Es muy interesante. *(Go for a walk in the area. It's very interesting.)*

No vayan muy deprisa, que la carretera es peligrosa. *(Don't go too fast, the road is dangerous.)*

¡Sean puntuales! *(Be punctual!)*

(The imperative forms for **usted** and **ustedes** are the same as the corresponding forms of the present subjunctive.)

G Put the verb in brackets into the correct imperative form as indicated.

1 (Volver, ustedes) _____ antes de las diez.

2 (Ir, usted) _____ por esta calle.

3 (Salir, usted) _____ por esa puerta.

4 (Ponerlos, ustedes) _____ allí.

5 (Encontrarme, ustedes) _____ en Recepción.

6 (Hacer, usted) _____ el café.

7 (Repetirlo, usted) _____ , por favor.

8 (Sacar, ustedes) _____ las entradas mañana por la mañana.

Positive familiar imperative: tú and vosotros

H Your friend Montse is giving you instructions on how to make a Spanish omelette. What is she saying?

Pela las patatas y la cebolla, pica la cebolla y ponla en una sartén con abundante aceite …

1 the positive imperative for **tú** is formed by removing the **-s** from the second person singular of the present tense, a rule which includes stem-changing verbs:

Infinitive	Present tense (tú form)	Positive imperative (tú form)
esperar *(to wait)*	esperas	espera
comer *(to eat)*	comes	come
abrir *(to open)*	abres	abre
entender *(to understand)*	entiendes	entiende
volver *(to come back)*	vuelves	vuelve

¡**Espera** un momento! *(Wait a moment!)*

Abre la ventana, por favor. *(Open the window, please.)*

Vuelve mañana a la misma hora. *(Come back tomorrow at the same time.)*

2 a few verbs form the positive imperative for **tú** in an irregular way; do the following Discovery exercise before you look at the list below:

I **Your Spanish hostess is a bit apprehensive. What does she mean by each of the following?**

1 ¡Ten cuidado!   **2** ¡Sé prudente!   **3** ¡Ve despacio!

Infinitive	Positive imperative (tú form)
decir *(to say, tell)*	di
hacer *(to do, make)*	haz
ir *(to go)*	ve
poner *(to put)*	pon
salir *(to go out)*	sal
ser *(to be)*	sé
tener *(to have)*	ten
venir *(to come)*	ven

¡Hazlo así! *(Do it this way!)*

¡Sal de aquí! *(Get out of here!)*

¡Ten paciencia! *(Be patient!)*

J **Put the English words in brackets into Spanish using the tú form of the imperative.**

1 *(Run, run)* _____ , que viene el autobús.

2 Hace mucho frío, *(close)* _____ las ventanas por favor.

3 Por favor, *(help me)* _____ con estas bolsas.

4 *(Come)* _____ a las seis.

5 Esta puerta está cerrada con llave; *(go out)* _____ por esa.

6 *(Make)* _____ la cama.

7 *(Sit down)* _____ y *(listen to me)* _____ .

8 *(Go)* _____ al mercado antes del mediodía.

> Verbs derived from those above are also irregular: e.g. **irse** *(to leave, go)*, **ponerse** *(to put on)*:
>
> **¡Vete!** *(Go away!)*
>
> **Ponte esta camisa.** *(Put on this shirt)*

3 the positive imperative for **vosotros** is formed by replacing the final **-r** of the infinitive with **-d**, which is lost with all reflexive forms, except **irse** *(to leave, go)*:

Infinitive	Positive imperative (vosotros form)
terminar *(to finish)*	terminad
hacer *(to do, make)*	haced
salir *(to go out, leave)*	salid
alegrarse *(to be glad)*	alegraos
divertirse *(to enjoy oneself)*	divertíos
irse *(to leave, go)*	idos

¡Terminad de una vez! *(Finish once and for all!)*

Haced los deberes antes de salir a jugar.
(Do your homework before going out to play.)

¡Salid ahora mismo, pero ordenadamente!
(Leave right now, but in an orderly way!)

 K Change the tú forms of the imperative in Exercise J into vosotros forms.

 In informal spoken language and in formal written instructions such as signs and recipes, the infinitive often replaces the imperative:

¡Salir, salir! *(Out, out!)*

NO ENTRAR *(Do not enter.)*

Calentar aceite en una sartén y **freír** la cebolla y el ajo … *(Heat oil in a frying pan and fry the onion and the garlic …)*

Negative familiar imperative: tú and vosotros

 L Identify the imperatives that correspond to tú and those that go with vosotros. Give the infinitive for each verb.

1 No me **esperéis** a cenar.

2 No **abras** la puerta.

3 ¡No **hagas** ruido!

4 No **salgáis**, que hace frío.

1 the negative imperative for **tú** is just like the imperative for **usted** with a final **-s**:

Infinitive	Formal imperative (for usted)	Negative imperative (for tú)
mirar *(to look)*	mire	no mires
comer *(to eat)*	coma	no comas
subir *(to go up)*	suba	no subas
cerrar *(to close)*	cierre	no cierres
venir *(to come)*	venga	no vengas
irse *(to leave, go)*	váyase	no te vayas

¡No la mires! *(Don't look at her!)*

No vengas mañana, ven el lunes. *(Don't come tomorrow, come on Monday.)*

No te vayas todavía. *(Don't go yet.)*

2 like the **tú** form above, the negative imperative for **vosotros** follows the pattern of the imperative for **usted** to which you must add the **vosotros** ending -**is**; as is the norm, stem changes do not apply to this form:

Infinitive	Formal imperative (for usted)	Negative imperative (for vosotros)
mirar *(to look)*	mire	**no miréis**
comer *(to eat)*	coma	**no comáis**
subir *(to go up)*	suba	**no subáis**
cerrar *(to close)*	cierre	**no cerréis**
venir *(to come)*	venga	**no vengáis**
irse *(to leave, go)*	váyase	**no os vayáis**

No subáis al monte con este tiempo.
(Don't go up the mountain in this weather.)

Hace un calor sofocante aquí dentro , así que no cerréis las ventanas. *(It's stifling in here, so don't close the windows.)*

¡No os vayáis! Quedaos un rato más. *(Don't go! Stay a bit longer!)*

> The **vosotros** form is not used in the Spanish-speaking countries of Latin America, where the imperative form for **ustedes** is used in formal and familiar address:
>
> **No entren todavía chicos.** *(Don't come in yet, children.)*

Imperative forms including the speaker

 M It has been a tiring shopping day for you and your friend Ana María. What does she mean by the following?

Estoy cansadísima. Tomemos un café y comamos algo antes de continuar.

1 positive and negative imperative forms including the speaker, as in the English *Let's (not),* take the same endings as the imperative for **usted** above to which you add -**mos**; as with the **vosotros** form, stem changes do not apply:

Infinitive	Formal imperative (for usted)	Let's (*not*) (for nosotros)
mirar *(to look)*	mire	(no) miremos
comer *(to eat)*	coma	(no) comamos
subir *(to go up)*	suba	(no) subamos
cerrar *(to close)*	cierre	(no) cerremos
venir *(to come)*	venga	(no) vengamos
ir *(to go)*	vaya	(no) vayamos

(The **nosotros** imperative is the same as the corresponding form of the present subjunctive.)

Miremos dentro. *(Let's look inside.)*

Subamos a la torre de la catedral. *(Let's go up the cathedral tower.)*

La próxima vez no vengamos en el coche. *(Next time let's not come in the car.)*

2 in positive forms with a reflexive verb the final **-s** of the **nosotros** form is lost:

¡Acostémonos! *(Let's go to bed!)*, but **¡No nos acostemos!** *(Let's not go to bed!)*

¡Levantémonos! *(Let's get up!)*, but **¡No nos levantemos!** *(Let's not get up!)*

 N Put the infinitives into the positive and negative imperative forms as indicated.

Example: Hablarme, tú.   Háblame.   No me hables.

1 Dormirte, tú. _____ _____

2 Levantarse, ustedes. _____ _____

3 Entrar, nosotros. _____ _____

4 Venir, vosotros. _____ _____

5 Seguirme, usted. _____ _____

6 Esperarme, vosotros. _____ _____

7 Dármelo, tú. _____ _____

8 Traérnoslos, usted. _____ _____

📖 Reading

O Read the first part of the article. Is the following statement true or false? If it is false, correct it in Spanish.

Cuesta mucho dinero hacer senderismo.

Como uno de los instintos básicos del ser humano es estar en contacto con la Naturaleza*, la actividad al aire libre con mayor demanda entre la población urbana es el senderismo. Por un desembolso no muy grande, un par de botas o zapatillas deportivas y una mochila, se puede disfrutar de la naturaleza en unos lugares espléndidos.

*__la Naturaleza__ = the natural world, 'Mother Nature'; **la naturaleza** = nature, flora and fauna

P **Now read on, then correct the following statements in Spanish, using imperatives in the formal usted form. The first one has been done for you.**

el provecho	benefit	el ganado	livestock

Sin embargo, hay unas normas que seguir si usted quiere sacar el mayor provecho y disfrutar al máximo del senderismo, igual si lo hace en grupo que en solitario.

Prepárese bien antes de ponerse en camino. Estudie bien el mapa teniendo en cuenta sus límites físicos para no sobrepasarse. Asimismo, lea el parte meteorológico. Si el pronóstico es malo, no vaya; déjelo para otro día.

El perro es buena compañía y también le gustará salir al monte. Si lleva perro, manténgalo controlado. Recuerde que un perro suelto puede causar alarma a otras personas e inquietar al ganado. Por eso, llévelo sujeto con una correa corta si tiene que pasar por un prado donde haya animales. Recoja sus excrementos ya que pueden causar molestia a otras personas que, como usted, quieren disfrutar plenamente del entorno.

No olvide que hay gente que vive y trabaja en el campo. Respete su intimidad y manténgase a una distancia razonable de sus casas y donde esté trabajando.

Cuide el medio ambiente. Sea responsable y respetuoso. Llévese toda la basura para tirarla en casa y no recoja las flores silvestres. Mírelas pero déjelas donde están. Su hábitat es cada vez más frágil y muchas flores silvestres están ahora en peligro de extinción.

1 No hace falta mirar un mapa; para subir esa montaña es simplemente cuestión de seguir el sendero. *Estudie bien el mapa y tenga en cuenta sus límites físicos para no sobrepasarse.*

2 Mañana es sábado; va a llover pero saldré al monte a hacer senderismo.

3 Como estoy en pleno campo, no es necesario recoger los excrementos del perro.

4 Solamente voy a encontrar a gente como yo que está practicando el senderismo.

5 Nadie va a ver la bolsa de plástico con los restos de merienda que dejo debajo de un arbusto.

Q **Find Spanish equivalents in the text for:**

1 before setting out

2 the weather forecast

3 a short leash

4 respect their privacy

5 wild flowers

R **Search the second part of the text for words equivalent to the following and say what they mean.**

1 campo

2 regla

3 beneficio

4 intranquilizar

5 gozar

6 igualmente

S Match each Spanish word in this word cloud with its English equivalent.

la linterna
la brújula
el botiquín el termo
map **compass** sun cream
el mapa first-aid kit
rucksack el móvil torch
la mochila mobile **la crema solar**
Thermos® flask

Writing

T Give some advice in Spanish for a potential rambler or hillwalker, e.g. the type of clothing that should be worn, what should go in the rucksack. Use the usted form of the imperative. Use the example below from the article as a model (50–80 words).

Prepárese bien antes de ponerse en camino.

Self-check

Tick the box which matches your level of confidence.

1 = very confident *2 = need more practice* *3 = not confident*

Marque la casilla que corresponde según su nivel de conocimiento y seguridad.

1 = muy seguro/a **2** = necesito practicar más **3** = no muy seguro/a

	1	2	3
Using formal and informal, positive and negative imperatives			
Reading and writing about equipment and safety tips for hikers, and steps they can take to look after the environment			

For more information on the imperative refer to *Get Started in Spanish,* Unit 15; *Complete Spanish,* Units 23–24; *Complete Latin American Spanish*, Units 12–13.

For object pronouns see Unit 10. For reflexive pronouns see Unit 11. For the present subjunctive see Unit 25.

25 Quiero que trabajes conmigo

I want you to work with me

In this unit you will learn to:

- ✓ Understand when to use the subjunctive.
- ✓ Use the forms of the present subjunctive.
- ✓ Read an email from a friend describing events in his life.
- ✓ Write a summary of your requirements for a language school.

CEFR: Can follow the description of events, feelings and wishes in personal letters (B1); Can write a simple, connected text on a topic of personal interest (B1).

Meaning and usage

The subjunctive

1 the *subjunctive* is one of three forms or *moods* of the verb, which is generally used to refer to events which are uncertain, unreal or which have not yet taken place; the other two are the *indicative mood* (all the tenses covered in this book so far), normally used to convey facts or express certainty, and the *imperative mood*, used in instructions, requests and commands.

A **Of the three sentences that follow, identify which conveys a fact, which uncertainty and which is a request. Which two forms of** hablar *(to speak)* **are the same?**

1 No creo que Pat **hable** español.

2 Por favor, **hable** más despacio.

3 Mark **habla** español muy bien.

2 the subjunctive is used very rarely in modern English, but it is found in sentences like *I suggest that he be here at nine* (**Sugiero que este aquí a las nueve**), *It is important that she seek help* (**Es importante que busque ayuda**), *If I were you I'd go* (**Yo que tú iría**); Spanish uses the subjunctive much more frequently than English.

3 there are four subjunctive tenses in everyday use: the *present*, the *imperfect*, the *perfect* and the *pluperfect*, found in all forms of language, formal and informal, spoken and written; of these the present subjunctive is the most common and the only one covered in this workbook, with all the examples given corresponding to this:

Espero que Lucía me llame pronto. *(I hope Lucía phones me soon.)*

No quiero que te vayas. *(I don't want you to go.)*

4 the subjunctive does not relate to any specific time (present, past or future), but any time references will be determined by the context or by the main verb in sentences in which the subjunctive occurs in the subordinate clause; in the case of the *present subjunctive*, time references normally relate to the present or the future, with the verb in the main clause in the present indicative, the future, the perfect or the imperative:

present indicative tense	¿Le digo que espere?	*Shall I tell him/her to wait?*
future tense	No le permitiré que lo haga.	*I won't allow him/her to do it.*
perfect tense	Te he dicho que no salgas.	*I've told you not to go out.*
imperative	Dile a Antonio que vuelva.	*Tell Antonio to come back.*

 B **Of the two sentences below one needs a subjunctive verb in Spanish. Identify which one and give an explanation why.**

1 I think she's a good doctor.

2 I don't think she's a good doctor.

5 unlike what happens with most indicative tenses, which have easily recognizable equivalents in English (e.g. **voy** *I go*, **fui** *I went*), the subjunctive and the indicative are often rendered in English with the same verb forms:

Aunque tengo dinero, no lo compraré. *(Athough I **have** the money, I won't buy it.)* (a fact, therefore indicative)

Aunque tenga dinero, no lo compraré. *(Even if I **have** the money, I won't buy it.)* (uncertainty, therefore subjunctive)

6 the notes that follow cover the main uses of the *present subjunctive* which, with a few exceptions, are valid for the other three subjunctive tenses: the present subjunctive in **que** clauses, the present subjunctive after certain conjunctions, and its use in independent sentences.

The present subjunctive

The present subjunctive in **que** clauses

Main clause	Subordinate clause
No creo (*I don't think*)	que hablen español. (*that they speak Spanish.*)
Ana quiere (*Ana wants*)	que comamos juntos. (*us to eat together.*)
Me alegro de (*I'm glad*)	que vivas tan cerca. (*that you are living so near.*)

The most frequent use of the present subjunctive, like that of the rest of the tenses, is in subordinate clauses introduced by **que**, where the subject of the subordinate clause is different from that of the main verb (e.g. **Él quiere que tú le invites**, *He wants you to invite him*); use of the subjunctive is also determined by the kind of meaning conveyed by the verb in the main clause, such as hope, permission, need, or any of the other meanings listed below.

 C Explain what these two sentences have in common in terms of the general meaning they convey.

Puede que Rolando viaje a Estados Unidos.

Es posible que María Teresa estudie Derecho.

1 possibility or probability, impossibility, doubt and uncertainty:

Es imposible que me quede más tiempo.
(It's impossible for me to stay longer.)

Pilar duda que Andrés la quiera.
(Pilar doubts if Andrés loves her.)

No creo que estén en casa. *(I don't think they are at home.)*

2 hope, wishes, preferences and requests:

Espero que me escribas. *(I hope you'll write to me.)*

Pablo quiere que le llame. *(Pablo wants me to phone him.)*

 Note the use of the indicative instead of the subjunctive when the main verb conveys certainty or near certainty:

Pilar sabe que Andrés la quiere.
(Pilar knows that Andrés loves her.)
(certainty)

Creo que están en casa. *(I think they are at home.) (near certainty)*

 D Explain why the subjunctive is not used in these sentences.

Espero encontrar un piso en este barrio. *(I hope to find a flat in this area.)*

Quieren quedarse unos días con nosotros. *(They want to stay a few days with us.)*

 E Which sentences require the use of the subjunctive in Spanish and why?

1 I hope you can come.

2 I hope to see you on Sunday.

3 He wants to speak to Miguel now.

4 They want us to go over there.

5 It's not possible for us to come before Wednesday.

6 I doubt you'll be able to do it.

7 It's quite likely that he won't be able to travel to Madrid after all.

8 Pedro's quite certain he can come.

3 permission and prohibition, orders and commands:

¿Me permite que le ayude? *(May I help you?)*

Les exigen que lleven corbata. *(They are required to wear a tie.)*

4 needs and requirements:

Necesito que me lo **expliques** claramente. *(I need you to explain this to me clearly.)*

No es necesario que te **quedes** aquí. *(You don't need to stay here.)*

No hace falta que os **preocupéis** tanto. *(You needn't worry so much.)*

 F   What is your Spanish colleague saying with regard to your possible salary increase?

Te sugiero que no se lo **digas** a nadie hasta que **estés** seguro/a.

5 recommendations, suggestions and advice:

Te **recomiendo que compres** las entradas ahora mismo. *(I suggest you buy the tickets right now.)*

Le **aconsejaré** a Susan **que estudie** español. *(I'll advise Susan to study Spanish.)*

 G   Identify which sentences have a verb in the subjunctive. Underline these verbs and explain why the subjunctive is used.

1 ¿Me puede recomendar un buen hotel?

2 Te recomiendo que pruebes el bacalao al pil-pil.

3 El jefe nos ha dicho que trabajemos horas extras.

4 ¿Por qué es necesario que Paco me acompañe?

5 Hace falta ensayar mucho para tocar bien un instrumento musical.

6 Le aconsejo que lea bien este documento.

7 Necesito que me ayudes a hacer estos ejercicios.

8 Nos ha sugerido Emilio que visitemos la Iglesia de San Isidro.

6 emotion of some kind:

A mi madre le **encanta que** le **regalen** flores.
(My mother loves to be given flowers.)

Temo que la compra del piso no **resulte.**
(I'm afraid the purchase of the flat may not go through.)

Me alegro de que te **cases.** *(I'm glad you are getting married.)*

 Verbs like **gustar** *(to like),* **molestar** *(to bother),* **tener miedo de** *(to be afraid),* **estar harto/a de** *(to be fed up with) also fall in this category:*

Estoy harta de que me **mientas.**
(I'm fed up with your lying to me.)

7 some kind of opinion or value judgement, usually expressed with the construction **ser** + adjective:

Es mejor que se lo **digas.** *(You'd better tell him/her.)*

Es una lástima que no **puedas** acompañarme. *(It's a pity you can't come with me.)*

8 the subjunctive is also used in **que** clauses when the *antecedent*, that is, the person, place or object the verb refers back to is someone or something indefinite or unknown:

Buscamos un empleado que sepa de informática.
(We're looking for an employee who knows about computing.)

Queremos un hotel que esté cerca de la playa.
(We want a hotel near the beach.)

No conozco a nadie que pueda repararlo.
(I don't know anyone who can repair it.)

> *If the antecedent is known, use the indicative instead of the subjunctive:*
>
> **Busco al empleado que sabe de informática.** *(I'm looking for the employee who knows about computing.)*
>
> **Prefiero el hotel que está cerca de la playa.** *(I prefer the hotel which is near the beach.)*

H Put these sentences into English.

1 Siento llegar tarde.

2 Siento que tu madre no esté bien.

3 Me sorprende que se marchen tan pronto.

4 Es importante estudiar esto.

5 Es importante que estudiéis esto.

6 ¿Conoces a alguien que hable árabe?

7 No hay nada que pueda sorprenderme.

8 Nos alegramos de que los señores Morales puedan venir.

The present subjunctive after certain conjunctions

The present subjunctive, like the other subjunctive tenses, is used after a number of subordinating conjunctions, among them the following ones.

I Identify which of the two *gets* below translates in Spanish with the subjunctive and explain why.

1 When she *gets* home we'll go for a walk.

2 When she *gets* home we go for a walk.

1 conjunctions expressing *time*, but only when these relate to the future:

Llámala antes de que salga.
(Phone her before she goes out.)

Lo haré después (de) que termine esto.
(I'll do it after I finish this.)

> *When **cuando** relates to an habitual action the verb following this will be in the present indicative, a rule which also applies to **después de** and **hasta**:*
>
> **Cuando llego a la oficina tomo un café.** *(When I get to the office I have a coffee.)*

No nos iremos a casa hasta que cierre el bar. *(We won't go home until the bar closes.)*

Cuando llegue a la oficina tomaré un café. *(When I get to the office I'll have a coffee.)*

 J   What does your friend Enrique mean by the following?

En caso de que veas a Raquel, dile que me llame.

2   conjunctions expressing *concession* and *condition*:

Aunque llueva, saldremos de excursión. *(Even if it rains we'll go on an outing.)*

Pasaremos el día en la playa, a no ser que haga frío. *(We'll spend the day on the beach, unless it's cold.)*

Le diré la verdad, siempre que/siempre y cuando usted esté de acuerdo. *(I'll tell him/her the truth, provided you agree.)*

3   conjunctions expressing *purpose*:

Invitaré a mi novia para que la conozcas.

(I'll invite my girlfriend so that you can meet her.)

Nos quedaremos en un hostal de manera que nos resulte más barato. *(We'll stay in a boarding house so that it works out cheaper.)*

> 🍎 **De manera que** *may express consequence, in which case it will be followed by an indicative verb:* **Nos quedamos en un hostal, de manera que nos resultó más barato.** *(We stayed in a boarding house so it worked out cheaper.) (a fact)*

 K   Which verb is the correct one in these sentences?

1   Esperaremos hasta que (**viene/venga**) Pablo.

2   Quiero hablar con la señora Ramírez antes de que (**salga/sale**) de viaje.

3   Dale este paquete a Teresa en cuanto (**llega/llegue**).

4   Aunque (**insiste/insista**), no aceptaré la invitación a su fiesta.

5   Pediré paella a no ser que (**preferís/prefiráis**) otra cosa.

6   Le haré este trabajo siempre que me (**pague/paga**) un anticipo.

7   Hay que reparar el techo para que no (**entra/entre**) la lluvia.

8   Os invito a cenar para que (**conocéis/conozcáis**) a mi novio.

The present subjunctive in independent sentences

The present subjunctive is used to refer to the present or the future in independent sentences which express:

1 possibility and uncertainty:

Posiblemente pasen sus vacaciones en Marruecos. *(They may spend their holidays in Morocco.)*

Quizá(s) Víctor no esté de acuerdo conmigo. *(Perhaps Víctor will not agree with me.)*

Tal vez Julia quiera descansar. *(Perhaps Julia will want to rest.)*

2 wishes:

Ojalá (que) haga buen tiempo. *(I hope the weather is good.)*

¡Que lo paséis bien! *(Have a good time!)*

¡Viva España! *(Long live Spain!)*

3 in instructions, requests and commands (except for **tú/vosotros** positive commands)

Pasen, por favor. Siéntense. *(Come in, please. Sit down.)*

When reference is to the present, **posiblemente, quizá(s)** *and* **tal vez** *may take the indicative or the subjunctive, depending on the degree of certainty on the part of the speaker:*

Quizá(s) Gloria está ocupada. *(Perhaps Gloria is busy.) (a certain degree of certainty)*

Quizá(s) Gloria esté ocupada. *(uncertainty)*

The expression **a lo mejor** *(perhaps) always takes the indicative:* **A lo mejor está ocupada.**

The word **ojalá**, *from the Arabic* Insha'Allah, *meaning* God willing, *is used on its own or followed by an optional* **que** *(that) and a subjunctive verb in the expression of hope:*

¿Te darán un aumento de sueldo? – ¡Ojalá! *(Will they give you a salary increase? – Let's hope so!)*

Ojalá (que) encontremos un buen hotel. *(I hope/Let's hope we find a good hotel.)*

Espéreme un momentito, por favor. *(Wait for me just a moment, please.)*

 L **Here are some common phrases with the subjunctive. Match the Spanish with the English.**

1	pase lo que pase	a	*as far as I know*
2	digan lo que digan	b	*that is, in other words*
3	sea quien sea	c	*whatever they say*
4	que yo sepa	d	*as far as I remember*
5	que yo recuerde	e	*whoever it is*
6	o sea	f	*whatever happens*

The forms of the present subjunctive

 M Complete the missing forms of the present subjunctive in this regular verbs table.

Subject pronoun	hab*lar*	com*er*	viv*ir*
yo	hab*le*	com*a*	
tú	hab*les*		viv*as*
usted, él, ella		com*a*	viv*a*
nosotros/as	hab*lemos*		viv*amos*
vosotros/as	hab*léis*	com*áis*	
ustedes, ellos, ellas		com*an*	viv*an*

1 the present subjunctive is formed with the stem of the first person singular of the present tense to which the endings are added: **-e** for **-ar** verbs and **-a** for **-er** and **-ir** verbs; all the persons of the verb follow the same pattern and the first and third persons singular have the same form:

Espero que usted <u>hable</u> con ella. *(I hope you speak to her.)*

No creo que <u>coma</u> carne. Me parece que es vegetariana. *(I don't think she'll eat meat. I think she's a vegetarian.)*

Mi perro está muy viejo. Quizá(s) no <u>viva</u> mucho tiempo más. *(My dog is very old. Perhaps he won't live much longer.)*

2 stem-changing and most irregular and spelling-changing verbs follow the present tense **yo** form pattern, as shown in the table below:

 N Complete the missing forms in this verb table:

pensar (to think)	volver (to come back)	tener (to have)	decir (to say)	seguir (to follow, go on)	coger (to take)
	vuelva	tenga	diga	siga	coja
pienses		tengas	digas	sigas	cojas
piense	vuelva	tenga	diga		coja
pensemos	volvamos	tengamos	digamos	sigamos	
penséis	volváis	tengáis		sigáis	cojáis
piensen	vuelvan		digan	sigan	cojan

Espero que no <u>pienses</u> mal de mí. *(I hope you don't think badly of me.)*

Ojalá <u>tengáis</u> tiempo para visitarnos. *(I hope you'll have time to visit us.)*

Dile a tu tía que <u>coja</u> el metro, es más rápido. *(Tell your aunt to take the metro, it's quicker.)*

3 in order to keep the same consonant sound as the infinitive, verbs ending in **-gar** and **-car** change their spelling in the present subjunctive without following the present tense **yo** form pattern:

Infinitive	Present subjunctive
llegar *(to arrive)*	**llegue, llegues, llegue, lleguemos, lleguéis, lleguen**
buscar *(to look for)*	**busque, busques, busque, busquemos, busquéis, busquen**

Cuando llegue Raúl le dices que quiero hablar con él. *(When Raúl arrives tell him I want to speak to him.)*

Es mejor que busquemos otro hotel. *(We'd better look for another hotel.)*

4 following spelling rules that dictate that the letter **-z** changes into **-c** when followed by an **-e**, verbs ending in **-zar** change **-z** into **-c**:

Infinitive	Present subjunctive
empezar *(to begin)*	**empiece, empieces, empiece, empecemos, empecéis, empiecen**

Apaga tu móvil antes de que empiece el concierto. *(Turn off your mobile before the concert begins.)*

5 a few verbs form the present subjunctive in a different way:

 O Complete the missing forms:

dar *(to give)*	estar *(to be)*	haber *(to have)*	ir *(to go)*	saber *(to know)*	ser *(to be)*
dé	esté	haya	vaya	sepa	sea
des	estés	hayas	vayas	sepas	
dé		haya	vaya		sea
	estemos	hayamos		sepamos	seamos
deis	estéis		vayáis	sepáis	seáis
den	estén	hayan	vayan	sepan	sean

Espero que este año nos den un aumento de sueldo.
(I hope we get a salary increase this year.)

Ojalá no haya mucha gente en la fiesta.
(I hope there aren't many people at the party.)

Siento mucho que os vayáis tan pronto.
(I'm sorry you are leaving so soon.)

Haya, *from the auxiliary verb* **haber** *(to have), is the impersonal present subjunctive form corresponding to* **hay** *(there is, there are); it is also used to form the perfect subjunctive, e.g.* **Espero que tu primos no hayan perdido el tren.** *(I hope your cousins haven't missed the train.)*

P **Put the verb in brackets into the correct form of the present subjunctive to complete these sentences.**

1 Es probable que no (venir, ellos) _____ hasta el fin de semana.

2 Espero que lo (pasar, ustedes) _____ bien cuando (estar) _____ en Nueva York.

3 Nos ha dicho Rosario que (volver, nosotros) _____ más tarde.

4 Ya está bien; no hace falta que lo (repetir, tú) _____ .

5 Me han recomendado que (ir, yo) _____ al Museo Picasso cuando (estar) _____ en Málaga.

6 ¡Qué lástima que no (jugar, usted) _____ al tenis!

7 No está bien que Jorge (beber) _____ tanto.

8 ¿Hay alguien que (entender) _____ esto?

9 Llámame en cuanto (tener, tú) _____ alguna noticia.

10 Escuchad bien las instrucciones para que (saber, vosotros) _____ qué hacer.

Reading

Q **Read the first part of this email to answer the question in Spanish:**

Lorenzo le pide a Agustín que le perdone, ¿por qué?

De:	Lorenzo B. Urquiza
Para:	Agustín García Chacón
Asunto:	saludos

Hola Agustín:

¡Qué sorpresa más agradable recibir tu email! Me alegro mucho de que estés bien y que me escribas. No importa el tiempo que pase; los amigos siempre son los amigos. Por eso espero que me perdones por haber tardado tanto en contestarte. He tenido unas semanas muy movidas y la verdad es que no he tenido tiempo para nada que no sea el trabajo.

R **Now read on, then answer the questions that follow in Spanish.**

imprescindible	essential
el socio	(business) partner
confiar en	to trust

Este trabajo es montar mi propia escuela que ofrece clases de español para extranjeros. El banco ha aprobado ya la financiación del proyecto y ahora busco el lugar idóneo y el personal adecuado.

Quiero que la escuela esté en un pueblo no muy lejos del aeropuerto ni de los sitios de interés para que los gastos de transporte no sean demasiado elevados. Al mismo tiempo, es importante que sea un edificio que tenga ese ambiente español tradicional que tanto les gusta a los extranjeros. Y claro, es imprescindible que los profesores sean de los mejores. No importa la edad que tengan ni cómo se vistan. Lo importante es que sean competentes para que los estudiantes aprendan bien, pero con sentido del humor para que se lo pasen bien.

También necesito a alguien que me ayude y en el que pueda confiar. ¿Te interesaría ser mi socio? Espero que sí, pero no quiero que me contestes en seguida. Prefiero que lo pienses bien y que me pidas más información si estás interesado. Si dices que no, no pasa nada; de todas formas vendré a verte ahora que sé dónde estás y así seguiremos en contacto como los buenos amigos que somos.

Tu amigo de siempre

Lorenzo

1 ¿Por qué quiere Lorenzo que su escuela no esté lejos del aeropuerto?

2 Según Lorenzo, ¿es importante que los profesores sean jóvenes?

3 ¿Qué cualidades busca en sus profesores?

4 ¿Cómo quiere Lorenzo que Agustín conteste a su propuesta?

S Find the Spanish equivalents in the text to:

1 It doesn't matter how old they are

2 I don't want you to give me an answer straight away

3 What's important is that they are competent

4 I need someone to help me

5 It's important for it to be a building which has that traditional Spanish atmosphere

T Match the words in column A with equivalent ones taken from the text in column B.

	A		B
1	la gente de fuera	a	elevado
2	apropiado	b	montar
3	establecer	c	contestar
4	alto	d	en seguida
5	responder	e	idóneo
6	inmediatamente	f	los extranjeros

U Pick out the adjectives in the word cloud that describe good qualities in a person.

impaciente
dominante
comprensivo
sensato atento severo
puntual agresivo perezoso
bondadoso tolerante
sarcástico cortés responsable
trabajador criticón
hipócrita
malhumorado

Writing

V You wish to enrol on a Spanish course for foreigners. What are you looking for when considering which language school to choose? Outline your requirements in Spanish using the subjunctive as and when appropriate (50–80 words).

Self-check

Tick the box which matches your level of confidence.

　1 = very confident　　*2 = need more practice*　　*3 = not confident*

Marque la casilla que corresponde según su nivel de conocimiento y seguridad.

　1 = muy seguro/a　　**2** = necesito practicar más　　**3** = no muy seguro/a

	1	2	3
Knowing when to use the subjunctive			
Using the forms of the present subjunctive			
Reading an email from a friend describing events in his life, a work project, and his wish for you to be part of it			
Writing a summary of your requirements for a language school			

For more information on the present subjunctive refer to *Complete Spanish*, Unit 25; *Complete Latin American Spanish*, Unit 13.

For subordinating conjunctions see Unit 23. For more information on the use of the subjunctive as imperative see Unit 24.

Unit 1
Carne o pescado

Practice

A

el naranjo	**el** chocolate	**la** cocina	**la** salud
la ración	**el** nombre	**la** flor	**la** leche
el fiambre	**el** jamón	**el** garaje	**la** nacionalidad
el arroz	**la** mostaza	**el** calamar	**el** azafrán
la explosión	**la** libertad	**la** especie	**el** problema

B

1 el programa **2** el día **3** la calle **4** el avión **5** la mano **6** la vista **7** el honor **8** la sangre **9** la gente **10** las Baleares

Discovery

C

1 the daughter **2** a woman

Practice

D

el profesor / la profesora: *teacher* (m/f); **el portugués / la portuguesa**: *Portuguese man / Portuguese woman*; **el trabajador / la trabajadora**: *male/female worker*; **el rey / la reina**: *king/queen*; **el turista / la turista**: *tourist* (m/f); **el hombre / la mujer**: *man/woman*; **el niño / la niña**: *boy/girl*; **el duque / la duquesa**: *duke/duchess*; **el marroquí / la marroquí**: *Moroccan man/woman*; **el actor / la actriz**: *actor/actress*

Discovery

E

1 los estudiantes **2** las motos **3** las plazas

F

1 los alemanes **2** los escoceses **3** los galeses

Practice

G

los libros; los bares; los colores

las sillas; las ciudades; las superficies

las regiones; los aviones; las naciones

los escoceses; los franceses; los alemanes

los hoteles; los meses; las leyes

los cafés; los tés; los viernes

H

la revista; la nube; la flor

el país; el sofá; el tranvía

el día; el pie; el menú

la actriz; la luz; la vez

el joven; la imagen; el origen

el autobús; el andén; el cumpleaños

I

1 el matrimonio; el marido/esposo; la mujer/esposa   2 los padres; el padre; la madre   3 los hijos; el hijo; la hija   4 los hermanos; el hermano; la hermana   5 los abuelos; el abuelo; la abuela   6 los nietos; el nieto; la nieta   7 los tíos; el tío; la tía   8 los sobrinos; el sobrino; la sobrina   9 los primos; el primo; la prima

Discovery

J

bisabuelo: *great grandfather* **bisnieto/a**: *great grandson/daughter* **tía abuela**: *great aunt*

Reading

K

False. No siempre porque no está acostumbrado a ver estos productos en su lugar de origen.

L

1 Se cierran al mediodía.   2 En el supermercado se vende lo que se vende en el mercado y no cierra al mediodía.   3 **a** la carne; **b**   el pescado; **c** el pollo;
d los huevos; **e** las verduras/hortalizas.   4 En el mercado.

M

1 el planeta; el mediodía   2 el melón   3 turista; florista   4 la atracción   5 la necesidad; la cantidad; la ciudad; la localidad   6 el/la artista; el/la pacifista; el/la activista; la creación; la inflación; la transformación; la electricidad; la sociedad; la humanidad.

N

Condimentos: pimienta, sal; **Mariscos:** mejillones, gambas, almejas; **Productos lácteos:** yogur, mantequilla; **Legumbres:** lentejas, garbanzos; **Verduras:** berenjenas, brécol, coliflor; **Frutas:** frambuesas, naranjas, cerezas.

O

el chocolate; la leche; el fiambre; el jamón; el arroz; la mostaza; el calamar; el azafrán

Writing

P

Model answer

la cena: huevos, cebollas, patatas* (para hacer una tortilla); queso, uvas, una botella de vino blanco y una de tinto.

el desayuno: leche, cereales, pan, mantequilla, mermelada o miel, café.

el almuerzo: arroz, champiñones, calabacines, ajo, pimiento; espinacas, lechuga, pepino, aceitunas para una ensalada verde; fresas, frambuesas y nata.

*****patatas** = **papas** in Latin America

Unit 2
El piso y la casa

Discovery

A

four for *the* (not considering the neuter form **lo** which may translate *the* in certain contexts) and four for *a*.

B

a woman; housewife

C

1 el   2 el   3 el   4 el   5 las   6 las; el   7 las   8 el

Practice

D

1 Me duele la cabeza.   2 Me duele el estómago.

E

Nací el *(day)* **de** *(month)* **de** *(year)*.

F

Which is your suitcase, the big one or the small one?

Practice

G

1 El; los; la   **2** Las; la   **3** los   **4** el; los   **5** el   **6** El; el; las; la   **7** la; la   **8** la; la; –   **9** los; el   **10** –; la

H

2 No sabemos si los Pizarro vienen **el** viernes o **el** sábado.

3 Me gusta **el** vino, pero no en todas **las** comidas.

6 **El** señor Martínez siempre toma **las** vacaciones en mayo.

7 Simón cumple años **el** once de diciembre. Este año va a cumplir (**los**) trece.

8 En unos países **el** verde significa envidia pero aquí es el color de **la** esperanza.

Practice

I

1 una; –   **2** –; unas   **3** –; –   **4** un; unas   **5** –; unos   **6** –; –   **7** –; –   **8** una; –

Discovery

J

The good thing about the hotel is that it is very near the city centre.

Practice

K

1 No te puedes imaginar lo interesante que fue el viaje. *You can't imagine how interesting the journey/ trip was.*

2 Hay que ver lo guapas que son las mexicanas. *You should see how good-looking Mexican women are.*

3 Ahora me doy cuenta de lo amables que eran. *I now realize how friendly they were.*

4 Todos sabemos que lo dulce es malo para los dientes. *We all know that sweet things are bad for our teeth.*

5 Visto lo ocurrido, tienes que buscar otro camino. *Given / In the light of what has happened, you have to find another way.*

6 Él va a hacer todo lo posible por ayudarte.   *He's going to do everything possible to help you.*

7 Ella siempre compra lo barato.   *She always buys cheap things.*

8 La jefa dice que quiere lo mejor, pero lo importante es llegar a un acuerdo.   *The boss says she wants what is best but the important thing is to reach an agreement.*

Reading

L

En Madrid en verano hace mucho calor; en el pueblo hace fresco.

M

1 Pedro es fontanero. Mario es albañil. Ramón es carpintero.   **2** Va a convertir el cuarto de aseo en cuarto de baño, pero solamente con ducha.   **3** Cristina va a llegar el viernes, día 30.   **4** Son las ocho.

N

a principios del mes = *at the beginning of the month*; **a mediados del mes** = *in the middle of the month*; **a finales del mes** = *at the end of the month*.

O

1 a finales de mayo   **2** a principios de junio   **3** a mediados de septiembre   **4** a principios de agosto   **5** a finales de marzo   **6** a mediados de octubre

P

componer = *to compose*; **suponer** = *to suppose*; **imponer** = *to impose*

Q

No hay problema con las fechas – *there isn't **a** problem with **the** dates*

a finales del mes – *at the end of **the** month*

hasta principios de septiembre – *until **the** beginning of September*

Pedro es fontanero – *Pedro is **a** plumber*

Mario es albañil – *Mario is **a** builder*

Ramón es carpintero – *Ramón is **a** joiner*

en cuarto de baño pero solamente con ducha – *into **a** bathroom but just with **a** shower*

en otro dormitorio – *into another bedroom*

ya tengo coche – *I've now got **a** car*

todos los viernes – *every Friday*

llegas y sales el viernes – *you arrive and depart on Friday*

son las ocho y tengo que ir al trabajo – *it's eight o'clock and I have to go to work*

Writing

R

Model answer

Hola Margarita:

Te escribo muy rápido para darte las fechas de mi visita. Llego el viernes, 30 de junio a las 10:00 al aeropuerto de Madrid en el vuelo IB7447. Vuelvo el viernes 14 de julio a las 16:30.

Tengo mucha ilusión de verte.

Besos

Cristina

Unit 3
Es impresionante

Discovery

A

1 Spanish adjectives normally go after the noun they qualify.

2 **pequeña** agrees with **casa**, a feminine singular noun; **pequeños** agrees with **chicos**, a masculine plural noun; **pequeñas** agrees with **habitaciones**, a feminine plural noun.

B

1 unique **2** sole **3** only

Practice

C

trabajador – perezoso/vago; alto – bajo; moreno– rubio; delgado – gordo/obeso; simpático – antipático; fuerte – débil; generoso – tacaño; honrado – mentiroso

D

1 Inés es una chica alta y guapa. **2** Tres señores y dos señoras alemanes quieren visitar el palacio real. **3** Mi amigo español es una persona bondadosa y generosa. **4** Las tres niñas pequeñas quieren unos helados grandes. **5** Mucha gente compra estos recuerdos típicos de la región. **6** En esta ciudad hay muchos edificios modernos y feos. **7** Acabo de comprarme un bonito vestido rojo. **8** Rafael nunca compra coches nuevos; ahora su nuevo coche es un Seat Ibiza.

E

1 primer **2** algún **3** buen; bueno **4** tercer **5** ningún **6** grande; gran; grande.

Discovery

F

1 The accent is lost.   **2** francés

Practice

G

1 El hombre es muy mandón.   **2** Mi amigo es belga.   **3** La niña es encantadora.   **4** Mi mujer es musulmana.   **5** Mi madre es nicaragüense y mi padre es panameño.   **6** La chica andaluza es muy trabajadora.

Discovery

H

ingleses, alemanes, franceses

Practice

I

1 azules, fuertes   **2** altas, peligrosas   **3** vieja   **4** cómodas, barato   **5** cansados, contentos   **6** negros, largos   **7** trabajadoras, pobres, malo   **8** corto, marrones/castaños, grande.

Reading

J

Segovia. Es una ciudad preciosa con ambiente y mucho que ver.

K

1 Es pequeña pero muy histórica.   **2** El acueducto romano, la catedral, el Alcázar.   **3** Son estrechas, con plazuelas.   **4** Se sirven el cochinillo asado y el cordero asado.   **5** Es un palacio real.

L

ciudad: pequeña, histórica; monumentos: muy famosos; acueducto: romano, alto; catedral: bella (una de las más bellas); calles del casco viejo: estrechas; plazas: pequeñas; iglesias: muchas, medievales; castillo: real; edificio: impresionante; vistas: maravillosas.

M

una comida: rica; sabrosa; deliciosa; sosa.

unas calles: estrechas; anchas; largas; ruidosas.

unos jardines: bonitos; tranquilos; pequeños; grandes.

un hombre: delgado; bajo; honrado; gracioso.

N

rico, riqueza – *wealth, riches*; **grande, grandeza** – *bigness, greatness*; **tranquilo, tranquilidad** – *calmness, tranquility*; **viejo, vejez** – *old age*; **alto, altitud** – *height*; **pobre, pobreza** – *poverty*; **fresco, frescura** – *freshness, coolness*; **ancho, anchura** – *width*; **estrecho, estrechez** – *narrowness, tightness*; **bueno, bondad** – *goodness, kindness*

Writing

O

Model answer

Al norte de Valencia hay un pueblo muy histórico e interesante que se llama Sagunto. El pueblo está en dos partes: la parte moderna y el casco viejo. El casco viejo está en una colina y para llegar hay que subir unas calles estrechas. En lo alto de la colina hay restos de una fortaleza árabe y un teatro romano. Los dos están bastante bien conservados. Desde la fortaleza se ve la huerta valenciana*, el mar Mediterráneo y las montañas.

*__la huerta valenciana__ = the irrigated, fertile coastal plain of Valencia

Unit 4
Es menos grande, pero más interesante

Discovery

A

1 T   2 F (Pepe es más alto que María.)   3 F (El más alto es Luis.)

B

1 three years   2 two years   3 Rodrigo

Practice

C

1 Marta es **más alta que** su madre.   2 Ana es bastante **menos inteligente que** su hermana.   3 Estas naranjas son **menos dulces que** las otras.   4 La sed es mucho **peor que** el hambre.   5 Los niños son **más traviesos que** las niñas.   6 Esta casa es **más pequeña que** la otra, pero es **mejor**. 7 La pensión es **menos cómoda que** el hotel pero es **más barata**.   8 Los coches eléctricos son mucho **menos contaminantes que** los coches de motor de combustión.

D

1 Rodrigo es **tan guapo como** Pedro.   2 La película es **tan buena como** la novela.   3 Desde luego Alejandra no es **tan rica como** David.   4 Las mujeres no son **tan fuertes como** los hombres.   5 Los claveles son **tan bonitos como** las rosas.   6 La fabada es **tan sabrosa como** la paella.

Discovery

E

The Hotel Rosal is the smallest, the most comfortable and the cheapest. She thinks it's the most convenient.

Practice

F

1 Este parque es **el más hermoso** de la ciudad.   2 Estos vinos son **los más caros** del mundo.   3 Estas son las calles **más animadas** de la ciudad.   4 En mi opinión, esta cerveza es **la mejor**.   5 Hoy es **el peor** día de mi vida.

G

1 Febrero es el mes más corto del año.   2 El Amazonas es el río más largo del mundo.   3 La Paz es la ciudad más alta del mundo. (Está en Bolivia.)   4 Ávila es la ciudad más alta de España. (Está en el centro, al oeste de Madrid.)   5 La montaña más alta de Sudamérica se llama Aconcagua. (Está en Argentina.)

H

1 interesantísimos   2 nerviosísima   3 pequeñísimas   4 simpatiquísima   dificilísimo

Discovery

I

1 F (España tiene menos habitantes que Gran Bretaña.)   2 T   3 F (En las playas españolas hay más turistas que en las playas inglesas.)

Practice

J

1 No bebo **tanto** café **como** mi amigo Pedro, pero no trabajo **tantas** horas **como** él tampoco.   2 No tenemos **tantas** oportunidades **como** antes.   3 Hoy no hace **tanto** calor **como** ayer.   4 No hay **tantos** coches en las carreteras regionales **como** en las autopistas.   5 Las flores necesitan **tanta** luz **como** agua.

Reading

K

El punto en común es el clima.

L

1 Córdoba, España es más antigua que Córdoba, Argentina.   2 Córdoba, Argentina tiene la universidad más vieja.   3 Se tardó más de 200 años.   4 Son más anchas y más largas y no son tortuosas.   5 Córdoba, Argentina tiene más instalaciones porque es más grande; tiene más habitantes.

M

… con más de 400 años de edad; … más de 350 años; … más de 200 años; … más de un millón de habitantes. *Than* is translated by **de** not **que**.

N

1 Juan tiene más de mil sellos*.   **2** Madrid tiene más de cuatro millones de habitantes.   **3** Hoy trabajo más de doce horas.   **4** Hay más de treinta personas en la habitación.   **5** Andrés no tiene más que dos o tres amigos.

*****sellos** = **estampillas** in Latin American Spanish

O

Ciudades: madrileño – Madrid; cordobés – Córdoba; barcelonés – Barcelona; bonaerense – Buenos Aires; limeño – Lima; santiaguino – Santiago. **Países:** Costa Rica – costarriqueño, costarricense; Paraguay – paraguayo; Brasil – brasileño; Venezuela – venezolano; Honduras – hondureño; Guatemala – guatemalteco.

Writing

Model answer

P

San Pedro es más grande que Requena y está más cerca de la capital. Sin embargo, Requena tiene tantos hoteles y restaurantes como San Pedro pero tiene dos bares menos; San Pedro tiene cinco y Requena, tres. Los dos pueblos tienen una iglesia medieval y un castillo, así que Requena tiene tantos edificios históricos como San Pedro.

Unit 5
Estos zapatos no son míos

Discovery

A

1 Este   **2** estos   **3** esta

Practice

B

1 esta   **2** este   **3** Estos   **4** esta   **5** estas   **6** este

C

1 ese   **2** esa   **3** ese   **4** esas   **5** eso   **6** esos

D

1 aquellos   **2** aquella   **3** Aquel   **4** aquellas   **5** aquellos   **6** aquello

Discovery

E

1 What's your address?   2 What's your telephone number?   3 Excuse me, is this suitcase yours?

F

Me duele la cabeza.

G

1 What's your room number?   2 Esta no es mi llave. Mi habitación es la número veinticinco.

Practice

H

1 Mi; su   2 Su; vuestra   3 su; su   4 Su; nuestros   5 Vuestros   6 mis   7 Nuestra; nuestro   8 tus; tu

Discovery

I

This is Ricardo (Richard), a friend of mine from university.

Practice

J

1 los suyos; los nuestros   2 la vuestra; la nuestra   3 el nuestro; el suyo / el de ustedes   4 la mía; la suya   5 el mío; el tuyo

K

1 tuyos   2 suya   3 mía   4 vuestras   5 míos   6 nuestros

L

2 La iglesia de este pueblo data del siglo XII.   3 El coche de usted es muy potente.   4 Los aeropuertos de Londres son muy grandes.   5 La tienda de Raquel está en la calle mayor.   6 El despacho de Carmen está en el quinto piso.

Reading

M

Entran a preguntar el precio de unos botines azules.

N

1 Porque no tienen su número.   2 Porque tienen el tacón muy alto y además, no quiere botas.   3 Llama a la fábrica en Elche.   4 Mañana por la tarde en el vuelo de las tres.

O

1 ¿Qué número calza?   **2** Solo nos quedan números pequeños.   **3** No tengo ese número.

P

Footwear

Q

When she is at home she always goes barefoot.

Writing

R

1 ¿Este autobús va al centro?   **2** Estas botas son muy caras. ¿Aquellas son más baratas?   **3** Esta camiseta no es muy bonita. Prefiero esa.   **4** ¿De quién son estos libros? ¿Son tuyos o (son) de Miguel?   **5** Esta es nuestra habitación; la suya / la de ustedes es la 204.   **6** Estas revistas son de Pilar. ¿De quién son esas?

Unit 6
Hoy no trabajo

Discovery

A

1 hablo   **2** trabajo   **3** llego   **4** viajo

B

1 Los fines de semana suelo pasar …   **2** En mis vacaciones suelo visitar …

C

Will you pass me the salt, please?

D

1 ustedes, ellos, ellas   **2** tú   **3** nosotros/as   **4** vosotros/as   **5** yo   **6** usted, él, ella

Practice

E

1 entro; entra; entras   **2** trabajamos; trabajáis; trabajan   **3** leo; lee; lees   **4** comemos; comen; coméis   **5** escribe; escribo; escribes   **6** vivimos; viven; vivís

F

1 recibo   **2** vive; sube   **3** preparas; preparo   **4** viajan   **5** habláis   **6** aprendemos; nadan   **7** visitan   **8** crees; creen

G

1 I get lots of presents from all the family on my birthday.   **3** Marga, will you make the coffee or shall I?   **7** Are you visiting the Alhambra today or tomorrow?   **8** Do you believe what they believe: that climate change does not exist?

Discovery

H

1 protejo   **2** desconozco   **3** consigo   **4** reconozco   **5** huyo   **6** merezco

Practice

I

1 empiezas; vuelves   **2** Entienden; entendemos   **3** cierran; sienten   **4** suelen; preferimos   **5** jugamos; juegan   **6** sueña; quiere   **7** construyen; destruyen   **8** conozco; conocéis

J

1 muestra   **2** Puedo   **3** sigues   **4** conozco   **5** sirve   **6** piden   **7** seguimos **8** escojo   **9** mide   **10** ríe; ríe

Discovery

K

1 Sorry, what did you say?   **2** I can't hear you very well.   **3** Can you hear me now?   **4** I'll put you through to the manager right now.

Practice

L

1 ¿Qué dice Eduardo?   **2** Esta noche salgo.   **3** Venimos a las seis y Pedro trae su guitarra. Yo traigo el vino.   **4** Soy muy viejo/vieja y no oigo muy bien.   **5** ¿Van al cine? Yo voy también.   **6** Los estudiantes son colombianos. Vienen de Medellín.   **7** ¿Dónde pongo estos libros? Aquí no tengo sitio.   **8** No sé dónde está el museo. No conozco muy bien la ciudad.

Reading

M

Baja a comprar el periódico en el quiosco de la esquina.

N

1 Hace mal tiempo.   **2** Viene de llevar al nieto a la escuela.   **3** Tiene tres.   **4** Juegan a las cartas en el Bar Tívoli.

O

llueve, llover – *to rain*; **dice, decir** – *to say*; **voy, ir** – *to go*; **salgo, salir** – *to leave, go out*; **tengo, tener** – *to have*; **haces, hacer** – *to do*; **vengo, vienes, venir** – *to come*; **recuerda, recordar** – *to remember*; **muestra, mostrar** – *to show*; **sigue, seguir** – *to continue, carry on*

P

viudo –*widower*; **viuda** – *widow*; **la familia política** – *the in-laws*; **el suegro** – *father-in-law*; **la suegra** – *mother-in-law*; **el yerno / hijo político** – *son-in-law*; **la nuera / hija política** – *daughter-in-law*; **el cuñado** – *brother-in-law*; **la cuñada** – *sister-in-law*

Q

Verb	Noun	Meaning
regalar	el regalo	*present, gift*
descansar	el descanso	*rest, break*
desayunar	el desayuno	*breakfast*
recordar	el recuerdo	*memory, memento*
preguntar	la pregunta	*question*
charlar	la charla	*chat*

R

Vender	*to sell*	la venta	*sale*	el/la vendedor/a	*salesperson*
Trabajar	*to work*	el trabajo	*work*	el/la trabajador/a	*worker*
Comprar	*to buy*	la compra	*purchase*	el/la comprador/a	*buyer*
Jugar	*to play*	el juego	*play*	el/la jugador/a	*player*

Personal Tutor

contestar: *to answer*; **el contestador automático**: *the answering machine*

Writing

S

Model answer

Los jueves por la mañana, como no tengo que trabajar, voy al gimnasio. Voy en autobús hasta el mercado. Allí bajo y entonces voy a pie hasta el centro deportivo. Corro y a veces levanto pesas. También hago pilates. Paso una hora en el gimnasio y después voy a la cafetería a tomar algo. Después voy al mercado para hacer la compra y vuelvo a casa a preparar la comida.

Unit 7
Mi cuarto es precioso; estoy muy contenta

Discovery

A

soy peruano: nationality; soy de Lima: where he is from /origin; soy maestro: occupation; estoy sin trabajo: temporary state; no soy guapo, pero soy simpático: characteristics or qualities regarded as permanent

B

the use of **hoy** denotes a temporary state, which requires **estar**.

C

The Spanish class is in room 20. It is on the second floor.

Practice

D

1 soy; eres   2 somos; somos   3 son; son   4 es; es; es   5 es; es; es   6 Es; es

Discovery

E

Your room is not ready. Can you wait just a moment, please?

F

¿Cómo estás?

Practice

G

1 estoy   2 están   3 Estoy; está   4 está; está   5 están; están   6 estamos; estamos.

H

1 es; está   2 es; está; Es   3 está; es   4 están; están   5 estás; Estás   6 es; está; es; es

I

1 es   2 somos   3 estáis   4 están   5 están; Están   6 está   7 son   8 está; Está   9 es; es   10 es; es

Reading

J

Empieza a las cinco de la madrugada y termina a las ocho de la tarde.

K

1 Está encantada con las reformas. **2** Está en el cuarto de baño encima del lavabo. **3** Está a mano izquierda. **4** La butaca es vieja pero con unos cojines, muy cómoda. **5** Una está sobre la cómoda, la otra está sobre una mesilla al lado de la cama.

L

to the right of	**a la derecha de**	against	**contra**
to the left of	**a la izquierda de**	under/underneath	**debajo de**
beside / at the side of	**al lado de**	in, on	**en**
above / on top of	**encima de**	on / on top of	**sobre**
opposite	**enfrente de**	between	**entre**
in front of	**delante de**	near to	**cerca de**
a cada lado de	– on each side;	**al otro lado de**	– on the other side

M

1 el dormitorio **2** la cocina **3** el cuarto de baño **4** el comedor **5** el salón / el cuarto de estar / la sala de estar.

N

1 cama; armario; tocador; cómoda; mesilla; lámpara **2** cocina; fregadero; frigorífico; microondas **3** bañera; lavabo; ducha; retrete **4** mesa, sillas, aparador **5** sofá; butaca; mesilla; televisor; lámpara

Writing

O

Model answer

El salón-comedor* de mi piso es pequeño. Al entrar está la mesa. La mesa es redonda y hay cuatro sillas alrededor de ella. El sofá está a la izquierda de la mesa y forma la división entre el salón y el comedor. El sofá es bastante grande, en forma de una ele, con muchos cojines. El televisor está en el rincón a la izquierda, y entre el sofá y el televisor hay una mesilla. Al entrar en el cuarto, las ventanas están enfrente. Son bastante grandes.

*el salón-comedor = el living-comedor in some Latin American countries

Unit 8

¿Queda muy lejos? Hace viento y tengo frío

Discovery

A

an umbrella and some warm clothing

Practice

B

2 Hace viento.   **3** Hace frío.   **4** Hace sol.   **5** Hace mal tiempo.   **6** No hace falta venir tan pronto.

Discovery

C

b un agua mineral

D

Tengo mucha ilusión de/por ir a México.

E

Tengo *(your age)* **años**.

Practice

F

1 Tengo mucho calor   **2** tenemos hambre y sed   **3** suerte tienen ustedes   **4** tiene razón … no tiene que ver con …   **5** tenéis prisa   **6** Tengo mucha ilusión de/ por.

Discovery

G

if there is a bank nearby

Practice

H

1 Tengo que   **2** hay que   **3** Hace falta   **4** Tenéis que   **5** hace falta   **6** tienen que

Discovery

I

Does the shirt fit you? Do the shoes fit you?

Practice

J

1 Let's walk / we'll walk to the beach. It's not far.   **2** Here we are at the end of June. It's not long till the holidays.   **3** There is nothing left of grandfather's inheritance.   **4** That dress doesn't fit Julia very well.   **5** Shall we meet at four outside the cinema?   **6** Where is Ciudad del Este?

K

1 tiene; hace   **2** tienen   **3** hay; hace   **4** tiene; tiene   **5** hace; hace   **6** tengo; Queda   **7** hace; hay   **8** Tengo; quedan

Reading

L

Se trata de los (diferentes) climas de España.

M

1 Hace buen tiempo; hace sol, no hace frío y llueve muy poco.   **2** Está en el norte del país.   **3** Porque llueve mucho durante todo el año y por eso es verde.   **4 a** Hace mucho frío. **b** Hace mucho calor.   **5** En las Islas Canarias.

N

1 apenas llueve   **2** en pleno invierno   **3** si no tiene suerte, va a mojarse   **4** hay niebla   **5** hace más fresco   **6** las llanuras   **7** las temperaturas medias

O

Hay niebla; neblina; nubes; tormenta; heladas

Hace frío; calor; viento; sol; fresco

Está nublado; despejado; nevando; lloviendo

Es invierno; verano; primavera; otoño

Writing

P

Model answer

Vivo en el sur de Inglaterra donde las temperaturas son suaves tanto en invierno como en verano. En invierno llueve mucho y muchas veces hay niebla pero no suele nevar. En primavera también llueve pero las temperaturas empiezan a subir. En verano a veces llueve, a veces hace sol y hace calor. Si hace mucho calor, hay tormentas. En otoño hace más fresco y también llueve.

Unit 9
¿Por qué no dicen nada? ¡Es inexplicable!

Discovery

A

1 Inés hasn't got a job.   2 Neither Silvia nor I know him.   3 She's not from Córdoba but from Granada.   4 Luis doesn't play tennis and neither does Paco.

B

alguien *(someone, somebody)* – **nadie** *(no one, nobody)*; **alguno** *(some, any)* – **ninguno** *(no, none, any)*; **algo** *(something)* – **nada** *(nothing)*; **siempre** *(always)* – **nunca** *(never)*.

C

1 in a shop/nada   2 in a hotel/ninguna

Practice

D

1 c   2 e   3 a   4 f   5 d   6 b

E

1 No quiero ir contigo al cine. / No quiero ir al cine contigo.   2 Santiago no entiende nada de esto.   3 No viene nadie, ni siquiera Jaime.   4 No bebemos ni café ni té / ni té ni café.   5 No vamos a Grecia/Italia sino a Italia/Grecia.

F

normal; democrático; eficiente; cortés; legal; correcto; posible; educado

Discovery

G

Spanish uses an inverted question mark at the beginning of the question.

H

1 *What's your name?* – **Me llamo** *(your name)*.

2 *Where are you from?* – **Soy de** *(your country)*, **de** *(town or city)*.

3 *In which hotel are you staying?* –**Estoy en el hotel** *(the name of your hotel)*.

Practice

I

1 quién   2 Dónde   3 Cómo   4 Por qué   5 cuándo   6 cuántos

J

1 Cuál   **2** Qué   **3** Cuál   **4** Qué   **5** Cuál   **6** Qué

Discovery

K

1 How big!

2 How expensive! Spanish uses two exclamation marks, an inverted one at the beginning and a normal one at the end.

Practice

L

1 ¡Qué día más bonito!   **2** ¡Qué ilusión!   **3** ¡Cuánto me alegro!   **4** ¡Cómo es posible!   **5** ¡Cuánto tiempo sin verte!

Reading

M

Si el cambio climático es un fenómeno natural o no.

N

1 No, es el deber y la responsabilidad de cada uno de nosotros.   **3** No, cuesta mucho menos porque consumimos menos agua.

O

1 desacuerdo   **2** descongelar

P

1 to undo, unmake   **2** to unload, download   **3** to rest (untire)   **4** to despair, lose hope   **5** to neglect

Q

innecesario –*unnecessary*, **innecesariamente** –*unnecessarily*; **incorrecto** – *incorrect;*
inútil – *useless;* **incompleto** – *incomplete;* **intolerante** – *intolerant;* **indiscreto** – *indiscreet;* **impaciente** –
impatient; **imperfecto** – *imperfect*

R

malestar – *discomfort;* **un malentendido** – *a misunderstanding;* **los antiecologistas** – *the anti-greens;*
ilegible – *illegible;* **malgastar** – *to squander, waste*

S

Por lo tanto; por consiguiente

T

Better late than never.

Writing

U

Model answer

1 ¿Apagas las luces cuando sales de una habitación?   **2** ¿Apagas el televisor cuando no lo ves?   **3** ¿Apagas la radio* cuando no la escuchas?   **4** ¿Apagas el ordenador (el computador / la computadora) cuando no lo estás utilizando?   **5** ¿Descongelas el frigorífico regularmente?   **6** ¿Dejas abierto el frigorífico innecesariamente?   **7** ¿Tomas una ducha o un baño?   **8** ¿Dejas abierto el grifo innecesariamente?   **9** ¿Separas la basura?   **10** ¿Compras productos naturales y frescos siempre que puedes?

*__la radio__ = __el radio__ in parts of Latin America

Unit 10
¿Me oyes?

Discovery

A

él refers to Rafael, **ella** to Eva, **ellos** to Rafael and Eva.

B

He/She lives in Málaga, doesn't he/she? You live in Málaga, don't you? Ambiguity can be avoided by using a subject pronoun, e.g. **Ella vive en Málaga, ¿verdad?**

C

There are four forms for *you*: **tú**, familiar, singular; **usted**, formal, singular; **vosotros/vosotras**, familiar plural; **ustedes**, formal plural.

D

Isabel, Patricia and Ana = ellas; Isabel, Patricia, Ana y Carlos = ellos.

Practice

E

The subject pronoun is necessary in sentences 1 and 6; in sentence 3 it is used for contrast and in sentence 4 it is used for politeness.

Discovery

F

1 la refers to **la comida**   **2** **le** refers to **usted**.

G

a él and **a ella** have been used for clarification, to avoid the ambiguity of **le**.

H

The gerund adds an accent (because a syllable has been added).

Practice

I

1 Teresa no los tiene.   **2** Te llevo a casa si quieres.   **3** Las ponemos en la caja fuerte.   **4** ¿Lo/Le ves todos los días?   **5** Nuestra hija nos llama todos los fines de semana.   **6** ¿Qué me dices?   **7** Eduardo os escribe postales cuando está de vacaciones ¿verdad?   **8** Le compro una pulsera.

J

1 Si quieres, te la explico.   **2** Mi marido siempre me lo prepara.   **3** Esta tarde se los traigo.   **4** La directora se los presenta.   **5** Beatriz se la recomienda.   **6** ¿Por qué no se las das?

K

1 Tenemos que ayudarlos/les. Los/Les tenemos que ayudar.   **2** ¿Quieres leerla? ¿La quieres leer?
3 Debemos terminarlo lo más pronto posible. Lo debemos terminar lo más pronto posible.   **4** Estamos preparándola. La estamos preparando.   **5** Escúchame; voy a explicártela. Escúchame; te la voy a explicar.
6 Vamos a mandárselo mañana. Se lo vamos a mandar mañana.

Discovery

L

He says he's going to the cinema and is asking if I want to go with him.

Practice

M

1 conmigo; con él   **2** delante de ti   **3** entre usted, la señorita Ibáñez y yo   **4** enfrente de nosotros   **5** sin ella   **6** detrás de mí

Discovery

N

In Spanish the preposition goes before the verb, in English it goes after it.

Practice

O

1 que   **2** que   **3** a la que / a quien   **4** con quien / con el que   **5** cuyos   **6** que

Reading

P

Porque hablar la lengua dominante significa progreso y les da más oportunidades de encontrar trabajo.

Q

1 Para buscar, documentar y así conservar las lenguas que mueren.   **2** Porque también muere la cultura de ese idioma.   **3** Le dice una palabra y la repite muchas veces, luego otra palabra y así sucesivamente.   **4** Cuando oye una palabra nueva y la repite.

R

1 usted (sabía usted); ellos (tratan de ocultar)   **2** de los que; unos 6000 idiomas   **3** los; indígenas
4 el que; el idioma dominante

S

1 indígenas   **2** avanzar   **3** dejar   **4** sobre todo   **5** curas

T

1 la mitad   **2** ellos tratan de ocultar sus raíces   **3** las cinco partes del mundo   **4** en busca de   **5** y así sucesivamente   **6** claro que no

Writing

U

Model answers

1 Estudio español porque lo necesito en el trabajo pero también porque me gusta.   **2** La uso porque a veces me ayuda a entender y aprender.   **3** La repito verbalmente y también la escribo. La repito mientras la escribo y luego la escribo y la repito hasta saberla.   **4** Depende. Si es un cuento prefiero deducirlo por el contexto pero si es un ejercicio lo busco en el diccionario.   **5** Sí, cuando estoy solo/a me hablo en español y así practico un poco.

Unit 11
Mi hermano se enfada conmigo

Discovery

A

They want to know my name, **Me llamo** (my name).

B

1 Where shall I put the jacket?   **2** What jacket shall I put on?

C

The gerund **afeitando** adds an accent.

Practice

D

1 se   **2** os   **3** quejándonos   **4** Te   **5** Me   **6** acostarse; dormirse

E

1 se; se   **2** se   **3** se   **4** Nos   **5** te   **6** os

F

1 me despierto; me levanto   **2** se quedan; se divierten   **3** se viste; se peina   **4** nos sentamos; nos echamos   **5** se alegra; se aburre   **6** te enfadas; se emborracha

Discovery

G

1 How do you spell your name?   **2** How do you pronounce it?

Practice

H

1 Se habla inglés aquí.   **2** Se sirve el desayuno a partir de las siete y media.   **3** ¿Se puede abrir la ventana?   **4** ¿Dónde se puede comprar sellos?   **5** ¿Se vende tabaco en los supermercados?

I

1 impersonal   **2** reflexive   **3** indirect object pronoun   **4** passive   **5** impersonal   **6** reflexive

Reading

J

Del fracaso escolar.

K

1 Que el orden de nacimiento influye más en el carácter de una persona que la clase social a la que pertenece o las diferencias genéticas.   **2** Porque suspende en todas las asignaturas.   **3** El hermano de Borja tiene dieciséis años.   **4** Porque no se comunica con su hermano.   **5** agresivo y autoritario.

L

1 Nos parecemos mucho.   **2** No nos llevamos nada bien.   **3** No nos peleamos.   **4** Se niega a hablar conmigo.   **5** Tú, cállate.   **6** Mi hermano se ríe de mí.

M

1 Me llevo muy bien con mi hermana.   **2** No me llevo bien con mi hermano.   **3** Nos peleamos mucho.   **4** Jesús se parece a su padre pero no se lleva muy bien con él.   **5** Se enfada mucho.   **6** Mis hermanas se parecen a mí; todas nos parecemos a nuestra madre.

N

levantarse – acostarse; lavarse – ensuciarse; dormirse – despertarse; ponerse – quitarse; divertirse – aburrirse; quedarse – irse; casarse – divorciarse ; mojarse – secarse

Writing

O

Model answer

En mi familia somos cinco: mis padres, mi hermano mayor, mi hermana menor y yo. Me llevo bien con mis padres, como es debido. Son mayores ya y saben no meterse en mis asuntos. También me llevo muy bien con mi hermano mayor. Tiene un año más que yo. Nos parecemos físicamente y también de carácter. Los fines de semana salimos juntos y nos divertimos mucho. Con mi hermana es distinto. Es bastante más joven que yo y nos peleamos mucho. No me deja en paz.

Unit 12
¿Adónde fueron de vacaciones?

Discovery

A

hablamos, vivimos

Practice

B

1 compré; compró; compraste   **2** cenamos; cenaron; cenasteis   **3** volvió; volví; volviste   **4** perdimos; perdieron; perdisteis   **5** salí; salió; saliste   **6** decidimos; decidieron; decidisteis

C

1 explicaron; pasaron   **2** bajó; subió   **3** llamó; contesté   **4** recomendó; leísteis   **5** cumplió; dejó   **6** rompí; regalaste

Discovery

D

toqué, saqué, jugué, regué

E

recé, cacé, construyeron, desoyó

F

1 se vistió   **2** se vistieron   **3** se murieron, se murió

Practice

G

1 llegué   **2** durmieron   **3** me equivoqué   **4** pidió   **5** se divirtieron   **6** siguió   **7** empecé
8 se sintieron   **9** oyó   **10** mintió

Discovery

H

fui, Fue

I

producir (with **j**, e.g. **produje**), **distraerse** (with **j**, e.g. **me distraje**), **prever** (with **i**, e.g. **preví**), **suponer** (with **u**, e.g. **supuse**), **deshacer** (with **i**, e.g. **deshice**).

Practice

J

Elvira **fue** a la discoteca donde **se reunió** con sus amigos. Ramón la **invitó** a bailar pero ella no **quiso** bailar con él. **Prefirió** bailar con Sebastián pero Ramón no **quiso** bailar con otra chica. **Se sintió** muy decepcionado y **decidió** marcharse. **Durmió** muy mal esa noche y a la mañana siguiente **tuvo** dolor de cabeza.

K

1 viniste; estuviste; pude; Estuve; tuve   **2** hiciste; trajeron; dijiste; di; puso   **3** vieron; estuvimos; dijo; fue; hizo   **4** fuimos; Hizo; viniste; quise; puse; tomé

L

1 Vimos a Julia anteayer.   **2** Gonzalo fue a París hace dos años.   **3** Ignacio me dio este collar el 21 de junio del año pasado.   **4** ¿Por qué no vinieron ustedes la semana pasada?   **5** Paloma vio la carta ayer por la mañana y la leyó en seguida.   **6** No pudieron llamarnos ayer por la noche/anoche.

Reading

M

Falso. Se ducharon y la narradora llamó a su amigo Omar. Salieron con él a cenar y luego conocieron a unos amigos suyos y bebieron mate.

N

1 Compró un ramo de flores para dejar en la tumba de Eva Perón.   2 Anduvieron/Fueron a pie de un sitio a otro.   3 Entraron en un local donde les enseñaron a bailar el tango.   4 Fue de compras en el centro. Compró regalos para la familia y para Omar.   5 Les dio un mate.

O

1 tuvimos que hacer transbordo   2 no pudo acompañarnos   3 hacer turismo   4 intentaron enseñarnos   5 nos despedimos de Omar

P

1 Él vino a recogernos   2 nos presentó a unos amigos suyos   3 un ramo de flores   4 llegamos a conocer bastante bien el centro   5 A Pedro lo que más le gustó   6 (para) darle las gracias a Omar

Q

1 largo   2 subir   3 bullicioso   4 difícil   5 despedirse de

Writing

R

Model answer

En diciembre del año pasado fui con mi hija a Valencia. Pasamos un fin de semana allí en un hotel muy céntrico. El sábado nos levantamos pronto para aprovechar el día. Por la mañana fuimos al museo de arte contemporáneo, luego fuimos a otro museo de arte al otro lado del río y terminamos el día en un centro comercial. El domingo pasamos casi todo el día en la Ciudad de Las Artes y Las Ciencias. Fue estupenda; me encantó. ¡Y claro que comimos paella!

Unit 13
Todas las noches mi madre me leía

Discovery

A

It was a four-star hotel, it was five minutes from the beach and had a good restaurant. There weren't many people in the hotel and it was quiet.

B

preterite tense

C

My boss wanted to talk to me for a moment. She needed to ask me a favour.

D

She wants to know: **1** what his/her name was **2** how old he/she was **3** whether he/she spoke Spanish **4** what he/she did **5** where he/she lived

Practice

E

1 trabajaba **2** Volvía **3** cantabas **4** escribías **5** compraba **6** hacía **7** jugábamos **8** Nos divertíamos **9** llevabais **10** teníais **11** se levantaban **12** vivían

F

1 ¿Qué deseaba? **2** Quería una habitación doble con baño. **3** Venía a pedirte un favor. **4** ¿Esperaba usted a alguien, señor? **5** ¿Podía hablar un momentito con la señorita Méndez? **6** ¿Necesitaban algo?

Discovery

G

1 ¿Adónde ibas? **2** Yo iba a la oficina.

Practice

H

1 Había; se vestían; tenía; llevaba; Eran **2** quedaba; iba; Decía; veía; gustaba **3** éramos; íbamos; Era; iban; nos relajábamos **4** íbamos; teníamos; dábamos; veíamos; estábamos

I

1 Mi padre era siempre muy severo. **2** Todos los días iban al colegio / a la escuela / al instituto en taxi. **3** A menudo veía a Julia en el autobús. **4** Iba a Fuerteventura todos los años. **5** En aquellos días / tiempos las casas eran pequeñas y oscuras. **6** Por la tarde solían ver / normalmente veían la televisión / la tele.

Reading

J

Era grueso con las páginas de cartón.

K

1 La llevaba a la biblioteca pública. **2** No tenían muchos dibujos. **3** Hacía las tareas domésticas: fregaba los platos, barría el suelo, lavaba y planchaba la ropa, preparaba las comidas. **4** Quería ir al gran baile de etiqueta que se celebraba en el palacio en honor del príncipe. **5** Estaba llorando su desdicha.

L

1 Por la mañana al despertarme   **2** Tapaba con las manos el dibujo   **3** me dejaba escoger   **4** no se lo iban a permitir   **5** lo que no sabía

M

1 me ponía a leer   **2** tapar   **3** escoger   **4** los libros infantiles   **5** se celebraba

N

1 hermanastras   **2** padrastro; hermanastro   **3** padrino

O

lavar la ropa – lavadora; planchar la ropa – plancha; fregar los platos – lavaplatos; barrer el suelo – escoba y cogedor; quitar el polvo – trapo o plumero; preparar las comidas – cocina; hacer el pan – horno; fregar el suelo – fregona

Writing

P

Model answer

Cuando era niño, vivía en un pueblecito en la montaña. Mi padre era granjero y cuando tenía edad, le acompañaba cuando llevaba las vacas a los pastos altos a principios del verano. Esto me encantaba. Era largo el camino, tardábamos todo un día. Allí en lo alto de la montaña, mi padre tenía una choza que era como una pequeña casita. Al llegar, encendía la chimenea y pronto estaba todo calentito*. Nos quedábamos a dormir la noche allí y al día siguiente volvíamos a casa.

*calentito = calientito in Latin America

Unit 14
Eran las diez cuando sonó el teléfono

Discovery

A

1 se durmió   **2** dormía

B

1 Pasábamos denotes an action that occurred regularly in the past and it translates into English as *used to*.

2 Pasamos is an action that took place at a specific point in the past, from the beginning to the end of the summer.

Practice

C

1 daba **2** hablé, vi **3** Estuvimos **4** ponía, se levantaba **5** salía; dejó **6** trabajaba

D

1 se duchaba **2** Visteis **3** solía; terminaba **4** decidió **5** estuvimos **6** cocinaba, era

Discovery

E

(it) was raining: imperfect; arrived: preterite

Practice

F

1 f **2** d **3** e **4** b **5** a **6** c

Discovery

G

se levantó, Era, quería, Se duchó, se vistió, tomó, tenía

Practice

H

1 Como todas las mañanas, **salí** de mi casa a las ocho en punto. **Iba** por la calle Teruel cuando un chico me **preguntó** qué hora **era** y entonces **me di** cuenta de que no **llevaba** reloj.

2 Marisa **conoció** a Vicente en un bar cuando **estaba** de vacaciones en Marbella. **Se dieron** cuenta de que **vivían** en la misma calle en Madrid y que **tenían** mucho en común. Al cabo de un año **se casaron**.

Reading

I

Era la farmacéutica y dueña de la farmacia, doña Josefina García Laforet.

J

1 Acababa de abrir la tienda. **3** Sabía que tenía su móvil en su bolsillo. **4** Empezó a llenarla. **5** Ella salió a la calle detrás de los dos atracadores.

K

1 estaba de turno **2** a mitad de la calle **3** agitaba la mano **4** dueña del local **5** les explicó a los guardias

L

gritar *to shout,* **(un) grito** *(a) shout;* **robar** *to steal,* **(un) robo** *(a) theft;* **disparar** *to shoot,* **(un) disparo** *(a) shot;* **suceder** *to happen,* **(un) suceso** *(an) incident;* **castigar** *to punish,* **(un) castigo** *(a) punishment.*

M

1 atracador   **2** ladrón   **3** ratero   **4** castigo   **5** cárcel   **6** testigo

N

cajas de aspirinas – *boxes of aspirin;* **la caja estaba abierta y vacía** – *the till was open and empty*

Writing

O

Model answer

Yo hablaba con el señor Ramírez cuando entraron dos hombres en la farmacia. Tenían unos veinte años y vestían de negro. Uno llevaba botas y los dos llevaban gafas de sol. Uno gritó '¡Manos arriba!' y el otro disparó al aire, pero los dos tenían armas. El señor Ramírez y yo levantamos las manos y nos quedamos inmóviles. Uno abrió la caja y empezó a vaciarla y el otro entró en la trastienda. Cuando se oía la sirena de la policía los dos salieron corriendo.

Unit 15

El curso ha sido un éxito. Nunca había aprendido tanto

Discovery

A

hasta ahora – *until now,* **hasta el momento** – *so far,* **dos veces** – *twice,* **muchas veces** – *many times,* **siempre** – *always*

B

1 pasamos, hemos pasado   **2** llegaron, se han mudado

C

To form the past participle add **-ado** to the stem of **-ar** verbs and **-ido** to those ending in **-er** and **-ir**.

Practice

D

1 he tenido   **2** has comido   **3** ha llegado   **4** ha sido   **5** hemos salido   **6** habéis visitado   **7** han comprado   **8** han ido

E

1 Has subido   **2** he probado   **3** han dormido   **4** Hemos estado   **5** ha pasado   **6** he leído

F

1 he puesto   **2** ha abierto   **3** has escrito   **4** han vuelto   **5** habéis dicho; habéis visto   **6** hemos hecho

Discovery

G

The object pronoun **me** and the reflexive pronoun **se** come before **haber**. In Spanish, object and reflexive pronouns go immediately before the auxiliary verb **haber**. In English they go after the verb.

H

siempre, nunca, ya come before **haber**; *always, never, already* in English come between *to have* and the past participle.

Practice

I

1 Pepe no me ha llamado. / No me ha llamado Pepe.   **2** Esta mañana nos hemos despertado pronto. / Nos hemos despertado pronto esta mañana.   **3** Ya te he dado la dirección de Marisol.   **4** No te he traído nada.   **5** No os hemos podido ayudar.   **6** No lo hemos hecho todavía. / Todavía no lo hemos hecho.

Discovery

J

había, había (the first and the third person have the same form).

Practice

K

1 habían entrado   **2** había salido   **3** habíamos visto   **4** habían terminado   **5** había sucedido   **6** se había llevado; había dejado

Reading

L

Lo saben porque ven que sus hijos están contentos cuando vuelven a casa.

M

1 Habían dicho que querían mandar a sus hijos al mismo campamento de verano.   **2** Este año han ofrecido por primera vez el piragüismo, el rafting, el senderismo y el camping.   **3** Había trabajado de guía en los Alpes.   **4** No había querido pasar el verano en el campamento porque se consideraba demasiado mayor.   **5 b** (Ha escrito el email para dar las gracias al personal del campamento.)

N

Como muchos de nuestros padres clientes nos **habían dicho** que querían poder mandar a sus hijos al mismo campamento….

Pascual Rico, que antes de incorporarse a nuestro equipo, **había pasado** varios años de guía en los Alpes ….

Mis hijos estuvieron encantados con todo, sobre todo mi hijo mayor que no **había querido** pasar el verano en un campamento….

O

el piragüismo – *canoeing;* **el rafting** – *white-water rafting;* **el senderismo** – *hillwalking;* **el camping** – *camping;* **montar a caballo** – *ride a horse;* **el kárting** – *go-karting;* **la natación** – *swimming;* **el tenis** – *tennis;* **el balonmano** – *handball;* **el fútbol** – *football*

P

la piragua – el piragüismo; los patines – el patinaje; el balón – el voleibol; los palos y unas pelotas – el golf; la bicicleta – el ciclismo; la caña de pescar – la pesca

Writing

Q

Model answer

Estimado señor Castro:

Gracias por un verano maravilloso. De los tres veranos que he pasado en el Campamento Cerro de los Rosales, este ha sido el mejor. Me he divertido mucho, muchísimo. Aparte de las cosas que hago todos los veranos como jugar al fútbol y hacer natación, he aprendido a montar a caballo, cosa que siempre he querido hacer. Muchas gracias también a Blanca, la monitora, por su paciencia.

Cordialmente

Unit 16
¿Me acompañarás? ¡Me encantaría!

Discovery

A

I wonder if he/she speaks Spanish.

B

I will call you on Saturday morning.

C

1 The future is formed with the whole infinitive to which the endings are added.

2 **-ar**, **-er** and **-ir** verbs have the same endings.

Practice

D

1 No te llamaré hasta el viernes.   **2** ¿Me traerás el dinero?   **3** Luis os explicará todo.   **4** ¿Dónde se alojará usted?   **5** Iremos de vacaciones en mayo.   **6** Llegaremos el día ocho.   **7** ¿Qué día viajaréis?   **8** Nos acompañarán al parque nacional.

Discovery

E

1 haber, poder, querer, saber   **2** poner, tener, salir, venir   **3** decir, hacer

Practice

F

1 vendré   **2** hará   **3** querrán   **4** tendrá   **5** dirán   **6** Saldremos   **7** pondrás   **8** habrá

Discovery

G

Next Friday I'm going on holiday. I'm going to Florence with my girlfriend.

H

1 c   **2** d   **3** e   **4** a   **5** f   **6** b

Practice

I

1 They'll be able to do it, won't they?   **2** How old must/will Marcelino be now?   **3** You must/will know that Alberto works for the government.   **4** What must/will a round the world trip cost?   **5** I'll see you tomorrow.   **6** If Manolo comes, what shall I say to him?

Discovery

J

Excuse me, would you mind closing the window? There's a strong draught.

K

(llamar) tú llamarías, nosotros/as llamaríamos; (ver) usted/él/ella vería, ustedes/ellos/ellas verían; (escribir) yo escribiría, vosotros/as escribiríais

Practice

L

1 ¿Me podrías ayudar?   **2** ¿Tendría una habitación doble?   **3** ¿Me permitiría decir una cosa?   **4** ¿Nos acompañaríais a la estación?   **5** Querría hablar con el director.

M

1 iría; gustaría; Sacaría; Pasaríamos; haríamos   **2** esperaría; vendría; mandaría; diría; podría; deberías

Reading

N

Se quedarán dos días en San Juan.

O

1 Un guía les acompañará y les explicará toda la historia de la fundación de San Juan.   **2** La pasarán en el Parador Guajataca, en una habitación con vistas del océano Atlántico.   **3** Comprará algo de encaje para su madre.   **4** Descansarán, disfrutarán de las playas y tomarán el sol.   **5** Visitará a todos sus parientes puertorriqueños.

P

1 la salida – **salir** – *departure, exit*   **2 la llegada** – **llegar** – *arrival* **3 el traslado** – **trasladar** – *transfer*   **4 el recorrido** – **recorrer** – *trip, journey* **5 la parada** – **parar** – *stop*   **6 la visita** – **visitar** – *visit*   **7 la entrada** – **entrar** – *entry, entrance*   **8 la vuelta** – **volver** – *return*

Writing

Q

Model answer

Saldremos de Madrid, de la Plaza de Oriente, a las nueve de la mañana y viajaremos a Segovia en autocar. En Segovia, veremos primero el acueducto y de allí iremos andando hasta el Alcázar. Pasaremos por la catedral. Almorzaremos en La Oficina, un típico restaurante segoviano.

Por la tarde, iremos a La Granja donde visitaremos el palacio real y tendremos tiempo para pasearnos por los jardines y ver las fuentes. A las ocho y media estaremos de vuelta en Madrid.

Unit 17
La tecnología está cambiando todo

Discovery

A

1 hablando   **2** comiendo   **3** saliendo

B

1 cayendo   **2** trayendo   **3** construyendo   **4** huyendo

Practice

C

1 f   2 e   3 h   4 g   5 a   6 c   7 d   8 b

Discovery

D

They add an accent.

Practice

E

1 está arreglándose   2 estamos informándonos   3 está sacándolas   4 están divirtiéndose   5 iré pagándote   6 sigues mandándole

Discovery

F

1 **Vivo en** *(place)*.   2 **Llevo** *(number of months/years)* **viviendo allí**.

Practice

G

1 Matías está preparando la cena.   2 Los policías siguen buscando al ladrón.   3 La situación económica va mejorando.   4 Te llevo esperando / llevo esperándote más de media hora.   5 Andan diciendo mentiras sobre lo que ha pasado.   6 Martín viene pidiendo ayuda.   7 Seguimos pensando que usted está equivocado.   8 Aunque no quería, acabó consultando a un abogado.

H

1 corriendo   2 yendo   3 volando   4 llamando   5 siendo   6 llorando

Discovery

I

1 c   2 a   3 d   4 b

J

Mr García is (speaking) on another line at the moment.

Practice

K

1 está leyendo   2 estuve charlando   3 están durmiendo   4 han estado estudiando   5 estábamos comiendo   6 están paseando

Reading

L

Era tan importante tener un ordenador en casa como tener un televisor o una lavadora.

M

1 No, hemos ido acostumbrándonos a las nuevas tecnologías y cambiando nuestros hábitos.   **4** No salimos sin el teléfono móvil.   **5** Al contrario, nos está haciendo la vida más fácil y más cómoda.

N

1 La gente empezaba a hablar….   **2** En casa, llegó a ser tan importante tener un ordenador de sobremesa….   **3** … casi sin darnos cuenta   **4** … antes de acostarnos la noche anterior.

O

1 el procesamiento de textos   **2** la base de datos   **3** la hoja de cálculo   **4** el ratón   **5** navegar por Internet   **6** un ordenador de sobremesa   **7** un ordenador portátil   **8** la Red   **9** la tecnología punta (In Latin America, la tecnología de punta).

Writing

P

Model answer

Ya no escribo cartas, ni siquiera a mis abuelos. Por las tardes, después de trabajar, me gusta reunirme con los amigos en una cafetería para charlar un buen rato. Hoy en día todo el mundo tiene ordenador, así que si quiero comunicarme con alguien, escribo un email. Uso el móvil todos los días: es el tipo de comunicación que utilizo más porque mi móvil es un *Smartphone* que tiene todas las prestaciones de un ordenador.

Unit 18
No puedo dormir la siesta; estoy demasiado ocupado

Discovery

A

1 Spanish uses the infinitive, English uses the gerund.   **2** Spanish uses the infinitive, English uses the gerund.   **3** Spanish uses **al** + infinitive, English uses the past simple.

Practice

B

1 Teresa fue a Toluca para ver a sus tíos.   **2** Gloria se compró un vestido para ir a la fiesta.   **3** La anciana cruzó la calle sin mirar.   **4** Los niños se sentaron a la mesa sin lavarse las manos.   **5** Todas las noches Fernando llama a su madre antes de acostarse.   **6** Simón apagó la luz después de leer un rato.

C

1 Al salir a la calle   2 Al leer la carta   3 Al entrar la profesora en el aula   4 Al ver que no había nadie   5 Al entrar en la cocina

Discovery

D

Camilo says he's sorry but he won't be able to come to tonight's concert with me because he'll have to work until late. He says I can invite Sandra, but I'll have to call her at the office. He's left his ticket.

Practice

E

1 fumar   2 encontrar   3 conducir   4 traer   5 ir   6 hacer

F

1 Infinitive **marcharse** after **antes de**.   2 Infinitive **salir** after modal verb **hay que**; **oír** after **al**.   3 Infinitive used to give an instruction.   4 Infinitive after preposition **de**.   5 Infinitives **ir** and **pasar** have the same subjects as **pienso** and **quiero**.   6 Infinitive **salir** after verb of perception **ver**.   7 Infinitive after impersonal phrase **es conveniente**.   8 Infinitive **vivir** used as a noun.

Discovery

G

1 last week   2 past midday   3 past the chemist's   4 a return ticket   5 your reservation is confirmed   6 Dear Cecilia,

Practice

H

Verb	Meaning	Noun	Noun
ver	to see	la vista	sight; view
perder	to lose	la pérdida	loss
volver	to return	la vuelta	return
caer	to fall	la caída	fall
pedir	to ask for, order	el pedido	order
emplear	to use, employ	el/la empleado/a	employee
decir	to say	el dicho	saying
hacer	to make, do	el hecho	deed, fact

Discovery

I

No sooner said than done.

Practice

J

1 cerrados   **2** arregladas   **3** acompañada   **4** prohibido   **5** desolada;
muerto   **6** abierta   **7** traducida   **8** Terminados

Reading

K

Se duerme la siesta para recuperar la energía y levantarse descansado.

L

1 Van de compras después de comer.   **2** Tienen la costumbre de tomar el café en un bar y charlar un rato después de comer y antes de volver a trabajar.   **3** Va al gimnasio para practicar aeróbic o *step*.   **4** Acude a una clase para aprender a tocar la guitarra.   **5** Va al parque a montar en bici.

M

después de comer; para no pasar; para recuperar … y levantarse; para moverse

N

ir de compras; ir a un restaurante / a un bar; ir al gimnasio; practicar aeróbic; hacer deporte; aprender a tocar la guitarra; patinar sobre ruedas; montar en bici

Writing

O

Model answer

Solo tengo una hora para comer al mediodía, que no es suficiente para ir al gimnasio o salir a comer en un restaurante. Suelo llevar un bocadillo y fruta para comer en el trabajo. Si hace buen tiempo, salgo a dar un paseo por unos jardines que hay cerca de la oficina. A veces, voy al supermercado a hacer la compra pero normalmente intento descansar un rato. En la oficina no puedo dormir la siesta.

Unit 19
Hace mucho que no te escribo

Discovery

A

How long have you been studying Spanish? **Estudio español desde hace** (*number of months/years*); or **Hace** (*number of months/years*) **que estudio español.**

Practice

B

1 How long have you been living in the Dominican Republic?　**2** I have been living there for six years.　**3** I haven't spoken French for many years.　**4** We went to San Sebastián a couple of years ago.　**5** Carlos and Liliana hadn't visited us for over / more than three years.　**6** They had been wanting to get married for a year.

C

1 Hace　**2** Cuánto　**3** desde　**4** hace　**5** que　**6** hacía　**7** hace　**8** Hacía

Discovery

D

1 *Where do you work?*　**2** *How long have you been working there?* **Trabajo en** *(place of work).* **Llevo** *(number of months/years)* **trabajando allí.**

Practice

E

1 Javier lleva seis meses tocando la guitarra.　**2** Los señores Gómez llevan cincuenta años (viviendo) en la misma casa.　**3** Los niños llevan demasiado tiempo viendo la tele.　**4** Llevamos toda la tarde preparando la cena.　**5** Llevo bastante tiempo sin ver a Consuelo.　**6** Sofía lleva más de tres meses sin fumar.

Discovery

F

1 seven o'clock in the morning　**2** three o'clock in the afternoon　**3** at night

G

1 c　**2** f　**3** a　**4** e　**5** b　**6** d

Practice

H

1 desde　**2** por　**3** dentro de　**4** para　**5** hasta　**6** sobre　**7** durante　**8** para

I

1 Estamos aquí hasta la noche.　**2** Hay que tenerlo hecho para mañana.　**3** Te veo dentro de media hora.　**4** Vive en Toledo desde marzo de 2010.　**5** Estuvo en el hospital durante mucho tiempo.　**6** Me invita a su casa por un mes.

Reading

J

Estuvo un año en el Perú.

K

1 Al volver del Perú, leyó el artículo en la peluquería.　2 El Transcantábrico es un tren de lujo que recorre el norte de España.　3 Tuvo que estar en el Parador de León sobre la media mañana.　4 Dormía como un tronco porque el tren permanecía parado durante las horas de sueño.　5 Va a casa de sus tíos por unos días.　6 Vuelve a trabajar dentro de dos semanas.

L

1 hasta hace poco　2 de un día a otro　3 eso lo dejo para otro día　4 me parecía bien mimarme por unos días　5 un autocar que nos acompañaba durante toda la semana

M

1 d　2 f　3 a　4 c　5 b　6 e

Writing

N

Model answer

Hace un par de años fui con unos amigos a Alemania. Durante todo el invierno planeamos el recorrido que íbamos a hacer. Decidimos viajar en tren así que sacamos tarjetas Interrail por dos semanas. Empezamos nuestro recorrido en Hamburgo con destino a Munich. Para mí, esta parte del recorrido fue la más interesante porque el tren iba a orillas del río Rin. Estuvimos tres días en Munich y luego fuimos a Dresde, una ciudad preciosa, y de allí a Berlín.

Unit 20
Me gusta el color naranja

Discovery

A

In my spare time I like to play the guitar and to sing. I also like to cook.

Practice

B

1 gusta　2 gustan　3 gusta; gustan　4 gusta; gustan　5 gustan; gusta　6 gusta; gusta　7 gusta　8 gustan

Discovery

C

You like to read, He/She likes to read.

Practice

D

1 te   **2** le   **3** le   **4** me; le   **5** nos; os   **6** les; les

E

1 agreeing   **2** disagreeing   **3** agreeing   **4** disagreeing   **5** disagreeing

F

1 A Rafael   **2** A Inma   **3** A David   **4** A los niños   **5** A mis padres   **6** A mi pareja

G

1 A Vicente le gusta Sevilla pero no le gusta Córdoba.   **2** A Paloma le gusta leer pero no le gusta ver la tele.   **3** A Cecilia le gustan las aceitunas negras pero no le gustan las verdes.   **4** A Rafa y a Miguel les gusta el fútbol pero no les gusta el rugby.   **5** A mis amigos les gustan los langostinos pero no les gusta la langosta.   **6** A los turistas les gusta ir de tapas pero no les gustan los precios.

Discovery

H

I loved the paella. It was delicious.

I

Do you feel like going out tonight? / Do you fancy going out tonight?

J

I have a stomach ache.

Practice

K

1 Do you mind waiting?   **2** Does the music bother you?   **3** We ran out of time / didn't have time.   **5** We haven't much money left.   **7** I'm interested in your opinion.

L

1 me apetece   **2** te importa   **3** me hacen falta; me duele   **4** les molesta   **5** le interesa; le encanta   **6** nos falta   **7** le parecen   **8** te molesta

Reading

M

True

N

1 el verde   **2** el amarillo   **3** una persona enigmática   **4** el rojo   **5** el azul

O

apasionado – la pasión; aventurero – la aventura; mágico – la magia; solo – la soledad; misterioso – el misterio; independiente – la independencia; sabio – la sabiduría; joven – la juventud

Writing

P

Model answer

1 El color que más me gusta es el azul y el negro es el que menos me gusta aunque tampoco me gusta mucho el rojo.   **2** Me gusta hacer deporte, sobre todo la gimnasia. Todos los sábados por la mañana voy al gimnasio. Los domingos juego al fútbol con los amigos.   **3** Me encanta viajar, sobre todo al Lejano Oriente. Me interesan mucho los países asiáticos. Cuando vienen las vacaciones, hago la maleta y me voy.

Unit 21

Queremos vivir saludablemente

Practice

A

ayer = *yesterday* (time); **detrás** = *behind* (place); **mal** = *badly* (manner); **demasiado** = *too* (much) (degree or quantity); **rápidamente** = *fast, quickly* (manner); **pronto** = *soon* (time); **debajo** = *underneath* (place); **a veces** = *sometimes* (time)

Discovery

B

Pablo doesn't live here any more, but I have his address. I'll give it to you right now.

Practice

C

1 Domingo nunca llega tarde / no llega tarde nunca.   **2** Él llega primero, luego llegan los otros.   **3** Lorenzo siempre se acuesta temprano; ayer se acostó a las diez.   **4** A menudo salgo los viernes por la noche; a veces voy al teatro, otras veces voy al cine.   **5** ¿Todavía / Aún esperas a Diego? Pronto vendrá / vendrá pronto.   **6** Ya le he enviado un mensaje a Esteban; ahora voy a llamar a Pedro.

Discovery

D

It's a bit late and I'm too tired.

Practice

E

1 mucho; tanto   2 demasiado   3 Solo   4 casi   5 bastante; muy   6 tanto; apenas   7 medio   8 poco

Discovery

F

You drive very well, but I think you drive too fast.

Practice

G

1 perfectamente   2 locamente   3 Difícilmente   4 De repente   5 en vano   6 de memoria   7 así
8 a pie

Discovery

H

detrás *(behind)* – **delante** *(in front)*; **fuera** *(outside)* – **dentro** *(inside)*; **allí** *(there)* – **aquí** *(here)*; **encima** *(on top)* – **debajo** *(underneath)*; **cerca** *(near)* – **lejos** *(far)*; **abajo** *(down, below)* – **arriba** *(above)*

I

1 easily   2 correctly   3 quietly   4 normally   5 possibly

Practice

J

1 desgraciadamente   2 generalmente/normalmente   3 fácilmente   4 más intensamente
5 frecuentemente   6 muy amablemente   7 peligrosamente 8 lenta y cuidadosamente.

K

1 tan bien como   2 tan pronto como   3 mejor que; muy mal / malísimo   4 más rápido / de prisa que   5 menos que   6 tan a menudo como   7 más lentamente/despacio que   8 mucho peor que.

Reading

L

No debemos fumar ni tener una dieta alta en calorías.

M

1 Tenía más de 70 años.   **2** Dejó de fumar y de beber whisky.   **3** Que no puedo.   **4** Nunca tuvo que trabajar y vive con su hija.

N

1 muy (bien)   **2** muy (feliz)   **3** impecablemente   **4** (vestirse) bien

O

1 envejecer – *to age, grow old* – **viejo**   **2 alargar** – *to lengthen* – **largo**   **3 rejuvenecer** – *to rejuvenate* – **joven**   **4 diferenciar** – *to distinguish, differentiate* – **diferente**   **5 enriquecer** – *to enrich, make rich* – **rico**   **6 acortar** – *to shorten* – **corto**.

Writing

P

Model answer

Para vivir 100 años, hay que vivir modestamente, sin excesos: es decir comer y beber con moderación siguiendo una dieta sana, que es una dieta baja en calorías. También es importante hacer ejercicio, pero también moderado, como es el caminar o el yoga que ayuda a mantener en forma tanto el cuerpo como la mente. Es fundamental saber controlar el estrés, mantener un interés en lo que pasa en el mundo y disfrutar de la vida.

Unit 22
De mi piso al centro de la ciudad

Discovery

A

1 … visité a mis padres   **3** … conocí a mi novio   **4** Invité a Esteban … Tú no conoces a Raquel …

B

The fish, do you want it grilled or steamed? **a** is used to indicate the way you want your food prepared.

C

Isabel's house is very beautiful.

D

1 They are at home.   **2** I'm in the kitchen.   **3** Your jacket is on the bed.

E

1 until two o'clock in the afternoon **2** as far as the next corner

F

1 para, por   **2** para, por   **3** Para, por

Practice

G

1 a; a **2** Entre **3** De; con **4** con **5** a; de **6** a; con **7** entre **8** a; de; entre; a

H

1 de; a; en; a; en. a; por; con. a; de; a; en.

2 Desde; hasta; de; de; en; en. Según; de. sin; durante/por.

I

1 con   **2** a   **3** desde   **4** entre   **5** según   **6** contra   **7** bajo   **8** sobre

J

1 para; para   **2** para   **3** por; para   **4** por   **5** por   **6** para; por   **7** Por; por   **8** para

K

1 con   **2** a   **3** de   **4** de   **5** de; a   **6** en   **7** a; de; de; de   **8** a

Discovery

L

a causa de = *because of*; **al final de** = *at the end of*; **al lado de** = *next to*; **antes de** = *before*; **después de** = *after*; **detrás de** = *behind*; **enfrente de** = *opposite*; **lejos de** = *far from*

M

con relación a = *with regard to, in connection with*; **frente a** = *opposite, in front of*

Reading

N

La vivienda suele ser más barata en el campo.

O

1 Solamente hay un par de autobuses al día.   **2** Se puede ir o en tren o en autobús.   **3** A la gente que puede costearse un piso, le encanta vivir en pleno centro de la ciudad.   **4** Se puede vivir sin coche con facilidad porque el servicio de transporte público suele ser bueno y hay muchos taxis.

P

1 en pleno centro   **2** el servicio de transporte público es malísimo   **3** la opción de desplazarse o en tren o en autobús   **4** la contaminación acústica   **5** la gente que puede costearse el piso

Q

1 there are also disadvantages　**2** everything is far / a long way away　**3** air pollution　**4** everything is to hand　**5** without worrying about anything

R

autobús; tranvía; coche; furgoneta; metro; bicicleta; taxi; tren

Writing

S

Model answer

1 Soy estudiante y durante el curso académico vivo en una residencia muy cerca de la universidad, en el centro de la ciudad. Mi familia vive en una casa en un pueblo en la sierra.　**2** Normalmente en la ciudad voy a pie adonde tengo que ir, pero a veces voy en autobús o en metro.　**3** Me gusta vivir en la ciudad pero también me gusta ir a casa porque a veces echo de menos el campo. Lo ideal sería tener un piso en el centro de la ciudad y una casa en el campo.

Unit 23
Estoy bien, aunque no tengo trabajo
Discovery

A

1 y　**2** e　**3** u　**4** o

Practice

B

1 e　**2** e　**3** y　**4** y　**5** e　**6** e, y

C

1 u　**2** u　**3** o　**4** u　**5** o　**6** o, u

Discovery

D

Laura estudia mucho, pero sus notas no son buenas.

Practice

E

1 pero　**2** sino　**3** sino　**4** ni, ni, pero　**5** ni, ni, pero　**6** sino

F

Discovery

así que = *so*, **aunque** = *although*, **como** = *since, as*, **después de** = *after*, **mientras** = *while*, **porque** = *because*

G

1 No lo compré porque no tenía dinero.

2 Como no quedaban entradas para el concierto, no pudimos asistir.

H

I have a cold, so I won't be able to come with you to the theatre tonight.

Practice

I

1 **Como** Javier no se pone en contacto, no le invito a la fiesta.   **2** Ramón tuvo que madrugar **porque** el tren salía a las siete.   **3** Begoña cree **que** pronto encontrará trabajo.   **4** Ha venido poca gente a la función, **así que** hemos perdido dinero.   **5** **A pesar de que** pasamos horas y horas pensando en el problema, no encontramos la solución.   **6** Le haré un regalo a Andrés **aunque** no se lo merece.

J

1 mientras   **2** cuando   **3** siempre que   **4** si   **5** hasta que   **6** cuando   **7** después de que   **8** en cuanto

Reading

K

Lorenzo y Agustín se licenciaron hace cinco años.

L

1 Porque era uno de los mejores de su promoción.   **2** Consiguió un trabajo en el bar del pueblo.   **3** En el bar donde trabajaba de camarero.   **4** Agustín empezó a tocar el clarinete en la banda y a dar clases de guitarra a unos jóvenes del pueblo.

M

1 aun cuando cantábamos en francés   **2** a pesar de que los profes me dijeron que   **3** mientras buscaba ese puesto de trabajo con el que soñaba   **4** puesto que todo el mundo se reúne allí   **5** aunque hace tiempo que no toco el clarinete

N

intentar – *to try, attempt*; **contactar** – *to get in touch with, contact*; **soñar** – *to dream*; **reunirse** – *to meet*; **cantar** – *to sing*; **decidir** – *to decide*

O

1 el clarinete   **2** la guitarra   **3** la batería   **4** las castañuelas   **5** la trompeta   **6** el órgano.

Writing

P

Model answer

Hola Roberto:

¿Qué tal estás? No te he escrito desde hace tiempo porque he estado muy ocupado. He cambiado de trabajo; ahora trabajo para una empresa que tiene sus oficinas en Granada. De momento sigo viviendo en Jaén así que voy todos los días en autobús a Granada, un viaje de un par de horas. Busco un piso en Granada y espero encontrar uno muy pronto.

Si tienes un momento, por favor escríbeme con tus noticias.

Tu amigo,

Julián

Unit 24
Ven conmigo

Discovery

A

1 Bring me some more bread, please.   **2** Can I have the bill, please?   **3** Give me two kilos of oranges.   **4** You don't say!

Practice

B

1 c   **2** e   **3** f   **4** a   **5** b   **6** h   **7** d   **8** g

Discovery

C

1 Come in, please.   **2** Sit down.   **3** Tell me what's the matter with you.

Practice

D

1 hable   **2** abran   **3** escriba   **4** preparen   **5** Lean   **6** Venda

Discovery

E

(recordar) recuerde/n; (volver) vuelva/n; (decir) diga/n; (venir) venga/n; (conducir) conduzca/n

F

1 buscar = *to look for*   **2 pagar** = *to pay*   **3 comenzar** = *to begin, start*   **4 tocar** = *to play (an instrument)*   **5 jugar** = *to play (a sport)*   **6 almorzar** = *to have lunch*

Practice

G

1 Vuelvan   2 Vaya   3 Salga   4 Pónganlos   5 Encuéntrenme   6 Haga   7 Repítalo   8 Saquen

Discovery

H

Peel the potatoes and the onion, chop the onion and put it in a frying pan with plenty of oil.

I

1 Be careful!   2 Be cautious!   3 Go slowly!

Practice

J

1 Corre, corre   2 cierra   3 ayúdame   4 Ven   5 sal   6 Haz   7 Siéntate; escúchame   8 Ve

K

1 Corred, corred   2 cerrad   3 ayudadme   4 Venid   5 salid   6 Haced   7 Sentaos; escuchadme   8 Id

Discovery

L

tú: 2 (abrir),   3 (hacer); **vosotros:**   1 (esperar),   4 (salir).

M

I'm very tired. Let's have a coffee and eat something before we continue.

Practice

N

1 duérmete; no te duermas   2 levántense; no se levanten   3 entremos; no entremos   4 venid; no vengáis   5 sígame; no me siga   6 esperadme; no me esperéis   7 dámelo; no me lo des   8 tráiganoslos; no nos los traiga

Reading

O

Hacer senderismo no cuesta mucho: el precio de un par de botas o zapatillas deportivas y una mochila.

P

2 Si el pronóstico es malo, no salga a hacer senderismo; déjelo para otro día.   **3** Recójalos porque pueden causar molestia a otras personas.   **4** No olvide que hay gente que vive y trabaja en el campo.   **5** Llévese toda la basura para tirarla en casa.

Q

1 antes de ponerse en camino   **2** el parte meteorológico   **3** una correa corta   **4** respete su intimidad   **5** las flores silvestres

R

1 prado – *meadow, field*   **2 norma** – *rule*   **3 provecho** – *benefit*   **4 inquietar** – *to worry*   **5 disfrutar** – *to enjoy*   **6 asimismo** – *likewise*

S

la mochila – *rucksack*; **el botiquín** – *first-aid kit*; **la linterna** – *torch*; **la brújula** – *compass*; **la crema solar** – *sun cream*; **el termo** – *Thermos® flask*; **el móvil** – *mobile*; **el mapa** – *map*

Writing

T

Model answer

1 Lleve ropa cómoda pero no lleve pantalones vaqueros.   **2** Si no los lleva puestos, ponga en la mochila una chaqueta y pantalones impermeables.   **3** Prepárese unos bocadillos u otra comida e incluya algo de fruta y chocolate en la merienda.   **4** Cómprese un paquete de revuelto de frutas secas que también le dará sustento durante el día.   **5** Llene el termo con una bebida caliente y nunca olvide llevar agua.   **6** Asegúrese de que el mapa, la brújula y el botiquín están en la mochila.

Unit 25
Quiero que trabajes conmigo

Discovery

A

3 a fact;   **1** uncertainty;   **2** request. **hable** in **1** and **2**

B

2 Requires the subjunctive because it expresses uncertainty.

C

Both convey possibility.

D

They both have a single subject, so there is no subordinate clause.

Practice

E

1, 4: subjects of subordinate clause verbs are different from the main clause verbs which are expressing hope (1) and wishes (4); **5, 6** and **7** express impossibility, doubt and probability respectively.

Discovery

F

I suggest you don't tell anyone until you are sure.

Practice

G

All sentences except **1** and **5** have the verb in the present subjunctive form in the subordinate clause. The subject of the main clause verb which is expressing a recommendation (**2**), an order (**3**), advice (**6**), suggestion (**8**), need (**4, 7**) is different from the subject of the subordinate clause.

H

1 I'm sorry I'm late.   **2** I'm sorry your mother's not well.   **3** I'm surprised they are leaving so soon.   **4** It's important to study this.   **5** It's important that you study this.   **6** Do you know anyone who speaks Arabic?   **7** There is nothing that can surprise me.   **8** We are pleased that Mr and Mrs Morales can come.

I

1 would require the subjunctive because it refers to the future.

J

If you should see Raquel, tell her to call me.

Practice

K

1 venga   **2** salga   **3** llegue   **4** insista   **5** prefiráis   **6** pague   **7** entre   **8** conozcáis

Discovery

L

1 f   **2** c   **3** e   **4** a   **5** d   **6** b

M

(usted, él, ella) hable, (ustedes, ellos, ellas) hablen; (tú) comas, (nosotros/as) comamos; (yo) viva, (vosotros) viváis

N

(yo) piense; (tú) vuelvas; (ustedes, ellos, ellas) tengan; (vosotros) digáis; (usted, él, ella) siga; (nosotros) cojamos

O

(nosotros) demos; (usted, él, ella) esté; (vosotros) hayáis; (nosotros) vayamos; (usted, él, ella) sepa; (tú) seas

Practice

P

1 vengan   **2** pasen; estén   **3** volvamos   **4** repitas   **5** vaya; esté   **6** juegue   **7** beba   **8** entienda   **9** tengas   **10** sepáis

Reading

Q

Porque ha tardado en contestarle.

R

1 Para que los gastos de transporte no sean demasiado elevados.   **2** Según él, no importa la edad que tengan.   **3** Quiere que sean muy competentes y que tengan sentido del humor.   **4** Lorenzo quiere que Agustín diga que sí a su propuesta.

S

1 no importa la edad que tengan   **2** no quiero que me contestes en seguida   **3** lo importante es que sean competentes   **4** necesito a alguien que me ayude.   **5** Es importante que sea un edificio que tenga ese ambiente tradicional español

T

1 f   **2** e   **3** b   **4** a   **5** c   **6** d

U

tolerante; trabajador; comprensivo; atento; responsable; bondadoso; puntual; sensato; cortés

Writing

V

Model answer

Busco una escuela de idiomas que esté en una ciudad. No quiero que esté en Madrid o Barcelona sino en una ciudad de provincia. Quiero que me busquen alojamiento con una familia. Así puedo practicar el español y comer lo que comen los españoles. Es importante que las clases no tengan más de ocho estudiantes y que los profesores estén bien preparados. No es necesario que haya actividades extra-curriculares. Prefiero tener tiempo libre por las tardes para hacer lo que yo quiera.

Adjectives	Adjectives are used to provide more information about nouns, e.g. *That school is very good*. **Ese colegio es muy bueno.** *The new hotel is excellent.* **El nuevo hotel es excelente.**
Adverbs	Adverbs tend to provide more information about verbs. *He left quietly.* **Salió silenciosamente.** But adverbs can also provide more information on adjectives: *It was totally unnecessary.* **Era totalmente innecesario.** In English, adverbs often (but not always) end in *-ly*. The equivalent of this in Spanish is **-mente**.
Articles	There are two types of articles: *definite* and *indefinite*. In English, the definite article is *the* – **el/la/los/las** in Spanish, e.g. *the school* **el colegio**, *the girls* **las chicas**. *A*, **un/una**, are the indefinite articles, e.g. *a flat* **un piso**, *a house* **una casa**.
Clause	A clause is a group of words containing a subject and a verb. A clause that can stand on its own, as a complete sentence, is known as an *independent clause*; one that is dependent on another clause is known as a *subordinate clause*: *I'll invite him* (independent clause) *when I see him* (subordinate clause) **Le invitaré** (independent clause) **cuando le vea** (subordinate clause).
Comparative	When we make comparisons we need the comparative form of the adjective. In English this usually means adding *-er* to the adjective or putting *more* in front of it. *This shirt is cheaper than that one.* **Esta camisa es más barata que esa.** *This shirt is more expensive than that one.* **Esta blusa es más cara que esa.** See also **superlative**.
Conjunctions	Words like *and* **y**, *but* **pero**, *because* **porque**, *although* **aunque**, which serve to connect two or more words, phrases or clauses, are known as conjunctions, e.g. *It's not a big house, but it's very comfortable.* **No es una casa grande, pero es muy cómoda.**
Demonstratives	Words like *this* **este**, *that* **ese**, *these* **estos**, *those* **esos** are called *demonstratives*, e.g. *This book is interesting.* **Este libro es interesante.** *Those documents are mine.* **Esos documentos son míos.**
Gender	In English, gender is usually linked to male and female persons or animals, so, for example, we refer to a man as *he* and to a woman as *she*. Objects and beings of an indeterminate sex are referred to as having neuter gender. So, for instance, we refer to a table as *it*. In Spanish, nouns referring to female persons are feminine and those referring to male people are masculine. But all nouns are either masculine or feminine in Spanish and this has nothing to do with sex. **La mesa** *table*, **la mano** *hand*, are feminine, while **el mes** *month*, **el día** *day*, are masculine.
Gerund	The *gerund* corresponds to the *-ing* form of the verb in English, as in *studying, living*. The Spanish gerund is formed by adding **-ando** to the stem of **-ar** verbs and **-iendo** to those in **-er** and **-ir**, e.g. *Laura is working.* **Laura está trabajando**, *It's raining.* **Está lloviendo.**
Imperative	The imperative is the form of the verb used to give directions, instructions, orders or commands, e.g. *Turn right at the corner,* **Gire a la derecha en la esquina.** *First dial 020.* **Primero marque el 020.**
Indicative mood	The indicative mood is normally used to convey facts or express certainty, e.g. *My sister is a nurse and works in a hospital.* **Mi hermana es enfermera y trabaja en un hospital.** *They'll be here at five o'clock.* **Estarán aquí a las cinco.** Most of the tenses covered in this book correspond to the indicative mood.
Infinitive	The infinitive is the basic form of the verb. This is the form that you will find listed in the dictionary. In Spanish, infinitives end in **-ar, -er** and **-ir**, e.g. **hablar** *to speak*, **comer** *to eat*, **vivir** *to live*.
Irregular verbs	Life would be considerably easier if all verbs behaved in a regular fashion. Unfortunately, Spanish, like other European languages, has verbs which do not behave according to a set pattern and which are therefore commonly referred to as irregular verbs.

Modal verbs	Modal verbs are those used with the infinitive to express a certain intention or mood, e.g. *I must do it.* **Debo hacerlo.** (obligation), *They may arrive tomorrow.* **Pueden llegar mañana.** (possibility).
Nouns	Nouns are words like *house* **casa**, *bread* **pan** and *wealth* **riqueza**.
Number	This term is used to indicate whether something is *singular* or *plural*. See **singular**.
Object	The term *object* expresses the 'receiving end' relationship between a noun and a verb. So, for instance, in the sentence *The policeman arrested the thief,* **El policía arrestó al ladrón**, the thief, which is at the receiving end of the arrest, is said to be the *object* of the sentence. In sentences such as *My mother gave the driver some money* **Mi madre le dio dinero al conductor**, the phrase *some money* is said to be the *direct object*, because the money is actually what the mother gave. The phrase *the driver* is said to be the *indirect object* because the driver was the recipient of the giving.
Past participle	Verb forms like **hablado** *(spoken)*, **comido** *(eaten)*, **vivido** *(lived)*, as found in compound tenses, are known as past participles, e.g. *I've spoken to Pepe.* **He hablado con Pepe.**
Personal pronouns	As their name suggests, personal pronouns refer to persons, e.g. *I* **yo**, *you* **tú, usted**, *he* **él**, *she* **ella**, etc. See **pronouns**.
Plural	See **singular**.
Possessives	Words like *my* **mi**, *your* **tu, su**, *our* **nuestro** are called possessives. So are words such as *mine* **mío**, *yours* **tuyo**, **suyo**, e.g. *my boyfriend* **mi novio**, *our parents* **nuestros padres**, *This money is not mine, it´s yours.* **Este dinero no es mío, es tuyo.**
Prepositions	Words like *in* **en**, *for* **por, para**, *between* **entre**, are called prepositions. Prepositions often tell us about the position of something or provide information such as direction, destination, purpose. They are normally followed by a noun or a pronoun, e.g. *The bank is between the school and the church.* **El banco está entre el colegio y la iglesia.** *This present is for you.* **Este regalo es para ti.**
Preterite	A tense used to describe single actions which took place at a specific point in the past or actions which lasted over an extended period but ended in the past: *Pilar shut the door.* **Pilar cerró la puerta.** *They lived in Málaga for five years.* **Vivieron en Málaga durante cinco años.** The preterite may also be referred to as the past simple tense.
Pronouns	Pronouns fulfil a similar function to nouns and often stand in the place of nouns which have already been mentioned, e.g. *My girlfriend* (noun) *is twenty-five years old. She* (pronoun*) is very pretty.* **Mi novia tiene veinticinco años. Ella es muy guapa.**
Reflexive pronouns	Words such as *myself* **me**, *yourself* **te, se**, *ourselves* **nos**, are called reflexive pronouns.
Reflexive verbs	When the subject and the object of a verb are one and the same, the verb is said to be reflexive, e.g. *I washed myself before going out.* **Me lavé antes de salir.** *We enjoyed ourselves very much.* **Nos divertimos mucho.**
Singular	The terms *singular* and *plural* are used to make the contrast between 'one' and 'more than one', e.g. *book/ books* **libro/libros**, *city/cities* **ciudad/ciudades**.
Stem-changing verbs	Spanish infinitives are made up of two parts, the ending (**-ar, -er** or **-ir**) and the stem. Verbs that undergo a vowel change in their stem when you conjugate them are known as *stem-changing* or *radical-changing* verbs, e.g. **querer** *to want*, **quiero** *I want* (the **-e** of the stem changes into **-ie**).
Subject	The term *subject* expresses a relationship between a noun and a verb. So, for instance, in the sentence *My mother gave the driver some money* **Mi madre le dio dinero al conductor**, because it is the mother who does the giving, the mother is said to be the subject of the verb *to give*, **dar**.

Subjunctive mood	The subjunctive mood is used very rarely in modern English, but there are remnants of it in such sentences as *If I were you.* **Yo en tu lugar.** *I insist that he come.* **Insisto en que venga.** Spanish uses the subjunctive much more frequently than English.
Superlative	The superlative is used for the most extreme version of a comparison. *This shirt is the cheapest of all.* **Esta camisa es la más barata de todas.** *This blouse is the most expensive of all.* **Esta blusa es la más cara de todas.** See also **comparative**.
Tense	Most languages use changes in the verb to indicate an aspect of time. These changes in the verb are traditionally referred to as tense, and the tenses may be *present*, *past* or *future*, e.g. *They went out.* **Salieron** *(past)*. *She is at home.* **Está en casa** *(present)*. *We will go to the cinema* **Iremos al cine** *(future)*.
Verbs	Verbs communicate actions, e.g. *to play* **jugar**; states, e.g. *to exist* **existir**; and sensations, e.g. *to see* **ver**. A verb may also be defined by its role in the sentence, and usually has a subject, e.g. *My head (subject) aches (verb)*. **Me duele la cabeza.**

SPANISH–ENGLISH GLOSSARY

This glossary contains only those words which you may need for quick reference to help you with a grammar or reading exercise, but remember to use your dictionary to look up and write down the words you need to know and learn.

A

a menudo	often
a pesar de	in spite of
a veces	sometimes
abogado/a	solicitor, lawyer
acabar de	to have just
aconsejar	to advise
acordarse de	to remember
actuación (f)	performance
acudir	to go, to attend
adecuado/a	appropriate, suitable
además	moreover, also
afeitarse	to shave
afueras (f.pl)	outskirts
agitar	to wave
agradecer	to thank
aguantar	to put up with, to withstand
águila; ~ real (f)	eagle; golden eagle
ahorrar	to save
al cabo de	after, at the end
alegrar	to cheer up, to make happy
alma (f)	soul
almeja (f)	clam
alojarse	to stay, to lodge
animado/a	bustling
animador/a	presenter, entertainer
anticipo (m)	advance (payment)

apagar	to put out, to turn off
apagarse	to go out, to go off, to stop working
aparador (m)	sideboard
apenas	hardly, scarcely
aprovechar	to use, to make use of
arbusto (m)	shrub, bush
armario (m)	wardrobe, cupboard
arreglar	to arrange, to tidy
arreglarse	to get oneself ready
arriba	above
asignatura (f)	(school) subject
asimismo	likewise
asistir	to attend, to go to
asunto (m)	matter, affair
aún	still
aunque	although
ave rapaz (f)	bird of prey
averiguar	to find out

B

bacalao (m)	cod
baloncesto (m)	basketball
balonmano (m)	handball
bañera (f)	bathtub
barrer	to sweep
basura (f)	rubbish
berenjena (f)	aubergine
bodega (f)	winery

bolsillo (m)	pocket	cumplir	to fulfil
bondadoso/a	kind-hearted	cura (m)	priest
bullicioso/a	busy, bustling	**D**	
butaca (f)	easy chair	darse cuenta de	to realize
C		de nuevo	again
caballo (m)	horse	de pronto	suddenly
caber	to have room for, to fit into	de repente	suddenly
caja (f) ~ fuerte	box; strong box, safe	de vez en cuando	occasionally, now and again
caminar	to walk	débil	weak
carretera (f)	road	decepcionado/a	disappointed
cartera (f)	wallet, briefcase	desastre (m)	disaster
casco viejo (m)	old quarter (of a town/city)	descargar	to unload
ceder el paso a	to give way to	desde luego	of course, naturally
cepillarse	to brush	desembolso (m)	outlay
clavel (m)	carnation	desgracia (f)	misfortune
cogedor (m)	dustpan	despacho (m)	office
cola (f)	queue	despedida (f)	farewell
colgar	to hang	despedirse de	to say goodbye to
collar (m)	necklace	despejado/a	clear
comisaría (f)	police station	despertador (m)	alarm clock
cómoda (f)	chest of drawers	desplazarse	to travel, to move
conseguir	to get, to obtain, to achieve	dirigirse	to head for
consigo mismo/a	with him/her/one/yourself	disculparse	to apologize
contar	to tell	disfrutar de	to enjoy
convivir	to live together in harmony, to coexist	dueño/a	owner
coro (m)	choir	**E**	
crecer	to grow	elegir	to choose
creencia (f)	belief	en vez de	instead of
crucero (m)	cruise	enfadarse	to get angry
cuidar (de)	to look after, to take care of	enfrentarse	to face up to, to confront

ensayar	*to practise*
entorno (m)	*environment, surroundings*
entrenar	*to train*
envejecer	*to age*
equivocado/a (estar)	*mistaken, wrong (to be)*
equivocarse	*to be mistaken, make a mistake*
escaparate (m)	*shop window*
esclavo/a	*slave*
escoba (f)	*brush, broom*
escoger	*to choose*
espalda (f)	*back*
espejo (m)	*mirror*
esquina (f)	*corner*
estancia (f)	*stay*
exigir	*to demand*
éxito (m)	*success*
extrañar	*to surprise*

F

fabada (f)	*bean stew with chorizo, typical of Asturias*
folleto (m)	*brochure, leaflet*
fregadero (m)	*(kitchen) sink*
fregar	*to wash, to scrub*
fuente (f)	*fountain*

G

garbanzo (m)	*chickpea*
gastos (m. pl)	*expenses*
gracioso/a	*funny, amusing*
grifo (m)	*tap*
guante (m)	*glove*

H

herencia (f)	*inheritance*
herido/a	*wounded, injured*
homónimo/a	*namesake*
honrado/a	*honest*
horno (m)	*oven*
hortaliza (f)	*vegetable*

I

idóneo/a	*suitable*
imprescindible	*essential, indispensable*
incendio (m)	*fire*
incluso	*even*
inquietar	*to worry*
intentar	*to try, to attempt*
intimidad (f)	*privacy*

J

joya (f)	*jewel*
jubilarse	*to retire (from work)*
juguete (m)	*toy*
juventud (f)	*youth*

L

ladrón/ladrona	*thief*
lana (f)	*wool*
langosta (f)	*lobster*
langostino (m)	*prawn*
lástima (f)	*shame, pity*
lavabo (m)	*wash-hand basin*
legumbre (f)	*pulse, vegetable*
llanura (f)	*plain (geog.)*
llave (f)	*key*

llavero (m)	key ring	**P**	
llorar	to cry	parado/a	stationary
lugar (m)	place	parar	to stop
M		parecerse a	to resemble, to look like
macarrones (m. pl)	macaroni	pared (f)	wall
madrugar	to get up early	patín (m)	skate
malgastar	to waste, squander	patinar sobre ruedas	to roller skate
mandar	to order, to command	pegar	to stick, to glue
mandón/mandona	bossy	peligro (m)	danger
manejar	to use, to operate	pena (f)	pity, shame
materia (f)	subject matter	pena de muerte (f)	death penalty
medio ambiente (m)	environment	pérdida (f)	loss
medir	to measure	permanecer	to remain, to stay
mentir	to lie	placentero/a	pleasant, agreeable
mentira (f)	lie	placer (m)	pleasure
mentiroso/a	lying; liar	planchar	to iron
merecer	to merit, to be worth	plumero (m)	feather duster
microondas (m)	microwave	polvo (m)	dust
mientras	while	ponerse a	to start to, to begin to
mimar	to spoil, to pamper	por lo menos	at least
mitad (f)	half	por supuesto	of course
mochila (f)	rucksack, backpack	potente	powerful
movido/a	hectic, busy	premio (m)	prize
N		preocuparse de	to worry about
natación (f)	swimming	probar	to try, to taste, to sample
naturaleza (f)	nature	pronto	early
norma (f)	rule	propio/a	own
O		propuesta (f)	proposal
obedecer	to obey	proteger	to protect
ocultar	to hide	puesto (m)	stall
oído (m)	ear	pulsera (f)	bracelet

Q		sendero (m)	path, track
quejarse de	to complain	servir (para)	to be of use (for)
quizás	perhaps	siglo (m)	century
R		sin embargo	however
recoger	to collect	sobra; de ~	excess, surplus; more than enough
recompensa (f)	reward		
recorrer	to travel around	sobrepasarse	to overdo it
recorrido (m)	journey, tour	soledad (f)	solitude
recorte (m)	cut (economic)	soñar (con)	to dream (about)
repartir	to share (out)	soplar	to blow
reposo (m)	rest	soso/a	tasteless, insipid
retrete (m)	WC, toilet	suave	mild
rico/a	(food) delicious, tasty	suceder	to happen
rincón (m)	corner	suegros (m. pl)	parents-in-law
risa (f)	laughter	suelo (m)	floor
roto/a	broken	suelto/a	loose
ruido (m)	noise	sugerencia (f)	suggestion
ruidoso/a	noisy	sugerir	to suggest
repostería (f)	cakes, pastries	T	
S		tacaño/a	mean, stingy
sabiduría (f)	wisdom	tal	such (a)
sabroso/a	tasty	tardar	to take time
sala (f)	room	tardar (en)	to take time (to)
saltar	to jump	tazón (m)	mug
sandía (f)	watermelon	techo (m)	ceiling, roof
sano/a	healthy	teclear	to keyboard
sobrar	to remain, to be left over	tener que ver (con)	to have to do (with)
según	according to	tirar	to throw away
selva (f)	jungle	tocador (m)	dressing table
senderismo (m)	hillwalking	tortuga (f)	tortoise

traducción (f)	*translation*
traducir	*to translate*
traje (m)	*suit*
trapo (m)	*cloth, rag*
tratar	*to deal with, to treat*
tratar de	*to try to*
travieso/a	*naughty, mischievous*

U

urbanización (f)	*residential development*

V

varios/as	*several*
vecino/a	*neighbouring, nearby*
ventaja (f)	*advantage*
vivienda (f)	*housing*
volar	*to fly*

Y

ya	*already, now*
ya que	*as, since*

The following list includes only the most common irregular verbs. Only irregular forms are given (verbs marked with an asterisk* are also stem- or radical-changing).

abrir *to open*

past participle: **abierto**

andar *to walk*

preterite: **anduve, anduviste, anduvo, anduvimos, anduvisteis, anduvieron**

caber *to fit*

present indicative: **(yo) quepo**

present subjunctive: **quepa, quepas, quepa, quepamos, quepáis, quepan**

preterite: **cupe, cupiste, cupo, cupimos, cupisteis, cupieron**

future: **cabré, cabrás, cabrá, cabremos, cabréis, cabrán**

conditional: **cabría, cabrías, cabría, cabríamos, cabríais, cabrían**

conducir *to drive*

present indicative: **(yo) conduzco**

present subjunctive: **conduzca, conduzcas, conduzca, conduzcamos, conduzcáis, conduzcan**

preterite: **conduje, condujiste, condujo, condujimos, condujisteis, condujeron**

imperative: (formal, singular) **conduzca**

conocer *to know*

present indicative: **(yo) conozco**

present subjunctive: **conozca, conozcas, conozca, conozcamos, conozcáis, conozcan**

imperative: (formal, singular) **conozca**

dar *to give*

present indicative: **(yo) doy**

preterite: **di, diste, dio, dimos, disteis, dieron**

present subjunctive: **dé, des, dé, demos, deis, den**

imperative: (formal, singular) **dé**

decir* *to say*

present indicative: **(yo) digo**

present subjunctive: **diga, digas, diga, digamos, digáis, digan**

preterite: **dije, dijiste, dijo, dijimos, dijisteis, dijeron**

future: **diré, dirás, dirá, diremos, diréis, dirán**

conditional: **diría, dirías, diría, diríamos, diríais, dirían**

imperative (formal, singular): **diga**; (familiar, singular) **di**

gerund: **diciendo**

past participle: **dicho**

escribir *to write*

past participle: **escrito**

estar *to be*

present indicative: **estoy, estás, está, estamos, estáis, están**

present subjunctive: **esté, estés, esté, estemos, estéis, estén**

preterite: **estuve, estuviste, estuvo, estuvimos, estuvisteis, estuvieron**

imperative (formal, singular) **esté**; (familiar, singular) **está**

haber *to have* (auxiliary verb used in compound tenses)

present indicative: **he, has, ha** (**hay** *there is/are*)**, hemos, (habéis), han**

present subjunctive: **haya, hayas, haya, hayamos, hayáis, hayan**

preterite: **hube, hubiste, hubo, hubimos, hubisteis, hubieron**

future: **habré, habrás, habrá, habremos, habréis, habrán**

conditional: **habría, habrías, habría, habríamos, habríais, habrían**

hacer *to do, make*

present indicative: **(yo) hago**

present subjunctive: **haga, hagas, haga, hagamos, hagáis, hagan**

preterite: **hice, hiciste, hizo, hicimos, hicisteis, hicieron**

future: **haré, harás, hará, haremos, haréis, harán**

conditional: **haría, harías, haría, haríamos, haríais, harían**

imperative: (formal, singular) **haga**; (familiar, singular) **haz**

past participle: **hecho**

ir *to go*

present indicative: **voy, vas, va, vamos, vais, van**

present subjunctive: **vaya, vayas, vaya, vayamos, vayáis, vayan**

imperfect: **iba, ibas, iba, íbamos, ibais, iban**

preterite: **fui, fuiste, fue, fuimos, fuisteis, fueron**

imperative: (formal, singular) **vaya**, (familiar, singular) **ve**

gerund: **yendo**

leer *to read*

preterite: **(él, ella, Vd.) leyó, (ellos, ellas, Vds.) leyeron**

gerund: **leyendo**

oír *to hear*

present indicative: **oigo, oyes, oye, oímos, oís, oyen**

present subjunctive: **oiga, oigas, oiga, oigamos, oigáis, oigan**

preterite: (**él, ella, Vd.**) **oyó,** (**ellos, ellas, Vds.**) **oyeron**

imperative: (formal, singular) **oiga,** (familiar, singular) **oye**

gerund: **oyendo**

poder* *to be able to, can*

preterite: **pude, pudiste, pudo, pudimos, pudisteis, pudieron**

future: **podré, podrás, podrá, podremos, podréis, podrán**

conditional: **podría, podrías, podría, podríamos, podríais, podrían**

poner *to put*

present indicative: (**yo**) **pongo**

present subjunctive: **ponga, pongas, ponga, pongamos, pongáis, pongan**

preterite: **puse, pusiste, puso, pusimos, pusisteis, pusieron**

future: **pondré, pondrás, pondrá, pondremos, pondréis, pondrán**

conditional: **pondría, pondrías, pondría, pondríamos, pondríais, pondrían**

imperative: (formal, singular) **ponga,** (familiar, singular) **pon**

past participle: **puesto**

querer* *to want, love*

preterite: **quise, quisiste, quiso, quisimos, quisisteis, quisieron**

future: **querré, querrás, querrá, querremos, querréis, querrán**

conditional: **querría, querrías, querría, querríamos, querríais, querrían**

saber *to know*

present indicative: (**yo**) **sé**

present subjunctive: **sepa, sepas, sepa, sepamos, sepáis, sepan**

preterite: **supe, supiste, supo, supimos, supisteis, supieron**

future: **sabré, sabrás, sabrá, sabremos, sabréis, sabrán**

conditional: **sabría, sabrías, sabría, sabríamos, sabríais, sabrían**

imperative: (formal, singular) **sepa**

salir *to go out*

present indicative: (**yo**) **salgo**

present subjunctive: **salga, salgas, salga, salgamos, salgáis, salgan**

future: **saldré, saldrás, saldrá, saldremos, saldréis, saldrán**

conditional: **saldría, saldrías, saldría, saldríamos, saldríais, saldrían**

imperative: (formal, singular) **salga,** (familiar, singular) **sal**

ser *to be*

present indicative: **soy, eres, es, somos, sois, son**

present subjunctive: **sea, seas, sea, seamos, seáis, sean**

preterite: **fui, fuiste, fue, fuimos, fuisteis, fueron**

imperfect: **era, eras, era, éramos, erais, eran**

imperative: (formal, singular) **sea**, (familiar, singular) **sé**

tener* *to have*

present indicative: **(yo) tengo**

present subjunctive: **tenga, tengas, tenga, tengamos, tengáis, tengan**

preterite: **tuve, tuviste, tuvo, tuvimos, tuvisteis, tuvieron**

future: **tendré, tendrás, tendrá, tendremos, tendréis, tendrán**

conditional: **tendría, tendrías, tendría, tendríamos, tendríais, tendrían**

imperative: (formal, singular) **tenga**, (familiar, singular) **ten**

traer *to bring*

present indicative: **(yo) traigo**

present subjunctive: **traiga, traigas, traiga, traigamos, traigáis, traigan**

preterite: **traje, trajiste, trajo, trajimos, trajisteis, trajeron**

imperative: (formal, singular) **traiga**

gerund: **trayendo**

venir* *to come*

present indicative: **(yo) vengo**

present subjunctive: **venga, vengas, venga, vengamos, vengáis, vengan**

preterite: **vine, viniste, vino, vinimos, vinisteis, vinieron**

future: **vendré, vendrás, vendrá, vendremos, vendréis, vendrán**

conditional: **vendría, vendrías, vendría, vendríamos, vendríais, vendrían**

imperative: (formal, singular) **venga**, (familiar, singular) **ven**

gerund: **viniendo**

ver *to see*

present indicative: **(yo) veo**

present subjunctive: **vea, veas, vea, veamos, veáis, vean**

imperfect: **veía, veías, veía, veíamos, veíais, veían**

imperative: (formal, singular) **vea**

past participle: **visto**

volver* *to come back*

past participle: **vuelto**